ARREPIENTETE
H O Y

Comentario De Jeremias

ARREPIENTETE HOY

Comentario De Jeremias

Osvaldo Rodriguez

3605 FM 934
Itasca, TX 76055
https://azimuth.media

Copyright © 2021 Osvaldo Rodriguez

ISBN-13: 978-1-62080-166-6

Library of Congress Control Number:
Version 1.0

eBook
ISBN-13: 978-1-62080-167-3

Todos los derechos reservados por el editor. Ninguna parte de este libro puede ser reproducida de ninguna forma sin el permiso expreso por escrito del editor o de su representante autorizado.

**Descubre otros títulos
Por Azimuth Media
https://Azimuth.Media**

Agradecimientos

Primeramente, agradezco en un orden a Dios Padre por poner todos los medios y las circunstancias para que este comentario se llevara a cabo. En segunda instancia agradezco a mi familia mi esposa Rosy

Rodriguez y mis hijos Julián, Mariana, Mariela, Jeremías y Oz Jr. que me ha apoyado incondicionalmente por casi quince años de ministerio desde que decidí ir a la escuela de predicación de Brown Trail hasta la fecha. A cada uno de los instructores que me apoyaron para dar lo mejor de mi. Hno. Willie Alvarenga, Obed Rodriguez, y a todo el grupo de hermanos que están detrás de este proyecto. Nuestra hermana Noemi Rodríguez Nájera, por su colaboración en la edición de este libro y otros tres más. Al hermano Justin Hopkins y el ministerio de Azimuth Media. Por hacer posible la impresión y distribución a nivel mundial de este material. Y a cada uno de los hermanos, familia y amigos que directa o indirectamente han estado apoyándome. También a los que no creen en mi y los que siempre critican porque por esas personas uno se esfuerza para dar lo mejor de si, recordando que nuestro compromiso es con Dios

primeramente, y luego con la iglesia, y que los hermanos merecen un trabajo de calidad para su edificación espiritual.

Dios les bendiga a todos.

Atentamente su servidor.
Osvaldo Rodriguez
2- 26-2020

Contenido

Capítulo 1 1
Introducción al Libro de Jeremías.

Capítulo 2 37
Jehová y la apostasía de Israel

Capítulo 3 83
Una invitación al arrepentimiento de Israel

Capítulo 4 111
Quebrantamiento sobre Quebrantamiento

Capítulo 5 147
Juda, un pueblo necio y sin conocimiento

CAPITULO 6 185
El juicio contra Jerusalén y Judá

Capítulo 7 211
Jeremías predica en el templo de Jerusalén

Capítulo 8 257
El pueblo de Dios consultó a todo el cielo antes que a Jehová.

Capítulo 9 283
El Lamento de Jeremías

Capítulo 10 305
Los ídolos creados por manos de artífice, nada son.

Prólogo

Este comentario del libro de Jeremías comenzó a realizarse desde el año dos mil nueve. ¿Por qué escribir este comentario bíblico? Fue mi pregunta. Analizando los tiempos modernos me pude dar cuenta que el pueblo de Dios esta pasando por una etapa similar a la de el tiempo de Jeremías, porque en el presente muchos siervos de Dios al igual que Jeremías, claman, gritan, dan voces, predican el mensaje, pero tristemente muchas veces son ignorados hasta por algunos del pueblo de Dios. Aparte se vive últimamente un cristianismo lleno de apatía, donde muchos cristianos promedios buscan las cosas del mundo antes que hacer la voluntad de Dios. A Jeremías el profeta le tocó una etapa muy difícil, tan difíciles fueron los tiempos que estuvo a punto de renunciar a su misión. En el presente muchos siervos de Dios que proclaman el mensaje están claudicando y ya no predican, mientras otros por darle gusto a los más comprometen el consejo de Dios y hacen de lado el mensaje divino, rascándole el oído a las masas. El profeta Jeremías sufrió mucho por predicar la verdad, a través de su vida nos deja el prototipo del siervo de Dios que predica el mensaje y sufre por hacerlo, de debilita por las masas rebeldes, casi claudica, pero siempre mira en Dios un poderoso gigante que lo libra de cualquier batalla, tal como se lo dijo el Señor. "Pelearán contra ti pero no te vencerán" este comentario esta dedicado no solo a los siervos de Dios que predican y ensenan el mensaje, sino también al pueblo de Dios en general. Para que reflexionemos en una pregunta ¿estas tu bien con Dios? Y a partir de ahí hacernos un auto análisis y cambiar lo que debamos cambiar.

Atentamente, su hermano en Cristo y consiervo.
Osvaldo Rodriguez
Cleburne, Tx. A Febrero 26, 2020

Capítulo 1
Introducción al Libro de Jeremías.

Arrepiéntete Hoy
Comentario del Libro de Jeremías

> Tema Central del Libro: Busca el arrepentimiento hoy
> Capitulo clave: Cap. 31
> Versículo clave: 31:31
> Autor: Jeremías
> Fecha: 585 a.C. aprox.
> Lugar: Jerusalén
> Palabra clave: arrepentimiento, así dice Jehová.
> Personas claves en el Libro: Jeremías, Josías, Joacím, Nabudocodonosor, Nabopolasar, Sedequías, Baruc.
> Acerca del Libro:

Introducción al Libro de Jeremías.

Al hablar de los profetas mayores en el Antiguo Testamento, en particular este libro que porta el nombre de su autor humano inspirado por Dios, "Jeremías". Resaltan dos cosas que se hacen evidentes a través del libro en diferentes ocasiones.

La primera es: La gran paciencia de Dios mostrada hacia un pueblo rebelde.
La segunda: La misericordia que nuestro Padre Celestial manifestó sobre esa gente incircuncisa de corazón. (Jeremías Cap. 1)

Recuento Histórico.
Aproximadamente en el año 620 a.c. Dios envía al profeta Jeremías para que hiciera la función tanto de profeta como heraldo entre la población habitante en Jerusalén. Para ese tiempo desafortunadamente la situación moral y espiritual de los judíos estaba en decadencia, ya que desde muchos años atrás habían dejado de ser aquel pueblo santo que Dios apartó con el propósito de que hicieran la diferencia entre los paganos y el reino de Jehová. (El pueblo judío) así se los había declarado el Señor por medio de Moisés en el desierto.

Habéis, pues, de serme santos, porque yo Jehová soy santo, y os he apartado de los pueblos para que seáis míos. Levitico 20:26

Como recitó el profeta en más de una ocasión " desde temprano y sin cesar" Dios exhortó al pueblo a que buscaran un arrepentimiento antes que fuera demasiado tarde y les sobreviniera la calamidad debido a sus muchas rebeldías tanto como sus malas obras esto como resultado a la apostasía de haber abandonado al Dios Todopoderoso, desde el Éxodo en el desierto, Jehová con mucho amor los había sustentado de grandes bendiciones y protección e igual mantuvo su misericordia extendida aun hasta el tiempo de Jeremías (Jeremías 2:13) Pero su pueblo solo le pagó con desprecio y desobediencia. Por consiguiente Dios en su divina voluntad

Capítulo 1

junto con el amor que sentía por ese pueblo adultero tuvo a bien elegir al profeta Jeremías como encargado de la misión de predicarles duramente para exhortarlos a un arrepentimiento.

Sin duda alguna la misión que se le encomendó al profeta no sería una comisión nada fácil de llevar a cabo ya que le tocaría confrontarse ante un pueblo que a través de los años se habían corrompido en sobremanera. En consecuencia a todo ello llegaron a endurecer su corazón como la piedra por tanto el mensaje de Jehová ya no hallaba cabida en la mente de ellos tal como se lo declaró al profeta Ezequiel.

Y me dijo: Hijo de hombre, yo te envío a los hijos de Israel, a gentes rebeldes que se rebelaron contra mí; ellos y sus padres se han rebelado contra mí hasta este mismo día. Yo, pues, te envío a hijos de duro rostro y de empedernido corazón; y les dirás: Así ha dicho Jehová el Señor. Acaso ellos escuchen; pero si no escucharen, porque son una casa rebelde, siempre conocerán que hubo profeta entre ellos. Y tú, hijo de hombre, no les temas, ni tengas miedo de sus palabras, aunque te hallas entre zarzas y espinos, y moras con escorpiones; no tengas miedo de sus palabras, ni temas delante de ellos, porque son casa rebelde. Les hablarás, pues, mis palabras, escuchen o dejen de escuchar; porque son muy rebeldes. Ezequiel 2:3-7/ Biblia Reina Valera 1960

A Jeremías le tocó profetizar en un lapso de tiempo a través del reinado de cinco reyes que gobernaron al pueblo judío, de los cuales entre esos cinco históricamente solo el rey Josías se puede considerar que buscó apegarse a la Palabra de Dios tomando una actitud de temor y reverencia por Jehová, para de esta forma llevar a cabo una restauración espiritual (2 Reyes 21:24- 2 Reyes 23:30) pero era evidente que un solo hombre no iba a cambiar la mentalidad de todo un pueblo corrompido con tendencias idolatras arraigadas desde muchos años atrás, pero al menos él intentó hacer un cambio a excepción de sus hijos. Después de la muerte de Josías

Introducción al Libro de Jeremías.

le precedieron en el poder sus hijos Joacaz Joacim, Sedequías y su nieto Joaquín, todos estos sucesores no pudieron hacer mucho con el reinado de Judá ¿Por qué? Porque no buscaron el consejo de Jehová sino todo lo contrario. En el caso de Joacaz y Joaquín estos dos solo reinaron por un lapso muy corto de tiempo ya que su reinado solo duró aproximadamente tres meses. Mientras que por otro extremo aunque el reinado del rey Joacim fue más largo con un lapso de aproximadamente once años, Joacim practicó solo lo malo sin buscar siquiera un arrepentimiento y estas acciones fueron totalmente reprobables ante los ojos de Dios mismas que lo llevaron a su destrucción. El último rey que se menciona a través de las Sagradas Escrituras dentro del tiempo que duró el ministerio de Jeremías, como gobernante supremo sobre Judá fue Sedequías, pero desafortunadamente tomó el mismo patrón de conducta que sus antecesores e igual hizo lo malo ante los ojos de Dios. A lo largo de su ministerio Jeremías constantemente le predicó personalmente a Sedequías con vistas a persuadirlo en que buscara el arrepentimiento y se rindiera ante el rey Nabucodonosor de Babilonia, mismo que venía conquistando con fuerza y poderío militar muchas tierras del mundo antiguo. Los mensajes de exhortación que este varón de Dios proclamaba tanto al Rey como al pueblo judío tenían como propósito principal que el rey y la gente fueran salvos y pudieran salir bien librados de toda esa situación adversa que se les avecinaba. Pero desafortunadamente por la dureza de su corazón y muchas otras circunstancias, por ejemplo, en el caso del rey Sedequías este hizo caso omiso y puso oído sordo a las advertencias de Jeremías, con esa actitud negligente desafortunadamente el rey, toda su familia y gran parte del pueblo judío tuvieron que sufrir las consecuencias atroces de su necedad siendo así llevados cautivos (Jeremías 39)

En este libro nos damos cuenta que la palabra de Dios predicada por boca del profeta Jeremías tuvo muy poco efecto positivo en la gente, sin embargo eso no quiere decir que el profeta de Dios haya sido un

Capítulo 1

predicador ineficiente por haber transmitido mensajes que no fueron efectivos a los oídos del pueblo. Tampoco la falta de atención del pueblo al mensaje expresado de parte del profeta quiere decir que Jeremías era alguien que careciera de habilidad retorica referente a la proclamación del mensaje Divino, más bien fue todo lo contrario, ya que cuando se habla históricamente de Jeremías por ejemplo muchos eruditos califican al profeta como un excelente escritor porque se dice de él conforme a la evidencia de su estilo literario que fue un excepcional autor. Algunos incluso califican a Jeremías como uno de los mejores escritores del Antiguo Testamento a la par de Isaías. De igual forma no cabe duda alguna que fue un excelente predicador. Preguntaríamos usted y yo en el presente ¿Entonces si tenía esos dotes de buen escritor y predicador porque eso no le ayudó a crear un efecto positivo en la gente? Recordemos que el problema no está en el proclamador del mensaje sino en los oyentes. La misma situación se viene manifestando hasta este tiempo presente con la gente que no quiere escuchar a Dios, sino que al contrario se inclinan por lo que su necio corazón les dicta.

Todos los caminos del hombre son limpios en su propia opinión; Pero Jehová pesa los espíritus. Proverbios 16:2

La mala disposición hacia los mensajes expresados por boca del profeta era un escalón que venía en ascenso comenzando desde los sacerdotes ya que estos tenían la responsabilidad de ser guías espirituales para el pueblo por ser los principales encargados de dirigir a los judíos en lo que concernía a lo espiritual y religioso pero también en estos siervos de Dios había una actitud negativa en recibir el mensaje del profeta. Por otra parte estaban los gobernantes, mismos que su tarea primordial era la de dirigir al pueblo políticamente hablando y a su vez también eran los encargados de estipular las legislaciones pero desafortunadamente se había dado una corrupción colectiva desde los altos rangos hasta el ciudadano mas simple tal como lo presenta el profeta en Jeremías.

Introducción al Libro de Jeremías.

Iré a los grandes y les hablaré, porque ellos conocen el camino de Jehová, el juicio de su Dios. ¡Pero ellos también quebraron el yugo, rompieron las coyundas! (Jeremías 5:5)

Por tal motivo, tanto unos como otros no quisieron nada con Dios, entonces si los líderes políticos y religiosos estaban corrompidos ¿Qué se podía esperar del pueblo? Toda esta mala disposición y corrupción del entendimiento fue el combustible que encendió la destrucción del pueblo judío y consecuente a ello la mayor parte de la gente terminó siendo cautiva en manos de los babilonios. ¿Dios fue injusto? No ¿Fueron ellos rebeldes? Si. ¿Lo que sembramos es lo que cosechamos tarde o temprano? Si.

En el libro de Jeremías en total se pueden enumerar tres deportaciones, pero sin duda alguna la que vino a ser el acabose total para los judíos por tener un efecto totalmente devastador para ellos como pueblo de Dios fue la última de las tres en manos de los babilonios comandados por su rey Nabucodonosor (Jeremías 39:1) Fue precisamente en este fatal ataque donde se llevó a cabo la primera destrucción del Templo que había sido construido años atrás en el tiempo del reinado de Salomón. Es importante mencionar que el templo de Jehová se construyó por orden y aprobación de Dios (1 Reyes 6:1-38) Desafortunadamente en este triste acontecimiento gran parte de la ciudad de Jerusalén fue destruida y muchos objetos que estaban en el Templo que eran valiosísimos tanto religiosa como materialmente hablando fueron saqueados por los babilonios mientras que otros simplemente se perdieron en la refriega o ya jamás se volvió a saber de ellos. Tal es el caso del Arca del Pacto ya que después de esta deportación no se le vuelve a mencionar jamás. ¿Por qué Dios permitió que se perdiera? No sabemos, pero sus motivos tuvo el Señor.

En este libro a excepción de otros, el profeta no solo se centra en exhortar exclusivamente al pueblo judío sino que también dirige un mensaje de advertencia hacia todas las naciones paganas que

Capítulo 1

habían sido rebeldes contra Dios al igual que los judíos, con el propósito de que buscaran un arrepentimiento y acercamiento al Dios verdadero, como referencia se puede observar en el libro de Jeremías la exhortación a las naciones desde Jeremías capítulo 46 hasta el capítulo 51:64. Y las naciones mencionadas en dichos pasajes son: Egipto, Filistea, Moab, Amon, Edom, Damasco, Cedar, Elam y Babilonia. En la parte final del libro (Jeremías 52:1-34) el escritor hace un relato en forma de conclusión concerniente a la caída de Jerusalén. Según la declaración e investigación de algunos eruditos de la Biblia se menciona que esta última parte del libro pudo haber sido redactada por el escriba Baruc el cual fue el asistente personal del profeta Jeremías y algunas veces fungió como secretario del profeta (Jeremías, Capítulo 36) En la parte final del libro también se relata la liberación de Joaquín por orden del rey de Babilonia que para esa época era Evil Merodac, esta liberación aconteció después de que Joaquín fue cautivo en Babilonia por un lapso total de treinta y siete años (Jeremías 52:31-34).

Se puede concluir a grandes rasgos que el libro que el profeta Jeremías escribió inspirado por el Espíritu Santo (2 Pedro 1:20-21) centra el mensaje en el arrepentimiento, pero también en la promesa de un pacto mejor, Preguntará usted como lector actual en este siglo veintiuno ¿Qué provecho puedo yo sacar del estudio del libro de Jeremías? Se dice en un viejo adagio que expresó el filósofo español Jorge Agustín Nicolás Ruiz de Santayana (1863-1952) "Aquellos que no recuerdan el pasado están condenados a repetirlo" de igual manera, nosotros, podemos tomar el ejemplo en nuestros días en el mensaje expresado en el libro de Jeremías, para asimilar, que si no hacemos caso al consejo del arrepentimiento por medio de la Palabra de Dios, estaremos condenados a repetir la historia de castigo de parte de nuestro Padre Celestial. Ya que Él no es el culpable de que acontezca penuria, sufrimiento y calamidad a nuestra vida, sino que nosotros mismos buscamos el castigo y el sufrimiento por nuestra necedad y malas decisiones que tomamos.

Introducción al Libro de Jeremías.

Esto debido al no escuchar el mensaje de Dios, sino que contrario a ello nos podemos llegar a conducir de una manera rebelde como lo hizo el pueblo de Judá.

De la persona de Jeremías en particular no se tiene mucha evidencia. Solo lo que podemos leer conforme a las Sagradas Escrituras, es identificado como hijo de Hilcias, y también que a Jeremías le fue prohibido casarse, de su muerte no se menciona nada, ni como murió o que sucedió con el cuándo se fueron para Egipto.

Capítulo 1
Llamamiento y misión de Jeremías

Bosquejo de Jeremías Cap. 1

El llamamiento de Jeremías	(1:1-3)
La afirmación de parte de Dios en la comisión a Jeremías	(1:4-5)
La Excusa de Jeremías	(1:6)
La orden y la protección de Dios	(1:7-9)
La Misión de Jeremías	(1:10)
Las Visiones de Jeremías	(1:11-16)
La Preparación de Jeremías a la misión	(1:17-19)

Las palabras de Jeremías hijo de Hilcías, de los sacerdotes que estuvieron en Anatot, en tierra de Benjamín. Jeremías 1:1

En la introducción del libro notamos claramente acerca de la autoría de este, ya que no existe duda alguna que fue escrito por medio del Profeta Jeremías siendo inspirado por el Espíritu Santo (2 Pedro 1:20-21) a este varón de Dios se le identifica comúnmente como uno de los cuatro profetas mayores dentro del Antiguo Testamento. Cabe hacer énfasis en que el nombramiento nada tiene que ver con el hecho de que el profeta de Jehová haya sido más reconocido o que tuviera un lugar de preeminencia en especial por ser más versado o elocuente que algunos de sus consiervos profetas antes y después de él, simplemente es el orden que se le dio acerca de los libros del Antiguo Testamento conforme a la organización del Canon de las Escrituras.

Desde el inicio del libro se observa cómo es que el profeta Jeremías inmediatamente expresa una frase de presentación "las Palabras de Jeremías", como para ponerle firma de su autoría o demostrar y dar credibilidad fortaleciendo la evidencia de que él fue el autor intelectual del libro en su mayoría. Aunque es importante mencionar que la última parte de esta obra literaria inspirada por Dios se especula que pudo haber sido concluida por su asistente y escriba Baruc. (Jeremías 52)

Al inicio del capítulo uno, el escritor inmediatamente se identifica como el hijo de Hilcias, acerca de este personaje del cual hace mención Jeremías, a través de los siglos algunos eruditos de la Biblia se inclinan en argumentar que no es el mismo sacerdote Hilcias que encontró el libro de la Ley en el templo de Jerusalén en el tiempo del rey Josías, acontecimiento que se dio por el año 622 a.C. aproximadamente. En la escritura se menciona lo siguiente acerca del sacerdote Hilcias.

Entonces dijo el sumo sacerdote Hilcías al escriba Safán: He hallado el libro de la ley en la casa de Jehová. E Hilcías dio el libro a Safán, y lo leyó. 2 Reyes 22:8

Este personaje llamado Hilcías al cual menciona Jeremías como su padre, históricamente se cree era procedente de la región de Anatot misma que se encontraba localizada geográficamente a unos cinco kilómetros Al nordeste de Jerusalén. En las Escrituras se hace mención de dicho lugar como una de las ciudades que se les repartieron a los levitas en el tiempo de Josué (Josué 21:13-18) según la evidencia bíblica los sacerdotes de esa población estaban emparentados con la descendencia de Abiatar, sacerdote que vivió en el tiempo de David. Abiatar jugó un rol de profeta durante el reinado del rey David (1 Samuel 22:20-23) pero el sacerdote Abitar fue expulsado de Jerusalén tiempo después por orden del rey Salomón, hijo de David. En seguida de su destierro fue enviado a la tierra de Anatot (1 Reyes 2:26-27) cabe hacer mención a manera de referencia que la descendencia sacerdotal de Abiatar, probablemente tenía sus raíces desde el sacerdote Eli, mismo que vivió en Siló en tiempos de Samuel el profeta. Pero a Eli, Dios, le dijo claramente: que todos los que se levantaran de su descendencia morirían de una edad joven, esto sucedió a consecuencia de la mala conducta que manifestaron sus dos hijos Ofni y Fines, y la indiferencia de Eli acerca del mal comportamiento de sus hijos tal como lo muestra el siguiente pasaje.

Verás tu casa humillada, mientras Dios colma de bienes a Israel; y en ningún tiempo habrá anciano en tu casa. El varón de los tuyos que yo no corte de mi altar, será para consumir tus ojos y llenar tu alma de dolor; y todos los nacidos en tu casa morirán en la edad viril. 1 Samuel 2:33-34

Anatot formaba parte de la región de la tribu de Benjamín misma que se había repartido a suertes en el tiempo de Josué (Josué 18:10-11) a pesar que algunos argumentan que el Sacerdote Hilcías mencionado dentro del Libro de Jeremías, no era el mismo sacerdote que halló el libro de la ley, por otro lado en opiniones encontradas como suele suceder algunos eruditos también mencionan que si se refiere a la misma persona. Ya que cuando se hace mención en las Escrituras acerca del acontecimiento donde el Sacerdote Hilcías encontró el libro de la ley, este hecho sucedió aproximadamente como por el año 622 a.C. y el llamamiento que tuvo Jeremías para ejercer el cargo de profeta, se llevó a cabo por el año 627 a.C. en el tiempo del reinado de Josías. Por tanto, ambas fechas son muy paralelas.

Y siendo Jeremías de descendencia sacerdotal, se cree que su Padre Hilcías fue el que encontró el Libro de la ley. Pero eso son solo suposiciones u opiniones, pero nada concreto para asegurar al cien por ciento que así fue. No hay nada específico, ni preciso, aunque la gran mayoría se inclinan en argumentar que el profeta Hilcías mencionado en el libro de Jeremías y el Profeta Hilcías que encontró el libro de la ley no son el mismo personaje. Recordemos también que muchos nombres eran repetitivos.

Palabra de Jehová que le vino en los días de Josías hijo de Amón, rey de Judá, en el año decimotercero de su reinado. Jeremías 1:2

La fecha concerniente a su llamamiento, Jeremías mismo se encarga de indicarla porque menciona que aconteció en el año decimotercero del reinado de Josías. Esto fue aproximadamente por el año 627 a.c. Para este tiempo el rey Josías tenía la edad de veintiún años. Ya que conforme a las Escrituras se menciona que su reinado había comenzado cuando él era todavía un niño contando con solo ocho años de edad (1 Reyes 22:1) Josías era hijo del rey Amón y nieto de Manases. Cabe destacar que tanto su padre como su abuelo hicieron cosas muy malas ante los ojos de Dios, especialmente Manases su abuelo, (2 Reyes 21:16-18) pero la diferencia entre Amón, su padre y Manases su abuelo, es que Amón, a pesar de todas las maldades que hizo nunca buscó en ningún momento de su vida el arrepentimiento y el perdón de Dios debido a eso su reinado fue muy corto, ya que tan solo reinó por dos años. (2 Crónicas 33:21-25) Después de su muerte le precedió en el cargo Josías contando tan solo con ocho años de edad, de Josías se puede decir que fue un rey bueno, algunos lo identifican como el rey de la restauración ¿Por qué? entre algunas de las funciones que ejerció se dedicó a restaurar nuevamente el culto a Dios porque desafortunadamente para esa época los judíos se encontraban corrompidos moral y es-

Introducción al Libro de Jeremías.

piritualmente en sobremanera y consecuente con ello el resultado fue que estaban todos desubicados como pueblo de Dios. Incluso, tanto era el abandono de los judíos que incluso llegaron al grado de perder el libro de la ley de Moisés. Por tanto, Josías se dedicó a tumbar todos los lugares altos donde ellos llevaban a cabo sus idolatrías al ofrecer sacrificios en honor a los ídolos paganos como Baal, Moloc o la Reina de los Cielos (1 Reyes 13:2,23:16,23-24) desafortunadamente después de unos años el rey Josías fue asesinado en el campo de batalla por manos del rey egipcio Necao.

En aquellos días el faraón Necao, rey de Egipto, subió hacia el río Éufrates al encuentro del rey de Asiria. Contra él salió el rey Josías; pero en cuanto aquel lo vio, lo mató en Meguido. Sus siervos lo pusieron en un carro, lo trajeron muerto de Meguido a Jerusalén y lo sepultaron en su sepulcro. Entonces el pueblo de la tierra tomó a Joacaz hijo de Josías, lo ungieron y lo proclamaron rey en lugar de su padre. 2 R. 23:28-30

Le vino también en días de Joacim hijo de Josías, rey de Judá, hasta el fin del año undécimo de Sedequías hijo de Josías, rey de Judá, hasta la cautividad de Jerusalén en el mes quinto. Jeremías 1:3

El llamamiento que recibió Jeremías de parte de Dios para ejercer su cargo como profeta fue en el año 627 a.C. O 625 a.C. Considerando las fechas antes mencionadas se calcula que este varón de Jehová duró en su ministerio de profeta un lapso aproximado de cuarenta años, ya que inició en el año trece del rey Josías, y concluyó su obra en el año once del rey Sedequías después de la cautividad. Jeremías predicó en los tiempos del Rey Josías el cual reinó en Jerusalén un total de 31 años (ref. 2 Cr. 34:1) después de Josías, como menciona el profeta, también le vino visión de profecía en los días del rey Joacim, reinado que duró once años (2 Reyes 23:36) e incluso menciona que también su ministerio abarcó los once años que gobernó Sedequías hijo de Josías hasta el

Capítulo 1

mes quinto después de la deportación a Babilonia que corresponde en el calendario judío al mes de Ab. Que abarca de julio a agosto, esto fue por el año 585 a.c. Cabe destacar que Jeremías al inicio de su libro no hizo mención de dos reyes que estuvieron durante su ministerio, y estos son: Joacaz, solo reinó tres meses después se lo llevó prisionero el rey egipcio Necao y murió en Egipto (2 Reyes 23:31-34) también excluye al rey Joaquín, que fue llevado cautivo por Nabucodonosor, cuando apenas tenía tres meses en el trono (2 R. 24:8:12) este rey Joaquín es el que se menciona al final del libro de Jeremías. Cuando el rey Babilonio Evil Merodac le concede la libertad después de 37 años de cautiverio (ref. Jer. 52:31-34) ¿Por qué no los menciono Jeremías? No se sabe, quizás porque el tiempo de su reinado fue muy breve.

Reyes que gobernaron durante el ministerio de Jeremías como profeta.

Josías 640- 609 a.c. Fue un rey bueno (reinó por 31 años) murio en batalla, lo mató el faraón Necao.
Joacaz 609 a.c. (reinó solo 3 meses) Fue un rey malo y llevado cautivo por el Faraón Necao.
Joacím 609 -598 a.c. (reinó por 11 años Fue malo, capturado y cautivo por Nabucodonosor.
Joaquín 597 a.c. reinó por tres meses, fue malo y llevado cautivo por Nabucodonosor
Sedequías 597 – 587 a.C. fue malo. (reinó por once años) también llevado cautivo por Nabucodonosor en la última de las tres cautividades.

Vino, pues, palabra de Jehová a mí, diciendo: Antes que te formase en el vientre te conocí, y antes que nacieses te santifiqué, te di por profeta a las naciones. Jeremías 1:4-5

Introducción al Libro de Jeremías.

Nuevamente en este pasaje, Jeremías, vuelve a expresar ese llamamiento que le hizo Dios e indica con ciertos detalles como aconteció este suceso, ya que el Padre Celestial apartó a Jeremías desde antes que se formara en el vientre de su madre ¿Qué querrá decir esto? Pudiera implicar que prácticamente el profeta ya estaba predestinado por el Señor para la misión que cumpliría como heraldo de Dios, enfáticamente el Señor le expresa al profeta que desde antes que lo formara en el vientre de su madre ya lo había conocido. Por tanto Jehová no está indicando como si le estuviese haciendo a Jeremías una invitación para que se desarrollara como profeta, mas bien le hace saber que incluso desde antes de su nacimiento, Él conforme a su providencia divina y propósitos le había encomendado dicha responsabilidad que llevaría a cabo en el futuro. ¿Cuándo? Solo Dios sabía el tiempo exacto para que Jeremías recibiera su llamamiento. Históricamente se cree que cuando Jeremías recibió formalmente el llamamiento de parte de Dios, ya contaba con más de treinta años. Por lo tanto, fue ese el lapso de tiempo que en su providencia divina el Señor preparó a Jeremías antes de que su misión fuera encomendada formalmente.

Por eso el Señor le expresa a Jeremías que desde mucho tiempo antes lo santificó, y le daría la responsabilidad de ser profeta ante las naciones, que en este caso abarcarían Judá, Jerusalén e incluyendo a varias naciones paganas dentro de su ministerio como profeta de Dios. Al inicio del libro si analizamos metódicamente observaríamos a manera de evidencia por inferencia, como el Señor periódicamente a través del tiempo ha hecho elección de ciertas personas que tendrán una misión en particular a tiempo futuro o en su debido momento, por ejemplo algo similar pasó con un siervo de Dios como lo fue el apóstol Pablo en el Nuevo Testamento. Quien cambió de ser un perseguidor de los discípulos de Cristo a ser un siervo de Jesús y en consecuencia a su cambio radical llegó a ser perseguido por esa causa tal como él mismo lo declaró en la epístola escrita a los hermanos en Galacia.

Capítulo 1

Pero cuando agradó a Dios, que me apartó desde el vientre de mi madre, y me llamó por su gracia, revelar a su Hijo en mí, para que yo le predicase entre los gentiles, no consulté en seguida con carne y sangre, Galatas 1:15-16.

Observemos algunas frases claves en este versículo a manera de referencia de lo que se viene diciendo acerca del llamamiento de Jeremías.

Cuando agradó a Dios (Esto implica que no fue un deseo de Pablo, sino que Dios tuvo a bien en su sabiduría infinita, seleccionar a Pablo para un propósito.

Me apartó desde el vientre de mi madre (Así como Jeremías fue apartado desde antes de nacer, esto implica que para Dios no importa el margen de tiempo, y que los tiempos son de Él y no de nosotros.

Me llamó por su gracia, (Pablo no desarrolló la responsabilidad de predicar el evangelio por él mismo, sino que tuvo un llamamiento de parte de Dios. Recordemos que Dios nos llama de muchas maneras. Por ejemplo vemos el encuentro que tuvo Pablo con Cristo antes de su bautismo, relatado en el libro de los Hechos, capítulo nueve. Y en ese acontecimiento definitivamente Pablo no iba con vistas a predicar el Evangelio sino más bien su objetivo era oponerse al Evangelio. (Hechos 9:1-2)

Para que yo le predicase entre los gentiles. Con esto vemos el propósito definido de Dios "predicar a los gentiles"

Hablando del profeta Jeremías, sin lugar a dudas al recibir el llamado de Dios tal vez él conscientemente no lo sabía pero en ese instante tuvo que asimilar que el día del llamamiento había llegado, y por consiguiente no podía huir a su responsabilidad como profeta. La aplicación para nosotros en el presente es a manera de pregunta ¿Cuántos de nosotros hoy en día estamos sirviendo al Señor en diferentes ministerios dentro del cuerpo de Cristo y antes ni siquiera imaginábamos que estaríamos haciendo eso? La pregunta que surge es ¿Te estas resistiendo o estas confiando en Dios para llevar a cabo tu misión en esta tierra? Porque Pablo declaró lo siguiente acerca de su responsabilidad.

Pues si anuncio el evangelio, no tengo por qué gloriarme; porque me es impuesta necesidad; y !!ay de mí si no anunciare el evangelio! Por lo cual, si lo hago de buena voluntad, recompensa tendré; pero si de mala voluntad, la comisión me ha sido encomendada. 1 Corintios 9:16-17

El profeta predicó el mensaje a Judá y Jerusalén, aparte también a las naciones paganas como: Egipto, Filistea, Moab, Amón, Edom, Damasco, Cedar, Elam y Babilonia (Jer. 46:1-51:64) prácticamente Dios había puesto los medios para que Jeremías fuera santificado y cumpliera su función de profeta hasta el fin de la misión. Cuando se habla de santificar eso implica que a alguien se le aparta para el servicio exclusivo a Dios. Así como lo fueron los sacerdotes levitas en el tiempo de Moisés pero esto solo es el resultado de que la persona a la cual se le santificará también ponga de su parte, ya que el ser santo implica apartarnos de todo aquello que nos llegue a contaminar tanto física como moralmente.

Y yo dije: !!Ah! !!ah, Señor Jehová! He aquí, no sé hablar, porque soy niño. Y me dijo Jehová: No digas: Soy un niño; porque a todo lo que te envíe irás tú, y dirás todo lo que te mande. No temas delante de ellos, porque contigo estoy para librarte, dice Jehová. Jeremías 1:6-8

Después del llamamiento al profeta vienen las excusas de parte de él. Esto no era algo nuevo ni lo será, tiempo atrás ya había sucedido lo mismo con algunos hombres de Dios. En particular uno de ellos fue el mismo Moisés ya que cuando el Señor le habló en el Monte Sinaí (Éxodo 3-4) en aquella ocasión Moisés se excusó para evadir las responsabilidades que el Señor tenía para él. Sin duda

Capítulo 1

alguna hoy en día muchos siervos de Dios se siguen excusando de la misma manera para no cumplir con las tareas que Jehová tiene para ellos. Usted y yo no somos exentos de tomar dicha actitud. ¿Cuáles fueron las excusas que presentó Jeremías? A diferencia de Moisés que usó entre varios de sus argumentos resalta aquel en el que dijo que era tardo en el habla (Éxodo 4:10-17) la inseguridad de Jeremías estaba basada mas bien en que tenía cierto temor de comenzar a profetizar porque él se consideraba a si mismo muy joven de edad para tan grande responsabilidad aunado a eso posiblemente sentía temor de enfrentar a una gran multitud renuente al mensaje de Dios, en este caso era el pueblo de Judá (Ezequiel 2:1-8) Históricamente en el tiempo antiguo se daba el caso regularmente el hecho de que los que hablaban en público y con cierta autoridad, estas eran responsabilidades delegadas a los ancianos o gente ya mas madura de edad,(Job. 32:4) pero a pesar de que Jeremías no era tardo en el habla como lo fue Moisés, sin embargo se quiso excusar en la responsabilidad que le había dado Dios, y no es que fuera literalmente un niño de edad como él se presentó, el detalle radicaba en que todavía se consideraba muy joven para la misión que se le había encomendado.

Y yo dije: !!Ah! !!ah, Señor Jehová! He aquí, no sé hablar, porque soy niño. Jeremías 1:6

Sin embargo le contestó El Señor que no se excusara diciendo que es un niño, porque como el mismo Señor le dijo, que Él ya lo había santificado para la responsabilidad que emprendería. Haciendo énfasis "A todo lo que te enviare tendrás que ir". Eso denota que no podía andar dejando las cosas a medias, ni tampoco implicaba que debía huir de sus responsabilidades como lo había hecho en el pasado el profeta Jonás, unos años antes de Jeremías, cuando se le mandó que fuera a predicar a Nínive y en lugar de ello trató de huir con rumbo a Tarsis (España) (ref. Jonás 1-2)

Introducción al Libro de Jeremías.

Jeremías tenía la responsabilidad de predicar todo el consejo de Dios tal como Él se lo había encargado.

A todo lo que te envíe irás, y dirás todo lo que te mande. (Jeremías 1:7)

En primer lugar, Jeremías debía predicar todo lo que El Señor le había mandado ya que era necesario para que los judíos entraran en razón y tomaran el rumbo correcto. En segundo lugar, sería palabra de Jehová y no de Jeremías para que el pueblo se diera cuenta que Dios es el que se estaba comunicando con ellos por medio del profeta. En tercer lugar, el Señor tenía todo el derecho de reprenderlos ya que Él era su único Dios y ellos eran su pueblo santo, pero desafortunadamente habían caído en un estado de apostasía (Levitico 20:26)

Dios le encomienda a Jeremías después de darle la misión de la predicación exhortándole a que no tuviera temor cuando estuviera enfrente de ese pueblo duro de corazón que estaba negando continuamente su fe en el Altísimo (Jer. 5:12-14), ya que esa misma gente también tomaría la misma actitud indiferente con su compatriota el profeta Ezequiel cuando se encontraban ya deportados en Babilonia (Ezequiel 2-3) al igual que Jeremías Dios le dijo a Ezequiel que no tuviera miedo y que predicara todo el consejo ante el pueblo, les gustare o no el mensaje, así mismo le exhorta a Jeremías, ya el Señor describe al pueblo judío como duros de rostro y necios de corazón (Ezequiel 2:4-6, 3:7) Cuando Jeremías estaba predicando en Jerusalén, Ezequiel también lo hacía en Babilonia con los primeros cautivos. El Señor anima a Jeremías para que no tuviera temor, porque Él le daría la fortaleza necesaria para soportar la oposición, de igual manera lo libraría todo el tiempo para sacarlo adelante en tan difícil misión. De igual manera le había dicho a su contemporáneo el profeta Ezequiel (Ezequiel 3:8-9)

¿Cuál es la aplicación para nosotros? Con esta promesa podemos confiar usted y yo en el presente el hecho de que el Señor jamás dejará a sus siervos fieles desamparados, podemos verlo reflejado aun en el Nuevo Testamento cuando Jesucristo, nos da la gran comisión para predicar el evangelio y claramente dice estas palabras.

"Yo estaré con vosotros todos los días hasta el fin del mundo, Amen" Mateo 28:20.

El apóstol Pablo también lo vuelve a recalcar en la epístola a los Romanos
Si Dios está con nosotros ¿Quién estará contra nosotros? Romanos 8:31

Será necesario pues tener nuestra fe bien puesta en que El Señor, siempre va a estar con nosotros, pero hay una condición ¿Cuál? Luchar a cada día por esforzarnos en hacer su voluntad, porque de lo contrario si llegásemos a apartarnos del buen camino encaminándonos a seguir el pecado, con esa actitud de desobediencia lo más seguro es que al tomar tal proceder nos estaremos alejando nosotros mismos del Señor y tarde o temprano a consecuencia de ello vendrá calamidad, para muestra vemos el ejemplo del pasado con el pueblo de Judá en el tiempo de Jeremías (Jeremías 7:16-20)

¿Me provocarán ellos a ira? dice Jehová. ¿No obran más bien ellos mismos su propia confusión? Por tanto, así ha dicho Jehová el Señor: He aquí que mi furor y mi ira se derramarán sobre este lugar, sobre los hombres, sobre los animales, sobre los árboles del campo y sobre los frutos de la tierra; se encenderán, y no se apagarán. Jeremías 7:19-20

Meditemos en la siguiente frase "No obran más bien ellos para su propia confusión"

Introducción al Libro de Jeremías.

Claro es ver como El Señor constantemente nos exhorta a esforzarnos y ser valientes todo esto con vista a no apartarnos de su libro santo porque esa es la única manera en que nos pueda sacar adelante para salir vencedores en la batalla, así como le dijo a Josué en Josué 1:7-9 con la frase "esfuérzate y se valiente" de igual manera le exhorta a Jeremías que no tuviera temor ante el pueblo obstinado, sino que simplemente cumpliera con la misión.

Y extendió Jehová su mano y tocó mi boca, y me dijo Jehová: He aquí he puesto mis palabras en tu boca. Mira que te he puesto en este día sobre naciones y sobre reinos, para arrancar y para destruir, para arruinar y para derribar, para edificar y para plantar. Jeremías 1:9-10

Hablando en términos militares a un soldado antes de mandarlo al campo de batalla, le inculcan el valor que debe tener en combate, y le adiestran para que busque a toda costa salir vencedor o para que pueda sobrevivir férreamente aun a través de distintas adversidades que se le avecinen en la batalla o la misión encomendada, de igual manera El Señor le enfatiza claramente a Jeremías que no tenga temor a donde se le va a enviar. Pero como a todo soldado se le provee de arma y municiones para la batalla, aquí Dios provee a Jeremías de las herramientas necesarias que utilizaría en su misión, y claramente nos expresa el mismo Jeremías como es que el Señor extiende su mano y toca su boca. Algo muy parecido había hecho ya el Señor a manera figurativa con el profeta Isaías unos cuantos años antes de Jeremías, después de recibir Isaías una invitación al llamamiento, mismo al que contestó con las siguientes palabras.
—heme aquí envíame a mí (Isaías 6:8)
Antes del llamamiento el Señor figurativamente puso un carbón ardiendo en la boca de Isaías por medio de los serafines, esto con el propósito de la purificación antes de mandarlo a profetizar. En una forma similar el Señor toca la boca de Jeremías, e inmediatamente le dice que ha puesto Sus Palabras en la boca de él, a Ezequiel

Capítulo 1

le dijo que comiera las palabras del rollo (Ezequiel 3:1-3) de esta misma manera alimenta a Jeremías con las palabras que provienen directamente de parte del Señor. Después de que lo ha provisto de las armas necesarias para la batalla que tendría enfrente de él, le dice cuál será su responsabilidad como profeta.

Haciéndole saber que a partir de ese momento lo ha puesto para que predique sobre Naciones. Estas ya se han mencionado en las páginas anteriores (pag 3) de igual manera los reinos. En conclusión se deduce que Jeremías no solo tendría como exclusividad profetizarle al pueblo rebelde de Judá, sino que también extendería su mensaje a los paganos como Babilonia y Egipto entre otros, porque también ellos iban a recibir una reprensión de parte de Dios, por no reconocerlo como el Todopoderoso, y porque se enorgullecieron y no le dieron la reverencia que se debía el Altísimo, sino que contrario a ello pusieron su fe en sus dioses paganos que no son nada. Por otro lado tampoco las sendas de ellos se hallaron perfectas ante los ojos de Dios. Le dice a Jeremías que él sería el encargado de predicar un mensaje de destrucción y demolición para arrancar y arruinar. Pero también le hace saber que llevaría un mensaje de restauración y esperanza para todo ser humano en un tiempo futuro (Jeremías 30:31) en un tiempo en que se volvería a sembrar una semilla pero no corrompida, como la que ya habían corrompido a través de los años los israelitas y judíos. Es muy claro ver que en el libro de Jeremías encontramos la caída de varios reinos por mencionar algunos, los asirios, egipcios y todas las demás naciones paganas como Filistea. Pero sin lugar a duda la más espectacular y devastadora caída de todas ellas fue la de Jerusalén, todo esto fue mero resultado de la rebeldía y falta de arrepentimiento de ellos mismos.

La palabra de Jehová vino a mí, diciendo: ¿Qué ves tú, Jeremías? Y dije: Veo una vara de almendro. Y me dijo Jehová: Bien has visto; porque yo apresuro mi palabra para ponerla por obra. Jeremías 1:11-12

Introducción al Libro de Jeremías.

A través de los cincuenta y dos capítulos del libro el autor utiliza con frecuencia una frase clave "vino a mi Palabra de Jehová" esto demuestra como constantemente se hace alusión al hecho de que Dios es el que le daba el mensaje. Marcando así la diferencia entre el contraste de él y muchos falsos profetas que vivieron en aquella época, ya que esos lobos rapaces profetizaron pero no conforme a la Palabra de Dios, más bien sus mensajes iban cargados de mentira y falsas esperanzas. Tal fue el caso del falso profeta llamado Hananias (Jeremías 28) en este pasaje se observa claramente como el Señor le hace una pregunta al profeta y le dice – ¿Qué es lo que observas? él le contesta.

–Veo una rama de almendro.

En esta visión el Señor le muestra a Jeremías por medio de simbolismos el efecto de la palabra divina, Se dice que la rama de almendro es la primera en florecer en la época primaveral. La palabra "almendro", proviene del hebreo Shoqued. ¿Qué mensaje encerraba esta visión dada por Dios? El Señor por medio de esta imagen le hace saber a Jeremías que entendiera el hecho de que así como la planta de almendro florece pronto, de una forma similar El Señor estaba como un vigilante para que su Palabra se cumpliera en un lapso de tiempo que estaba cercano, y todo ello estaba relacionado con la calamidad que le sobrevendría a Judá por persistir en ser una nación rebelde y apartarse de Dios pero mas que nada porque peor aún ellos voluntariamente habían determinado no buscar un arrepentimiento de sus malas obras.

Vino a mí la palabra de Jehová por segunda vez, diciendo: ¿Qué ves tú? Y dije: Veo una olla que hierve; y su faz está hacia el norte. Me dijo Jehová: Del norte se soltará el mal sobre todos los moradores de esta tierra. Jeremías 1:13-14

En esta porción de la Escritura le viene otra visión de parte del Señor al profeta, la cual tiene que ver con una olla hirviendo a punto de derramarse debido a la ebullición de los líquidos que es-

Capítulo 1

tán dentro de la misma, figurativamente así representa el Señor el nivel de furia con que desataría su venganza contra la gente necia de Jerusalén, y que el castigo ya estaba predispuesto sobre ellos a causa de su necedad. Dios le menciona Jeremías que esa serie de ataques militares procederían en particular del norte de Jerusalén, en este caso aunque no menciona abiertamente de que parte del norte vendrían los ataques, históricamente es bien sabido que surgiría por medio del Imperio babilónico al cual el Señor utilizaría como instrumento de justicia y muy en particular en manos del rey Nabucodonosor. Por tanto, en dos visiones Dios le deja ver a Jeremías lo que les deparaba a toda esa gente dura de corazón. Por medio de su furia y justicia divina.

Porque he aquí que yo convoco a todas las familias de los reinos del norte, dice Jehová; y vendrán, y pondrá cada uno su campamento a la entrada de las puertas de Jerusalén, y junto a todos sus muros en derredor, y contra todas las ciudades de Judá. Jeremías 1:15

Históricamente hablando la calamidad para el pueblo judío comenzó a desarrollarse por mano de Nabucodonosor, rey del Imperio babilonio, ya que para esa época los egipcios habían perdido mucho poderío militar y estaban siendo opacados por los babilonios que liderados por su rey venían conquistando muchas naciones. El mal que les sobrevendría a los judíos sin lugar a duda no iba a ser a pequeña escala, ya que la destrucción sería devastadora, en cada ataque los babilonios arrasarían con todo a su paso. Como ejemplo se puede observar cómo empezó a surgir la calamidad después de la toma de Jerusalén en el año 585 a.C. Cuando la ciudad fue sitiada y después conquistada según como se relata en el libro de Jeremías, Capítulo 39. Esta intervención militar fue realizada por orden de Nabucodonosor pero más que nada detrás de ello estaban los designios del Altísimo. En esa ofensiva militar el rey mandó a sus tropas a sitiar Jerusalén con órdenes de destruirla debido a que no quisieron rendirse antes de que todo esto aconteciera.

Introducción al Libro de Jeremías.

Para esa época el rey de Judá era Sedequías, mismo que se rehusó más de una ocasión a tomar consejo en el mensaje del profeta para que evitara tal calamidad él y su pueblo. Jeremías relata como es que en el noveno año del rey Sedequías, Nabucodonosor sitió la ciudad con sus príncipes, y después de persistir por un lapso de casi dos años, el ejército de los babilonios logró abrir una brecha en el muro de la ciudad debido a esto les fue posible la incursión a la ciudad y a partir de ahí el ataque. Entre los combatientes se mencionan a varios príncipes de Babilonia (Jer. 39:1-3) entre ellos Jergal Sarezer, este se cree que era el rey Neriglisar, mismo que tomó el trono después de Evil Merodac. Sin lugar a dudas es en el capítulo treinta y nueve donde se cumple la profecía de la olla hirviente mencionada en este capítulo.

Y a causa de toda su maldad, proferiré mis juicios contra los que me dejaron, e incensaron a dioses extraños, y la obra de sus manos adoraron. Jeremías 1:16

Habían pasado ya como unos ochocientos años aproximadamente desde que los judíos salieron de Egipto liberados por el poder de Dios, sin embargo, a partir de ahí hasta el tiempo de Jeremías siempre fueron un pueblo inconstante con altas y bajas, este varón recibe un mensaje donde Jehová le hace saber que por causa de la maldad de su pueblo(los judíos), la misericordia del Señor había llegado a su límite, por tanto ejercería un castigo sobre ellos. No resulta extraño que el pueblo judío siempre fue necio y de dura cerviz, esta actitud la manifestaron inmediatamente después de haber sido liberados de la opresión egipcia ya que bastaron solo tres días de estancia en el desierto y un poco de carencia de agua para que empezaran a murmurar contra Moisés (Éxodo15:22-27) A partir de ese acontecimiento no pasó mucho tiempo cuando manifestaron sus tendencias a la idolatría, mismas que sin duda alguna habían adquirido después de vivir muchos años en Egipto, pero que no erradicaron esas conductas idolátricas del todo ¿Por qué?

Capítulo 1

debido a que no alcanzaron a entender que Dios era su único Señor. A continuación, mencionaremos algunas situaciones en las cuales los judíos a través de los tiempos se portaron rebeldes ante Jehová.

La corrupción de los judíos en el tiempo del Éxodo (Éxodo 32, el becerro de oro)
La apostasía en el tiempo de los jueces (Jueces 2:11-17)
El pueblo se revela en el tiempo de Samuel al pedir también un rey como las otras naciones (1 Samuel 8:3-10)

En consecuencia a las muchas rebeldías de Saúl, el primer rey del pueblo judío (1 Samuel 15) Jehová ungiría a otro rey que haría las cosas conforme a la voluntad del Altísimo. Ese rey fue David, pero después de su muerte le precedió en el reinado su hijo Salomón que desafortunadamente en los años de su vejez se corrompió adorando a los dioses paganos debido a la mala influencia que recibió por medio de las mujeres extranjeras a las que se juntó en matrimonio y concubinato (1 Reyes 11:1-9) inmediatamente después de esta rebelión de parte del rey Salomón la situación espiritual y moral del pueblo judío fue en decadencia al grado que se desencadenó una división en el reino, Roboam quedó al frente de Judá y Jerusalén. Mientras que Jeroboam se puso al frente de Israel y las diez tribus. A partir de la división todo fue en declive e Israel se corrompió, a su vez en Judá pasó lo mismo. Algunos reyes buscaron a Jehová de todo corazón e hicieron las cosas bien de parte del reino de Judá, pero cabe destacar que todos los reyes de Israel fueron malos.

El Señor a través de Jeremías también reprende a los judíos por el hecho de ofrecer incienso a dioses paganos extraños, pero eso ya no era una práctica nueva entre ellos ya que era una práctica que venían realizando desde hace muchos años atrás. Por tal motivo, El Señor los castigaría ya que para ese tiempo la rebeldía e idolatría de la gente había llegado al máximo rebasado así los límites de la paciencia de Dios Padre, el problema radicaba en que ellos

| 25

Introducción al Libro de Jeremías.

mismos se habían creado algunos dioses extraños a los cuales les ofrecían incienso y también adoptaron las costumbres paganas de las naciones incrédulas de su alrededor.

¿Cuál es la ilustración para el cristiano en el presente?

En el presente acontece algo muy similar. Por ejemplo: Mucha gente hoy en día y a través de distintas épocas en la historia universal se ha creado sus propios dioses o santos a los cuales por medio de una fe mal dirigida les rinden culto. Incluso vivimos en una época donde el hombre idolatra a otro hombre. Por ejemplo que decir de los que idolatran a sus equipos de futbol u otros deportes, tanto así que se ponen corbatas de sus equipos, calcetines, y así consecutivamente hacen sus disparates, pero total se debe respetar el actuar de otros siempre y cuando no infrinja las leyes o dañe a terceros, que decir de las jovencitas que idolatran a sus cantantes y son capaces de pasar toda una noche en espera a las afueras de un hotel esperando ver a su ídolo de carne y hueso. Tanto así de idolatra es el humano que hace años dio inicio un programa en ingles llamado "American Idol" traducido al español como "Ídolo americano" es triste ver cómo es que el ser humano al no darle uso a la razón y a la lógica adora lo que mejor se le acomode. Incluso algunos dicen que la religión es una forma de idolatría. Pero recordemos que por eso mismo es muy importante indagar y cuestionar. En lo que se refiere al Dios Todopoderoso, que no nos quede duda de que existe. Y si hay dudas ¿Qué esperas para fortalecer tu fe por medio de las evidencias y la investigación de lo que crees? No seamos ciegos. Hoy en día hay tanta idolatría por medio de la llamada "Caja Negra" o Televisión. Que la gente crea sus propios ídolos detrás de una pantalla a seres humanos comunes que prácticamente son iguales a nosotros, algunos si acaso con uno que otro talento, pero otros son las personas mas ordinarias del mundo más sin embargo el humano ahí está engrandeciéndolos y adorándolos. En particular algunos cristianos tampoco se quedan atrás en lo que concierne a

Capítulo 1

la idolatría ya que el apóstol Pablo menciona que la avaricia es una forma de idolatría. ¿Cuántos cristianos en la actualidad comprometen su relación con Dios por unos cuantos dólares, pesos, lempiras, soles, questzales más en su bolsillo? Nadie dice que el progresar o prosperar económicamente sea malo pero el gran problema radica en que algunos cristianos hacen de los bienes materiales y la avaricia su prioridad principal poniendo de a lado su compromiso como hijos de Dios que son. Consideremos las palabras del apóstol Pablo escritas a los hermanos en Colosas acerca del problema de la avaricia comparado con la idolatría.

Haced morir, pues, lo terrenal en vosotros: fornicación, impureza, pasiones desordenadas, malos deseos y avaricia, que es idolatría; cosas por las cuales la ira de Dios viene sobre los hijos de desobediencia, en las cuales vosotros también anduvisteis en otro tiempo cuando vivíais en ellas. Colosenses 3:5-7

Providencialmente Dios por medio de sus siervos nos hizo saber que es necesario desarraigar esas conductas meramente carnales y terrenales entre las cuales está la idolatría, porque al no ser así la ira de Dios se puede aplicar en nosotros por ser desobedientes y claramente Pablo lo enfatiza al decir de esas conductas "anduvisteis en otro tiempo" o séase tiempo pasado, antes de ser cristianos.

Es cierto que Dios nos dio una conciencia y una mente pensante pero el gran detalle es que ciertamente la naturaleza humana se inclina más hacia el error. Es necesario tener un balance en esta vida. Ya que al irnos al otro extremo podemos no creer en nada incluso no creer en Dios.

Tal es el caso de idolatría que por ejemplo en México a finales del siglo veinte e inicios del siglo veintiuno se le ha estado rindiendo un fuerte culto a la santa muerte. Con eso nos damos cuenta de que el ser humano es en cierta manera idolatra por naturaleza ya que en ese afán de tener fe en algo buscan cualquier cosa en que poner su

| 27

fe, pero muchas de las veces no buscan al verdadero Dios y he ahí el problema de desviarnos a las tinieblas y a la falsedad que ofrece Satanás por medio de sus mentiras bien orquestadas para tenernos oprimidos en el pecado, error y tinieblas, separados así de una buena relación con Dios.

Retomando el libro de Jeremías en particular en este caso concerniente a los judíos en tiempo del profeta, ellos tenían el pleno conocimiento que se les había otorgado generación tras generación el conocimiento por medio de la ley de Moisés acerca de no adorar a dioses extraños, pero parece que estos estatutos y ordenanzas dadas por Dios poco les importó (ref. contra la idolatría Éxodo 20:3-5) ya que cayeron en una completa apatía espiritual y moral. Hoy día como ya se mencionó, se están viviendo tiempos muy similares. Por eso es necesario aprender de la historia para no repetirla. Alguien dijo "Es de necios no aprender de los errores y seguir tropezando con la misma piedra, pero es de inteligentes aprender de nuestros errores para no cometerlos de nuevo. Por otro lado es de sabios aprender de los errores de los demás y no caer en lo mismo". ¿Queremos ser sabios, inteligentes o necios?

Tú, pues, ciñe tus lomos, levántate, y háblales todo cuanto te mande; no temas delante de ellos, para que no te haga yo quebrantar delante de ellos. Jeremías 1:17

Debido a la mucha corrupción tanto moral como espiritual de la gente en ese tiempo, el Señor le hace una exhortación muy seria a Jeremías despertando su entendimiento para que prestara especial atención en la necesidad que tendría en el hecho de armarse con mucho valor, ya que lo necesitaría a cada momento en el ministerio que cumpliría y de esta manera estuviera presto siempre en ir a predicarles y reprenderles públicamente a sus compatriotas judíos por su mal proceder. ¿Una tarea fácil para el profeta? No, ¿Una labor fácil para el heraldo de Dios en el presente? Tampoco. ya que

Capítulo 1

si a veces a aquellos que ejercemos en el presente el ministerio de la predicación publica nos resulta frustrante el ver el hecho que uno predica el mensaje de Dios y la gente no esté prestando atención a lo predicado sino que actúan con desdén e irrespetuosidad, ahora imagine usted una situación en donde la audiencia no solo no prestaría atención al mensaje sino que aunado a ello ejercieran una fuerte oposición incluso valiéndose de la violencia, tal fue el caso en la vida de Jeremías, ya que incluso llegaron ocasiones donde al profeta lo pusieron al borde de la muerte más de una vez (Jeremías 37:12-21, 38:1-10) por eso mismo Dios le dijo que necesitaría de mucho valor para ejercer su misión. Él más de una vez quiso claudicar en su misión al grado que estaba dispuesto a renunciar tal como lo expresó en un momento determinado de desánimo de espíritu dentro de su ministerio como profeta.

Porque cada vez que hablo, grito; proclamo: ¡Violencia, destrucción! Pues la palabra del SEÑOR ha venido a ser para mí oprobio y escarnio cada día. Pero si digo: No le recordaré ni hablaré más en su nombre, esto se convierte dentro de mí como fuego ardiente encerrado en mis huesos; hago esfuerzos por contenerlo, y no puedo. Porque he oído las murmuraciones de muchos: ¡Terror por todas partes! ¡Denunciadle, denunciémosle! Todos mis amigos de confianza, esperando mi caída, dicen: Tal vez será persuadido, prevaleceremos contra él y tomaremos de él nuestra venganza. Pero el SEÑOR está conmigo como campeón temible; por tanto, mis perseguidores tropezarán y no prevalecerán. Quedarán muy avergonzados, pues no han triunfado, tendrán afrenta perpetua que nunca será olvidada. Jeremías 20:8-11/La Biblia de las Americas.

El Señor le recalcó al profeta que no solo sería necesario hablar unas cuantas palabras sino que les predicaría aun cuando ellos quisieran oír o no la represión de parte de Dios, por eso le dice el Señor, que les hable todo lo que Él le mandaría decir.
Hagamos una breve meditación en este aspecto

Introducción al Libro de Jeremías.

¿Cuántas veces usted como heraldo de Dios se ha visto en la necesidad de decirle a alguien una verdad que duele y no sabe cómo decirlo? En ocasiones queremos disfrazar las palabras, o usar términos suaves para no ofender o hacer sentir mal. Nuestro ejemplo por seguir siempre debe ser el Señor Jesucristo. ¿Por qué? el presentaba un mensaje de salvación y esperanza, pero si a los oídos de las personas no era agradable tal como paso en Juan 6:60, Cristo no los persuadía a rogarles para que lo siguieran, recuerde que los necesitados de salvación somos nosotros mismos no Dios ni Jesús pero lo mas triste es que los renuentes a tan hermosa salvación podemos ser nosotros mismos. De ti y de mi depende aceptar o rechazar.

Por eso muchos de sus discípulos, cuando oyeron esto, dijeron: Dura es esta declaración; ¿quién puede escucharla? Pero Jesús, sabiendo en su interior que sus discípulos murmuraban por esto, les dijo: ¿Esto os escandaliza? ¿Pues qué si vierais al Hijo del Hombre ascender adonde antes estaba? El Espíritu es el que da vida; la carne para nada aprovecha; las palabras que yo os he hablado son espíritu y son vida. Pero hay algunos de vosotros que no creéis. Porque Jesús sabía desde el principio quiénes eran los que no creían, y quién era el que le iba a traicionar. Y decía: Por eso os he dicho que nadie puede venir a mí si no se lo ha concedido el Padre. Como resultado de esto muchos de sus discípulos se apartaron y ya no andaban con El. Entonces Jesús dijo a los doce: ¿Acaso queréis vosotros iros también?
Simón Pedro le respondió: Señor, ¿a quién iremos? Tú tienes palabras de vida eterna. Juan 6:60-68

Pero Dios en este caso le dice a Jeremías que les reprenda duramente a través del consejo divino por lo tanto también le exhorta a que no les tenga miedo. El Señor le dijo al profeta Ezequiel algo muy similar para que no le temiera a esa gente de duro rostro y necio corazón, todo ello con la finalidad de que El Señor no tuviera que quebrantar a Jeremías por no hacer lo que se le estaba pidiendo ya

Capítulo 1

que al no hacerlo sería rebelde. Es importante observar que cuando el Señor envía a sus heraldos a predicar el mensaje estos deben cumplir con esa responsabilidad porque si no lo hacen se hallaran faltos ante Dios y sufrirán las consecuencias por ser predicadores negligentes. (Ezequiel 3:17-27)

Porque he aquí que yo te he puesto en este día como ciudad fortificada, como columna de hierro, y como muro de bronce contra toda esta tierra, contra los reyes de Judá, sus príncipes, sus sacerdotes, y el pueblo de la tierra. Jer. 1:18

Después de haber sido exhortado Jeremías a que predique el mensaje y que no tenga temor a las consecuencias venideras debido a su labor. También el Señor manifiesta su misericordia y poder al demostrarle a Jeremías que continuamente lo estaría protegiendo cualquiera que fuese la situación en la vida del profeta. A Ezequiel le dijo que le endurecería el rostro y la frente para que tuviera resistencia comparándolo con la dureza del diamante, con estas palabras dichas al profeta, Jehová figurativamente le hace saber a Ezequiel como lo prepararía para dicha misión, así de tal manera pudiera enfrentar a los judíos necios que estaban en el cautiverio (Ezequiel 3:8-9) Similarmente concerniente a la protección pero con otras palabras El Señor le notifica a Jeremías que lo pondría como si fuera una ciudad fortificada. ¿Qué significado tenía este lenguaje?

Históricamente es bien sabido que los muros fortificados con los que contaba cada ciudad en el tiempo antiguo eran vitales para la protección de la misma, ya que un territorio con muros dañados o peor aún sin un muro, estaba completamente desprotegido y a merced del enemigo. Tal es el caso de Jerusalén unos años después de haber quedado en ruinas por manos de los babilonios (Nehemías 1:3-4) En contraste aquellas ciudades que contaban con muros bien construidos, sólidos y aparte vigilados eran lugares que se podían considerar seguros por la resistencia de sus muros los cuales podían soportar

Introducción al Libro de Jeremías.

muchos embates de parte del enemigo (1 Samuel 6:18) Por eso, el Señor le hace saber a Jeremías que la protección otorgada de parte de Él sería tan segura asemejándose a una ciudad fortificada. Por otro lado también usa la ilustración de una columna de hierro ya que este metal siempre se ha representado por ser sólido y resistente a muchas cosas. Con esto en mente Dios le notifica al profeta que sería provisto de ciertas características emocionales y hasta físicas para estar preparando ante un sinnúmero de ataques venideros de parte de sus compatriotas, mismos que a lo largo de su ministerio llegaron a acusarlo hasta de traidor a la patria. La última característica protectora presentada figurativamente de parte de Dios para Jeremías es cuando Jehová le dice al profeta que vendría a ser como un muro de bronce ubicado enfrente de toda esa tierra. ¿Cuál era el significado de esta ilustración? Esto tenía que ver con el mensaje expresado de Jeremías, el cual repercutiría a varias naciones paganas, pero su misión primordial sería reprender a los reyes de Judá, tal como lo hizo con Joaquín y Sedequías, los príncipes, a su vez también en contra de los sacerdotes que para ese tiempo ya estaban corrompidos, concluyendo con todo el pueblo de Judá y las naciones paganas. No cabe duda, sería una tarea difícil, pero no imposible. Porque Dios le dice a Jeremías que la protección Divina del Señor estaría con él todo el tiempo. ¿Qué podemos aprender en el presente usted y yo como siervos de Dios acerca de la protección divina?

Que si usted se esfuerza por hacer la voluntad de Dios, Él jamás lo dejará.

Que aunque la tarea sea difícil, nunca debemos claudicar ante los opositores.

Y pelearán contra ti, pero no te vencerán; porque yo estoy contigo, dice Jehová, para librarte. Jeremías 1:19

Una batalla, así es como presenta el Señor la misión de Jeremías al decirle "Pelearán contra ti pero no te vencerán" ¿Cuántas batallas

Capítulo 1

nos ha ganado el enemigo? Si nos ha ganado varias la pregunta es ¿Por qué? ¿Buscamos antes la ayuda de Dios para pelear esas batallas? ¿O quisimos pelearlas solos? Cuando yo y usted queremos pelear solos y sin la ayuda de Dios derrotados seremos, ese será el resultado de no confiar en la protección de nuestro Padre. Pero cuando buscamos su apoyo no dudemos nunca que saldremos vencedores. Recordemos las palabras del apóstol Pablo declaradas con una firme convicción que solo tienen aquellos siervos que verdaderamente confían en el Señor. "Si Dios está con nosotros, ¿Quién contra nosotros? Romanos 8:31

En este caso, el Señor antes de la misión prepara a Jeremías para lo que le sobrevendría al comienzo de su ministerio como profeta de Jehová, ya que desde el mismo momento que este varón de Dios comenzó a predicar el mensaje tal como le dijo el Señor, a partir de ahí le sobrevinieron penalidades, sufrimientos y situaciones adversas no pocas, incluso en ciertas ocasiones llegó a estar al borde de la muerte, la pregunta es ¿Dios lo dejó a su suerte? De ninguna manera. Siempre estuvo con él aunque no pareciera así. Hace años recuerdo que salió un cuadro decorativo que se llamaba: "Las huellas". En el cual había un relato y se encontraba una imagen de huellas de dos personas caminando las cuales quedaban marcadas en la orilla del mar conforme iban avanzado, luego, mas delante solo había señales de una persona caminando y surgía la pregunta. ¿Señor porque me abandonaste y me dejaste caminar solo? La respuesta era: Nunca te abandoné, al contrario, cuando ya no pudiste andar más yo te cargué en mis brazos para seguir avanzando y llegar al final del camino. A grandes rasgos esa ilustración nos enseña que Dios jamás nos deja aunque asi lo parezca. Eso fue lo que Dios le dijo a Jeremías al replicarle.

"Porque yo estoy contigo, dice Jehová, para librarte".

Por ejemplo en Jeremías 37:12- 18 se relata de la tribulación de Jeremías al ser puesto en la prisión acusándolo como traidor de la

Introducción al Libro de Jeremías.

patria, los judíos perversos de aquel entonces habían convertido para esa época la casa del escriba Jonatan en una prisión, sin embargo, luego Jeremías fue liberado de tal situación. ¿Quién puso los medios para que esta liberación pasara? Dios. He ahí, estaba cumpliendo el Señor su promesa "estoy contigo, dice Jehová, para librarte" esa frase debemos hacerla nuestra en cada paso que demos en esta vida llena de incertidumbre.

Usted y yo tal vez a veces pensamos y nos preguntamos ¿Hay Señor cuanto sufro por predicar tu palabra? ¿Realmente sufrimos? ¿Lo han perseguido? ¿Ha estado en la cárcel? ¿Lo han golpeado? ¿Ha estado amenazado de muerte o al borde de la muerte? ¿Ha tenido oposición de la gente? Si le ha pasado algo de esto, entienda. Dios jamás lo dejará desvalido siempre y cuando confíe en Él.

El ministerio de profetización de Jeremías fue una tarea muy difícil, ¿Por qué? ya que a través de los cuarenta años de su labor, sufrió de todo, no contó con el apoyo casi de nadie e incluso tuvo que enfrentar a algunos reyes totalmente corrompidos de entendimiento tal como lo fueron Joaquín y Sedequías, que en repetidas ocasiones hicieron caso necio a las Palabras de Dios expresadas por medio del profeta. Por otro extremo en lugar de que Jeremías encontrara apoyo con los de su familia estos se le opusieron rotundamente y aun sus conciudadanos fueron sus enemigos considerándolo incluso como un traidor de la nación judía. Y estuvo varias veces al borde de la muerte. Todo esto fue el resultado en consecuencia de predicar el mensaje tal como Dios le había dicho y no como la gente quería recibirlo. (Jer. 1:17) Desafortunadamente en el tiempo presente el pueblo de Dios no ha cambiado mucho en ese aspecto, ya que hay rebaño que aún persiste en querer hacer las cosas como ellos quieren y vivir la vida a su manera y no conforme a la voluntad del Altísimo. Debido a eso muchas veces las palabras fieles que predican los siervos de Jehová, mismas que están armonía con su consejo divino, se encontraran con los corazones endurecidos de algunos hijos de Dios a los cuales dichas palabras en lugar de ser bendición para sus vidas les resultan ofensivas. ¿Pero eso será motivo para dejar de predicar la verdad con convicción?

El Señor le advirtió más de una vez a Jeremías acerca de sus opositores.

"«Si quedas agotado cuando compites con los que corren a pie, ¿cómo vas a poder competir con los caballos? Si sólo te sientes seguro en una tierra tranquila, ¿qué harás cuando estés en la densa selva del Jordán?" "Porque hasta tus hermanos y tu propia familia te han traicionado y sueltan un grito tras de ti. Aunque te hablen amablemente, no confíes en ellos." Jeremías 12: 5-6

Por tanto recordemos que Dios jamás nos desampará.

Capítulo 2
Jehová y la apostasía de Israel

Vino a mí palabra de Jehová, diciendo: *Jer. 2:1*

Como mencionó el autor al inicio, lo vuelve a repetir y seguirá repitiéndolo a través de todo el libro al expresar la frase. "vino a mi palabra de Jehová," el objetivo de esta expresión era con el propósito de mostrar el hecho que las palabras habladas por el profeta Jeremías, no eran simples mensajes salidos de su propia boca e inspiración personal, sino más bien exhortaciones que procedían directamente de la inspiración divina, de esta manera el profeta hablaría con la autoridad que Dios le otorgaba. A través del Libro de Jeremías en innumerables ocasiones se hace mención de muchos falsos profetas mismo que proclamaron al pueblo judío un mensaje que Dios jamás les mandó predicar, el caso más remarcado es el del profeta Hananías en Jeremías, capítulo 2
Cuando Dios ordena a Jeremías que vaya y clame a los oídos del pueblo, esta frase literalmente implica el hecho de que el profeta tendría la responsabilidad de predicar públicamente ante todo el pueblo de Judá y Jerusalén y por medio de la predicación, era necesario exhortarles para que entendieran cuál era su situación ante Dios. En esa época la condición del pueblo judío se encontraba en un estado corrompido de mente y corazón ¿Por qué? su enfoque era una vida de rebeldía manifestada a través del pecado en sus corazones. Por tal motivo, el propósito primordial de pregonar el mensaje era para que este pueblo tan necesitado del mensaje divino cambiara su actitud buscando así un arrepentimiento genuino y no uno fingido como el que estaban acostumbrados a practicar.

Es bien sabido a través del mensaje divino que una de las partes de la naturaleza de Dios, es que Él en ese infinito amor lleno de misericordia a través de todos los tiempos ha enviado mensajeros con el propósito de predicar un mensaje de arrepentimiento o exhortación a la gente, y que con ello la muchedumbre busque un cambio para bien antes de ser castigados por sus muchas re-

Capítulo 2

beldías (*2 Pedro 3:9*) pero, desafortunadamente la mentalidad en este caso de los hijos de Dios no cambia mucho en el aspecto de la conducta ya que desde los tiempos antiguos hasta la época de Jeremías en particular hablando del pueblo de Dios (Israel) mismo que fue obstinado debido a que no aceptaban del todo con agrado el mensaje Divino sino que eran renuentes al mismo. Por tal motivo era complicado un cambio en sus vidas. Dijo alguien "El cambio comienza con la persona frente del espejo"

Anda y clama a los oídos de Jerusalén, diciendo: Así dice Jehová: Me he acordado de ti, de la fidelidad de tu juventud, del amor de tu desposorio, cuando andabas en pos de mí en el desierto, en tierra no sembrada. *Jeremías 2:2*

En esta porción de la Escritura, el Señor, también le exhorta a Jeremías metafóricamente que vaya a predicar el mensaje a los oídos de Jerusalén. Al hacer referencia "los oídos de Jerusalén", eso significa el hecho de que Jeremías tenía que ir a predicar literalmente a la gente que estaba viviendo tanto en la región de Judá como en Jerusalén ya que en ambos lugares prácticamente llevaría a cabo la mayoría de su ministerio que desarrolló por más de cuarenta años.

En el tiempo antiguo fue muy común que Dios les ordenara a sus profetas el hecho de que fueran a predicar el mensaje a la región donde se les enviara, p ej. A Jonás le dijo el Señor "Levántate y ve a Nínive" (*Jonás 1:2*) mientras que a Ezequiel le expresó "Ve y entra a la casa de Israel y habla a ellos con mis palabras" (*Ezequiel 3:4*) en esta ocasión se observa que el Señor le declara a Jeremías la frase "anda y clama a oídos de Jerusalén diciendo Así dice Jehová".

El mensaje que mandaría el Señor, por boca de Jeremías dirigido al pueblo judío, era para traerles a la mente y hacerles recordar el

| 39

hecho cómo a lo largo de muchos años hasta llegar al tiempo de Jeremías, siempre Jehová había estado con ellos a cada momento y en todo lugar pero muy en especial cuando ellos le eran fieles. Por medio del profeta les trae a la memoria la época del tiempo que pasaron en el éxodo por el desierto, un lapso que fue de cuarenta años después de la salida de Egipto, tiempo que fueron liderados por Moisés.

El Señor por medio del profeta hace énfasis en la fidelidad que tenían en el pasado y representa a Israel como una esposa fiel en la época de su juventud. Jehová usó ese lenguaje para señalarles que hacía varios ayeres ellos anduvieron en el temor de Él siguiendo cumplidamente sus estatutos dados por medio de Moisés en la ley. También les trae a la mente el hecho de que a pesar de las circunstancias climáticas y agrestes, características del desierto en el cual ellos anduvieron, fueron siempre librados y bendecidos.

El autor del libro describió dicho lugar de prueba como una tierra árida, no sembrada, ni siquiera contaba con los medios necesarios como para sobrevivir en semejante territorio, en el cual si alguien hubiese sido tan osado de habitar ahí resultaría muy difícil poder subsistir por mucho tiempo. Y sin la protección de Dios simplemente no pudieran haber sobrevivido. Sin embargo el profeta les hace saber a los judíos que ellos fueron grandemente bendecidos por que El Señor siempre los sustentó mientras anduvieron por esas regiones inhóspitas, Él, siempre proveyó para ellos lo elemental y lo más importante, los protegió todo el tiempo así se los había declarado por medio de Moisés.

Y te acordarás de todo el camino por donde te ha traído Jehová tu Dios estos cuarenta años en el desierto, para afligirte, para probarte, para saber lo que había en tu corazón, si habías de guardar o no sus mandamientos. Y te afligió, y te hizo tener hambre, y te sustentó con maná, comida que no conocías tú, ni tus padres la habían conocido, para hacerte saber que no sólo de pan vivirá el hombre, mas de todo lo que sale de la boca de Jehová vivirá el hombre. Tu vestido nunca se envejeció sobre ti, ni el pie se te ha hinchado en estos cuarenta años. *Deuteronomio 8:2-4*

Para entender mejor el contexto del pasaje es importante resaltar la frase "en estos cuarenta años" ¿Qué pasó? Nunca les faltó absolutamente nada.

Santo era Israel a Jehová, primicias de sus nuevos frutos. Todos los que le devoraban eran culpables; mal venía sobre ellos, dice Jehová. Oíd la palabra de Jehová, casa de Jacob, y todas las familias de la casa de Israel. Así dijo Jehová: ¿Qué maldad hallaron en mí vuestros padres, que se alejaron de mí, y se fueron tras la vanidad y se hicieron vanos? *Jeremías 2:3-5*

Después de traerles a la memoria la fidelidad con la que anduvieron sus ancestros algunos siglos atrás en el desierto, ahora les recalca por medio del profeta aquellas cualidades de fidelidad y entrega en el tiempo de su juventud, esto en referencia a cuando aún eran un pueblo santo y consagrado por el hecho de tener reverencia y temor por el Señor. Ya que el mismo Jehová los presenta en el pasado como lo mejor de sus frutos. ¿Qué aplicación tenían las primicias de los nuevos frutos? Conforme a la Ley de Moisés existía una ordenanza referente a que los primeros frutos brotados de una cosecha eran dedicados exclusivamente al Señor. (*Deuteronomio 26:1-11*) usando esa alusión el Señor le hace saber al pueblo de Israel que Él los consideraba como lo mejor de la cosecha por ser los primeros frutos, y como habían sido protegidos por el poder Divino de las demás naciones paganas ya que menciona que todo aquel que iba en contra de ellos debido a que eran el pueblo elegido de Dios, el Señor castigaba a sus adversarios considerándolos culpables de atentar contra el pueblo santo de Jehová, enviándoles calamidades a sus enemigos a manera de represión. Como evidencia bíblica se puede reflejar la situación que sufrió la nación de Egipto al recibir las diez plagas que le sobrevinieron debido a la terquedad del Faraón cuando se opuso rotundamente evitando a toda costa la salida del pueblo de Dios al desierto, también se manifestó más de una vez la protección divina en el desierto cuando los judíos empezaron su marcha rumbo a la tierra prometida, en ese lapso algunos paganos de alrededor se les opusieron en el camino, en especial los amalecitas, mismos que al igual que los egipcios recibieron su castigo por oponerse contra el pueblo de Dios, y por eso el Señor le mencionó a Moisés que borraría a los amalecitas a través de las épocas hasta extinguirlos por completo.

Y Josué deshizo a Amalec y a su pueblo a filo de espada. Y Jehová dijo a Moisés: Escribe esto para memoria en un libro, y di a Josué que raeré del todo la memoria de Amalec de debajo del cielo. (*Éxodo 17:13-14*)

Este mandato dado por el Señor fue en consecuencia a la oposición de los amalecitas al atacar al pueblo de Dios cuando venían por el desierto.

Al exhortar a los judíos por medio de Jeremías el Señor los anima a escuchar sus palabras. Es importante mencionar que en esta porción de la Escritura, Dios hace una distinción, ya que se refiere a la casa de Jacob, y a toda las familias de la casa de Israel, es bien sabido que las doce tribus descendían de Israel llamado antes Jacob (*1 Cronicas2:1-2*) pero que después de que se dividió el reino en el tiempo del rey Roboam hijo del rey Salomón, el cual gobernó en Judá del 926 al 910 a.C. aprox. A partir de que Roboam tomó el cargo empezó a tener ciertas diferencias con la nación conformada aun por las doce tribus, esto debido a su ineptitud e ineficiencia en el cargo que ostentaba, por tanto todas esas irregularidades desencadenaron en la división del reino, aparte que este acontecimiento fue algo que Dios ya había decidido realizar en retribución a las idolatrías del rey Salomón (*1 Reyes 11:10-13*) Fue ahí donde se llevó a cabo el rompimiento de las doce tribus, en aquel acontecimiento Jeroboam, varón que tiempo atrás había sido siervo de Salomón en su reinado, se llevó diez tribus, y Roboam el hijo de Salomón se quedó solamente con las dos tribus restantes, la casa de Judá y la tribu de Benjamín (*1 Reyes 12:21*) con esta división se cumplió lo dicho por el Señor años atrás cuando Salomón se apartó de Él. El Señor hace aquí esa diferencia entre las dos naciones. Para el tiempo de Jeremías habían pasado ya más de doscientos años después de la división de las doce tribus. Hablando de esa época el reino compuesto por los israelitas ya había sido destruido por mano de los asirios, según la historia bíblica la destrucción de Israel se llevó a cabo como por el año 700 a.C. aprox. Y Jeremías predicó a finales del año entre el 600 y comienzos del 500. Por tanto, los israelitas ya habían sido erradicados de su nación y llevados cautivos por los asirios.

Así dijo Jehová: ¿Qué maldad hallaron en mí vuestros padres, que se alejaron de mí, y se fueron tras la vanidad y se hicieron vanos?

Inmediatamente el Señor empieza amonestando a los judíos con una pregunta ¿cuáles cosas malas o actitudes negativas encontraron en Dios, sus antepasados? para que tomaran la decisión en alejarse de la manera que lo habían hecho. Mencionándoles que debido a esa actitud de alejamiento se volvieron huecos, vacíos con falta de solides, y se fueron tras esa vanidad de sus almas, que a final de cuentas nada bueno les trajo, sino solo pensamientos idolatras, y actitudes rebeldes ante Dios, ya que para este tiempo ellos estaban completamente corrompidos. Debido a esa apostasía esto originó que perdieran todo concepto de lo que era la verdadera adoración a Jehová.

Y no dijeron: ¿Dónde está Jehová, que nos hizo subir de la tierra de Egipto, que nos condujo por el desierto, por una tierra desierta y despoblada, por tierra seca y de sombra de muerte, por una tierra por la cual no pasó varón, ni allí habitó hombre? *Jeremías 2:6*

Y no dijeron: ¿Dónde está Jehová, que nos hizo subir de la tierra de Egipto, que nos condujo por el desierto,

Los judíos del tiempo de Jeremías no les fue suficiente el hacerse vanos en su manera de pensar, sino que en esa actitud rebelde también se les olvidó todo lo que Dios había hecho por ellos, y no apreciaron como el Señor después de haber enviado las diez plagas a la nación de Egipto, pueblo que los tenía oprimidos como esclavos, y con mano poderosa los sacó de esa misma tierra de servidumbre, lugar que significó sufrimiento para el pueblo de Israel, sin embargo para esta época como el profeta lo expresó ya se les había olvidado todas esas grandes bendiciones que Dios derramó sobre ellos en el desierto, o más bien se habían vuelto mal agradecidos (*Éxodo 15:23, Éx.16:2-50*)

Por una tierra desierta y despoblada, por tierra seca y de sombra de muerte, por una tierra por la cual no pasó varón, ni allí habitó hombre?

El Señor presenta el área que cruzaron los judíos como una tierra desierta y despoblada, ya que esas son las características geográficas del terreno que se encuentra donde pasaron ellos el éxodo, una tierra árida y con muy limitada vegetación, usted puede ver aun en el presente por medio de un mapa o en una imagen satelital donde se muestra físicamente el terreno que cruzaron, dicho lugar es una área de desierto y rocas secas, a consecuencia de lo seco del terreno se carece de toda vegetación. El pasar por un lugar con dichas características resulta hasta difícil hallar agua, o encontrar terrenos de fácil acceso. Para caminar es algo complicado por tanto resultaría difícil el hecho de sobrevivir en esa región inhóspita pero es ahí donde trabajó la ayuda milagrosa del Señor. Jeremías identifica a este lugar como una tierra de sombra de muerte, ya que si alguien tomaba la osadía de andar por ahí había un riesgo latente de no salir con vida. El profeta incluso mencionó que por estas tierras no pasó varón alguno o tampoco nadie quería habitar en este tipo de terrenos desolados porque resultaba casi imposible subsistir ahí. ¿Quién en su sano juicio se adentraría a establecerse ahí sin la ayuda divina de Dios?

Sin embargo con todo ello Dios refleja su gran poder y el amor que tuvo para con su pueblo ya que cuando pasaron por ese lugar de muerte el Señor los proveyó de todo y absolutamente nada les faltó a los judíos. (*Nehemías 9:20-22*)

Y os introduje en tierra de abundancia, para que comieseis su fruto y su bien; pero entrasteis y contaminasteis mi tierra, e hicisteis abominable mi heredad. *Jer. 2:7*

Y os introduje en tierra de abundancia, para que comieseis su fruto y su bien

El Señor no solo les deja saber que proveyó para ellos lo necesario en el desierto en el tiempo del éxodo, sino que también menciona por medio del profeta el hecho de como los introdujo en la tierra prometida comandados por el líder militar Josué, otorgándoles grandes bendiciones mismas que ya les había prometido (*Josué 21:43-45*) pero inmediatamente unos años después de la muerte de Josué seguido por toda la segunda generación que entró con él a la tierra prometida, el pueblo empezó a corromperse en gran manera y comenzaron a tener por inmunda la herencia que Dios les había dado, ya que adoptaron las prácticas de los pueblos paganos de alrededor al adorar ídolos, dioses hechos de manos humanas tales como los Baales de los cananeos. A partir de ese momento la corrupción del pueblo judío fue evidente y cada día fue creciendo paulatinamente. Dado a esta circunstancia de apostasía el Señor les exhorta duramente por medio del profeta haciéndoles saber que debido a esas malas acciones de parte de ellos en consecuencia contaminaron la heredad que les había sido dada (*Jueces 2:11-23*)

¿Qué aplicación podemos sustraer para nosotros como enseñanza?

Una ilustración práctica para el presente seria el hecho de que en ocasiones se nos otorga un hogar limpio ordenado y bien cuidado, pero llegamos, lo ocupamos y con el paso del tiempo empezamos a destruirlo gradualmente hasta que ese hogar que nos había sido prestado o rentado queda convertido en una pocilga, de igual manera ilustrativamente el pueblo de Dios corrompió la heredad que Dios les había dado.

Los sacerdotes no dijeron: ¿Dónde está Jehová? y los que tenían la ley no me conocieron; y los pastores se rebelaron contra mí, y los profetas profetizaron en nombre de Baal, y anduvieron tras lo que no aprovecha. *Jeremías 2:8*

La exhortación ahora va dirigida a los sacerdotes. Es bien sabido históricamente que por ordenanza de Dios fue que se estableció el sacerdocio levítico para el pueblo judío en el tiempo del éxodo, dándosele en particular a Moisés la comisión de establecer este ministerio sacerdotal, los primeros en recibir el llamamiento y la responsabilidad de este tan sagrado oficio fueron Aarón y sus hijos Nadab, Abiu, Eleazar e Itamar. A partir de ahí sus descendientes tomarían el cargo del sacerdocio.

Harás llegar delante de ti a Aarón tu hermano, y a sus hijos consigo, de entre los hijos de Israel, para que sean mis sacerdotes; a Aarón y a Nadab, Abiú, Eleazar e Itamar hijos de Aarón. Y harás vestiduras sagradas a Aarón tu hermano, para honra y hermosura. Y tú hablarás a todos los sabios de corazón, a quienes yo he llenado de espíritu de sabiduría, para que hagan las vestiduras de Aarón, para consagrarle para que sea mi sacerdote. Las vestiduras que harán son estas: el pectoral, el efod, el manto, la túnica bordada, la mitra y el cinturón. Hagan, pues, las vestiduras sagradas para Aarón tu hermano, y para sus hijos, para que sean mis sacerdotes. *Éxodo 28:1-4.*

Desde su establecimiento en esta importante responsabilidad espiritual y moral los sacerdotes jugarían un rol muy sustancial entre el pueblo judío, ya que sobre ellos estaría la gran responsabilidad de ser los encargados de oficiar diversos servicios en el tabernáculo de Dios. (Levítico Capítulos 1-4) Desafortunadamente para el tiempo de Jeremías aquellos varones de Dios que debieron ostentar santidad en sus vidas luchando por estar libres de mancha moral, en contraste a ello se habían corrompido, debido a que desde mucho tiempo atrás ya no estaban preocupados en buscar el concejo de Jehová para ser guiados por el buen camino, sino todo lo contrario porque en lugar de servir al Altísimo estaban ofreciendo culto a los dioses paganos. Y no solo ellos se habían corrompido, sino que también los escribas que tenían y administraban la ley de Moisés al pueblo, ellos al igual que los sacerdotes también se olvidaron de Dios. A tal grado llegó su apatía e indolencia que en un momento de la historia habían llegado al extremo de perder la ley de Moisés escrita. En consecuencia, a todo ese desacato, para esas fechas los encargados de exhortar al pueblo a través de la lectura de la Ley habían perdido ellos mismos hasta el hábito de leerla públicamente al pueblo. En consecuencia ¿Qué se podía esperar de esta situación? Nada bueno sino apatía e indolencia.

Desafortunadamente esa situación se fue dando por mucho tiempo hasta que el sacerdote Hilcías encontró la ley en el tiempo del rey Josías (*2 Reyes 22:8-12*) al igual que los sacerdotes y escribas de una manera gradual en un efecto dominó los pastores o ancianos del pueblo también se corrompieron a mas no poder, estos últimos jugaban un rol muy importante dentro de la comunidad judía debido a su sabiduría y experiencia adquirida a través de los muchos años de vida (*Éxodo 3:16,4:29*) Desafortunadamente los ancianos de esa época habían quedado carentes de sabiduría, dando como resultado insensatez y necedad en sus corazones (*Proverbios 1:7*) por otro extremo algunos profetas fieles, encargados de profetizar el mensaje proveniente de parte de Dios se vieron opacados por el trabajo de los falsos profetas que surgieron entre el pueblo en aquella época, tal fue el caso del falso profeta Hananías (*Jeremías 28*) estos lobos vestidos de ovejas profetizaban mentira en lugar de profetizar el nombre de Jehová rascándole así los oídos a un pueblo sumido en una corrupción moral y espiritual, algunos incluso fueron tan osados que profetizaron el nombre de Baal dios de los caldeos y fenicios, yéndose los tales tras el error pero peor aún, en resultado arrastraron consigo a mucha gente tras la vanidad de sus corazones (*1 Reyes 18:21-22*) Una situación muy triste pero desafortunadamente esto es una consecuencia de abandonar voluntariamente el consejo divino. Como le pasó al pueblo de Israel y Judá nos puede acontecer a nosotros en el presente si no aprendemos de la historia y decidimos caminar nuestros propios senderos. Ya lo dijo el proverbista.

Todos los caminos del hombre son limpios en su propia opinión; Pero Jehová pesa los espíritus. *Proverbios 16:2*

Por tanto, contenderé aún con vosotros, dijo Jehová, y con los hijos de vuestros hijos pleitearé. *Jeremías 2:9*

Después de esta exhortación de parte del Señor por medio de Jeremías, el propósito era abrir los ojos de un pueblo ciego para que observara la corrupción espiritual en la que estaban viviendo casi todos, ¿Por qué casi todos? Ya que como se observa por medio del profeta, ni los sacerdotes, ni escribas de la ley, ni ancianos y aun ni los profetas se mantuvieron fieles al Señor. A consecuencia de ello se hace una advertencia clara donde se les declara que Dios contenderá contra ellos y contra los hijos de sus hijos por las barbaridades que estaban cometiendo, esto en resultado a su falta de respeto por el Señor. En el pasado Jehová le había advertido a Moisés que todos aquellos que se quisieran constituir en enemigos del Dios de los Ejércitos, Él los maldeciría hasta la tercera y cuarta generación. (*Éxodo 34:6-7*) En esta ocasión no fue la excepción ya que por boca de Jeremías les manda una advertencia y más que advertencia era un cumplido.

Porque pasad a las costas de Quitim y mirad; y enviad a Cedar, y considerad cuidadosamente, y ved si se ha hecho cosa semejante a esta. *Jeremías 2:10*

Con este ejemplo el Señor le muestra al pueblo judío su escala de corrupción que habían alcanzado, tomando como referencia para hacer un contraste a los habitantes de la isla de Chipre. Al decirles que pasaran y observaran lo que ahí hacían esos habitantes de las islas de Quitim, conocidas actualmente como: Chipre, territorio localizado a unas setenta millas al oeste de Siria, el objetivo de las palabras expresadas por el profeta e inspiradas por Dios era de mostrar el ejemplo de sus vecinos árabes para que observaran los judíos si los tales se conducían de una manera irreverente ante sus propios dioses paganos. El propósito de esta comparación buscaba como fin mostrar a su pueblo que ni aun estos adoradores de dioses falsos cambiaban o dejaban de rendirles culto con la reverencia debida a sus dioses sino que contrario a ello los adoraban con ferviente fe, sin embargo hablando del pueblo judío, estos no le tenía el más mínimo respeto a Jehová su Dios, sino todo lo contrario, lo habían abandonado casi completamente y se habían apartado de sus ordenanzas, tomando actitudes totalmente indolentes.

¿Qué aplicación tiene esa enseñanza para nosotros hoy en día?

Se pudiera decir que en el presente sucede lo mismo con una parte muy considerable del pueblo de Dios ¿Por qué? hoy en día en la iglesia algunos cristianos dicen a los cuatro vientos "somos la iglesia verdadera' pero resulta que en ocasiones gente que es ajena a la iglesia verdadera aunque viven en el error doctrinal se aferran más a sus creencias y principios defendiéndolos a capa y espada, mientras nosotros que tenemos la verdad conforme a la Palabra (Juan 8:32) procedemos con una conducta de indiferencia y apatía tal como lo hizo el pueblo de Judá en aquel tiempo. En consecuencia, a ese déficit de espiritualidad se ha caído en una apatía espiritual en los corazones de no pocos cristianos que se dicen "verdaderos" pero prefieren vivir un cristianismo light o séase sin esencia de santidad en sus vidas.

La realidad latente es que es evidente observar en el presente en varias congregaciones por ejemplo la falta de fidelidad en la asistencia a los servicios de adoración, en algunos lugares de reunión se da el caso que por las mañanas en el servicio matutino hay una asistencia regular pero si acaso la congregación ha llegado al común acuerdo de tener un servicio más por la tarde en ocasiones la asistencia da hasta pena ajena los domingos por la tarde por el número de miembros congregados que no llega a veces ni a la mitad. Si en la congregación donde usted es miembro esto no sucede. Gloria a Dios, pero ¿Cuál es la realidad latente de muchas iglesias? Por otro lado, vemos muy remarcada la falta de compromiso en evangelizar, en ayudar al prójimo, etc. Y aunado a esto en varias iglesias se vive un cristianismo light. ¿Cómo es eso? Mencionaba en cierta ocasión un predicador en una charla que teníamos cuando comíamos en un restaurant "Hay cristianos part time (de medio tiempo) pero el diablo es un diablo que trabaja full-time (de Tiempo Completo) y si somos cristianos part- time o lights ¿Cómo podremos hacerle frente a un Satanás que trabaja todo el tiempo?"

¿Verdaderamente usted y yo nos estamos conduciendo como verdaderos cristianos? O hemos venido a ser focos apagados. Recordemos las palabras de Cristo y del apóstol Pablo.

Vosotros sois la luz del mundo; una ciudad asentada sobre un monte no se puede esconder. Ni se enciende una luz y se pone debajo de un almud, sino sobre el candelero, y alumbra a todos los que están en casa. Así alumbre vuestra luz delante de los hombres, para que vean vuestras buenas obras, y glorifiquen a vuestro Padre que está en los cielos. *Mateo 5:14-16*

Recuerde las frases claves que dijo Cristo para que resalten en nuestra mente y nos motiven a ser lo que debemos verdaderamente ser.

- "Vosotros sois la luz del mundo"
- "Así alumbre vuestra luz delante de los hombres"
- "Para que vean vuestras buenas obras, y glorifiquen a vuestro Padre que está en los cielos"

Retomando el caso de los judíos, estos habían dejado los senderos de fidelidad y muy lejos estaban de comprometerse fidedignamente con Dios. Que esto no nos acontezca a nosotros. Porque recordemos lo que declaró el Señor mismo en el libro de Jeremías.

Maldito el que hiciere indolentemente la obra de Jehová, y maldito el que detuviere de la sangre su espada. *Jeremías 48:10*

¿Acaso alguna nación ha cambiado sus dioses, aunque ellos no son dioses? Sin embargo, mi pueblo ha trocado su gloria por lo que no aprovecha. *Jer. 2:11*

Ahora les pregunta a meditar era ¿acaso estas naciones han cambiado a sus dioses? Bíblicamente la historia refleja que los judíos siempre estuvieron rodeados de naciones paganas antes y después de salir del desierto, naciones como los cananeos con sus Baales y Astarot, o los árabes con sus dioses paganos, los egipcios cos sus dioses como Ra, o los babilonios en el norte con Mardok por mencionar algunas de sus deidades representativas. Aunque todos estos eran solo figuras que ni los podían oír, ni concederles lo que les pidieran, Jehová les hace ver una vez mas a sus hijos que aunque estos paganos tenían a sus dioses falsos porque solo hay un Dios verdadero y ese es Jehová de los Ejércitos, a pesar de todo eso el pueblo judío cambió la gloria del Altísimo por la vanidad de sus almas adulteras y se fueron tras los dioses paganos pero desafortunadamente esa actitud de parte de ellos en nada les sería provechoso sino todo lo contrario. Usted y yo en el presente debemos preguntarnos ¿Estamos buscando más a Dios o nos estamos dejando llevar por la corriente del mundo? El mundo ofrece muchas cosas llamativas que son agradables al ojo y a la carne tal como lo declaró el apóstol Juan. (*1 Juan 2:15-16*) pero esas cosas solo nos constituyen en enemigos de Dios. Así lo expresó el escritor inspirado Santiago.

¡Oh almas adúlteras! ¿No sabéis que la amistad del mundo es enemistad hacia Dios? Por tanto, el que quiere ser amigo del mundo, se constituye enemigo de Dios. *Santiago 4:4*. Biblia de las Américas.

Espantaos, cielos, sobre esto, y horrorizaos; desolaos en gran manera, dijo Jehová. *Jer. 2:12*

La expresión usada por el Señor a través del profeta, figurativamente representa como los mismos cielos se espantan de todas las calamidades que estaban haciendo los hijos de Israel, y como al ser espectadores mudos se horrorizaban de la forma de conducirse de este pueblo. Y el Señor representa a los mismos cielos que están sobre la superficie de la tierra, espantados por todas las barbaridades que estaban haciendo los judíos. Jehová a través de sus

Capítulo 2

profetas en el pasado usó muchas formas figurativas para comunicar ciertos mensajes a su pueblo como referencia se percibe un lenguaje similar en lo que expresaron otros profetas como Isaías, Ezequiel, Daniel y aun el mismo Jeremías. Por ejemplo Isaías dijo.

Oíd, cielos, y escucha, tierra, porque el SEÑOR habla: Hijos crié y los hice crecer, mas ellos se han rebelado contra mí. El buey conoce a su dueño y el asno el pesebre de su amo; pero Israel no conoce, mi pueblo no tiene entendimiento. *Isaías 1:2-3*

Si observamos, Isaías puso como testigos espectadores al cielo y a la tierra de las muchas rebeldías que estaba cometiendo el pueblo de Dios ya desde aquellos tiempos cien años antes del ministerio de Jeremías.

Porque dos males ha hecho mi pueblo: me dejaron a mí, fuente de agua viva, y cavaron para sí cisternas, cisternas rotas que no retienen agua. *Jer. 2:13*

En esta porción de la Escritura, se les manifiesta a los judíos cuales fueron los dos principales errores que ellos estaban cometiendo. El primero es que había abandonado los senderos correctos que les dejó estipulados el Señor a través de sus estatutos en la palabra escrita y predicada desde los mismos tiempos de Moisés hasta la fecha del profeta. En consecuencia, eso solo los conduciría a su propia auto- perdición, ya que el Señor se presenta a si mismo como: "La fuente de agua viva", en otra ocasión seiscientos años después del profeta Jeremías, El Señor Jesucristo también se presentó así. En particular en el evangelio de Juan cuando le expresó a la mujer samaritana que Él le daría agua de vida que jamás perecería. *(Juan 4: 10-14)* Desafortunadamente en el tiempo de Jeremías los judíos optaron voluntariamente en no recibir más de esa agua de vida donde la fuente era Dios mismo, contrario a ello figurativamente dice el Señor que los judíos hicieron un hoyo para hacer sus propias cisternas vacías pero sin agua, y que pronto se secarían tales cisternas.

¿Cuál es la aplicación para nosotros en el presente? Si nos alejamos del Señor nos puede pasar lo mismo que le aconteció a este pueblo rebelde de Judá, ya que Él es la fuente de agua viva que nos alimenta. Al decir "fuente" esto implica que Dios es el sustento de nuestra vida porque sin Él no somos nada sino solo seres vanagloriosos y soberbios que nos conducimos a nuestra propia autodestrucción. Ya lo dijo el mismo profeta Jeremías haciendo alusión a que no somos auto suficientes y por lo tanto dependemos de Jehová a cada momento aunque no pareciese así.

Conozco, oh Jehová, que el hombre no es señor de su camino, ni del hombre que camina es el ordenar sus pasos. *Jeremías 10:23*

¿Es Israel siervo? ¿Es esclavo? ¿Por qué ha venido a ser presa? *Jeremías 2:14*

Ahora, el Señor por medio del profeta le trae a la memoria a su pueblo el ejemplo de lo que sucedió en Israel y como había sido destruida la nación del norte por los Asirios en el año 725 -721 a.C. aprox. Este suceso aconteció durante el reinado del rey Oseas, mismo que duró en total nueve años, de los cuales literalmente solo gobernó seis, esto debido a que el rey Salmasar de Asiria en el sexto año del reinado de Oseas lo puso prisionero debido a que estaba conspirando en contra de él, y fue en el noveno año del reinado de Oseas que el rey Salmanasar decidió sitiar Samaria y destruirla, prácticamente este fue el acabose del reino del norte, (*2 Reyes 17:3-12*) Aquí claramente se observa una pregunta de parte del Señor ¿Israel había sido siervo de naciones paganas? Sin duda alguna hasta ese momento no, pero en el límite de su paciencia El Señor tuvo que poner un freno a tanta rebeldía y corrupción moral determinando así destruirlos por medio del instrumento de castigo y justicia que Él mismo en su justicia divina utilizó para ese propósito, en este caso los escogidos por Jehová para ese propósito fueron los Asirios, y cuando el Señor pregunta ¿Por qué han venido a ser presa? La respuesta es muy simple vinieron a ser presa de los Asirios después de que sus rebeliones llegaron al límite y Dios ya no pudo soportar más rebeldías de parte de Israel. Por eso les sobrevino la calamidad. Una cosa debemos entender, que, aunque Dios es excesivamente paciente y misericordioso, también tiene sus límites. Santiago presenta al Señor con esas características, pero no hay que abusar ni de su paciencia, ni su misericordia.

Mirad que tenemos por bienaventurados a los que sufrieron. Habéis oído de la paciencia de Job, y habéis visto el resultado del proceder del Señor, que el Señor es muy compasivo, y misericordioso. *Santiago 5:11*

Por eso el Señor hizo la pregunta a su pueblo en el tiempo de Isaías.

¿Por qué querréis ser castigados aún? ¿Todavía os rebelaréis? Toda cabeza está enferma, y todo corazón doliente. *Isaías 1:5*

El desenlace en la situación de los Israelitas es que fueron llevados cautivos por el Rey Sargón de Asiria (*2 Reyes 17:12-19*) según los records del Imperio Asirio, en el año 720/21 a. C. Cuando estaba como rey Sargón II fueron llevados cautivos 27, 290 Israelitas para luego ponerlos en exilio, si fue así o no. Lo que si podemos darnos cuenta bíblicamente es que Israel fue destruido ya que la Escritura lo declara ampliamente. Jehová, por tanto, se airó en gran manera contra Israel, y los quitó de delante de su rostro; y no quedó sino sólo la tribu de Judá. *2 Reyes 17:18*

Los cachorros del león rugieron contra él, alzaron su voz, y asolaron su tierra; quemadas están sus ciudades, sin morador. *Jer. 2:15*

El Señor representa a los Asirios como los cachorros del león, estos vinieron en contra de Israel, primero comandados por su rey Salmanasar y después por Sargón II, los cachorros del león que representa por aquella época al flamante y hasta ese momento invencible imperio Asirio estaban establecidos sobre lo que es la parte norte actual de Irak entre el rio Éufrates y el Tigris, y como estaban en una tierra fértil pero rodeados de tierras áridas con sus vecinos de alrededor, esto los obligaba a que constantemente existía la gran necesidad de defender su territorio contra otras naciones de sus alrededores que los querían despojar de sus tierras fértiles, pero en esta porción del pasaje el Señor muestra a Asiria como un instrumento de castigo para su pueblo rebelde, en este caso el reino del norte, Israel. Los cuales se habían corrompido en gran manera tal como se manifiesta su actitud en 2 *Libro de Reyes 17:12-17*, por ese motivo y muchos más los asirios asolaron la tierra de Samaria, y quemaron sus ciudades dejándolas sin morador alguno ya que se convirtió en una tierra árida, tal como se convertiría Jerusalén en unos años a tiempo futuro debido a sus muchas rebeldías. El propósito de ese ejemplo de lo que pasó con Israel era para que los judíos hicieran conciencia y se arrepintieran de sus malas obras.

Aun los hijos de Menfis y de Tafnes te quebrantaron la coronilla. *Jer. 2:16*

En esta porción del libro el Señor por medio del profeta Jeremías hace mención de "los egipcios" identificándolos como los hijos de Menfis y Tafnes, ¿Porque fueron presentados con dichos nombres? Cabe destacar que Menfis y Tafnes eran dos ciudades importantes de Egipto localizadas geográficamente de la siguiente manera: Memfis estaba a unos veinte kilómetros al sur del Cairo Egipto y Tafnes, al nordeste de Egipto. Al utilizar la frase que en la versión Reina Valera se tradujo del hebreo al español el término "te quebrantaron la coronilla" esa forma de expresión implicaba simplemente un símbolo de humillación. Algunos comentaristas aluden que el quebrantar la coronilla significaba el hecho de que en aquellas épocas o tiempos más remotos los egipcios cuando conquistaban otras naciones les rapaban la cabeza a sus enemigos vencidos en señal de humillación y para mostrar que habían sido conquistados, esto era una práctica muy común entre los egipcios desde tiempos muy remotos. El término "coronilla" del hebreo ܩܘܕܩܘܕ qodqôd denota: cabeza, cuero cabelludo o cabello. El siguiente pasaje hace referencia a la coronilla como la melena o el cabello.

Ciertamente Dios herirá la cabeza de sus enemigos, La testa cabelluda del que camina en sus pecados. (*Salmos 68:21*)

¿No te acarreó esto el haber dejado a Jehová tu Dios, cuando te conducía por el camino? *Jer. 2:17*

Desde que el Señor sacó a Israel de la tierra de servidumbre en Egipto, solo quiso lo mejor para su pueblo, pero ellos fueron los que decidieron corromperse, ya que desde su caminar en el desierto mostraban ciertos vestigios de rebeldía, y su andar fue de altibajos. Incluso el escritor a los hebreos hace alusión en el Nuevo Testamento de esas rebeldías en los tiempos de Moisés.

No endurezcáis vuestros corazones, Como en la provocación, en el día de la tentación en el desierto, Donde me tentaron vuestros padres; me probaron, Y vieron mis obras cuarenta años. A causa de lo cual me disgusté contra esa generación, Y dije: Siempre andan vagando en su corazón, Y no han conocido mis caminos. *Hebreos 3:8-10*

Todo tiene un límite y lo que no debió suceder sucedió cuando le llegó la división al pueblo de Dios en el tiempo del rey Roboam y Jeroboam donde se fragmentó en dos el reino, a partir de ahí las cosas para el reino de Israel fueron de mal en peor, ya que desde el inicio con Jeroboam como rey de las diez tribus, estos se corrompieron y ninguno de los reyes de Israel supo hacer el bien, al contrario todos fueron dados al mal, por eso el Señor les pregunta en el tiempo de Jeremías ¿Qué si la calamidad les sobrevino por haberlo dejado a Él? Y sin lugar a dudas así fue, ya que El Señor siempre quiso conducirlos por un buen camino pero ellos fueron renuentes en andar por las sendas rectas guiadas por Dios.

Ahora, pues, ¿qué tienes tú en el camino de Egipto, para que bebas agua del Nilo? ¿Y qué tienes tú en el camino de Asiria, para que bebas agua del Éufrates? *Jer. 2:18*

Era evidente el hecho de que la calamidad les sobrevino a los israelitas por haberse apartado del buen camino, pero nuevamente Dios les pregunta por medio de Jeremías ¿Qué cuál era la necesidad de ir a tomar agua al rio Nilo en Egipto, o que fueran con rumbo a Asiria para beber el agua del Éufrates. Este lenguaje denota las alianzas que tuvieron en el pasado los israelitas con los asirios tanto como con los egipcios, de estas alianzas nada bueno salió sino al contrario lo que sacaron de dichas alianzas fue solo calamidad y sufrimiento. ¿Por qué pasó esto? Desde mucho tiempo atrás El Señor ya les había amonestado y advertido que no tuvieran alianza alguna con estas naciones paganas, pero ellos desobedecieron. En el pasaje de *Isaías 30:1-5* se muestra como Israel y Judá siempre buscaron como primera opción el consejo y la protección en Egipto, seria porque desde tiempos muy remotos remontándonos a la época de José tuvieron una conexión muy cercana con los egipcios, pero desafortunadamente tal como lo relata Jeremías, no consultaron a primera instancia al Dios de los Ejércitos que los podía sacar adelante. En definitiva los egipcios no les ayudarían en nada ya que a duras penas ellos mismos como nación saldrían librados de algunas batallas y de otras no. Y aquí metafóricamente muestra El Señor como es que a pesar de que Israel buscara ayuda o consuelo en Egipto y en Asiria simplemente no lo encontrarían y aunque lo encontraran estas naciones no los iban a poder ayudar en mucho, ya que ambos territorios serian conquistados por los Babilonios, tal como les pasó a los egipcios y asirios cuando fueron derrotados en la famosa batalla de Carquemis, prácticamente en esa batalla los asirios fueron erradicados y los egipcios regresaron a su territorio derrotados. Por eso Dios le decía a su pueblo que nada positivo sacaría de hacer alianzas con dichas naciones sino todo lo contrario. La moraleja de esta enseñanza para nosotros en el presente es que siempre será mejor buscar la alianza con el Altísimo que con los hombres falibles y cambiantes, ya que el hijo de Dios depende de la fortaleza de Él, tal como lo había declarado el mismo Jeremías cuando estaba a un paso de claudicar en su gran comisión de proclamar el mensaje, pero en un momento de reflexión se dio cuenta de lo siguiente.

Me persuadiste, oh Señor, y quedé persuadido; fuiste más fuerte que yo y prevaleciste. He sido el hazmerreír cada día; todos se burlan de mí. Porque cada vez que hablo, grito; proclamo: ¡Violencia, destrucción! Pues la palabra del Señor ha venido a ser para mí oprobio y escarnio cada día. Pero si digo: No le recordaré ni hablaré más en su nombre, esto se convierte dentro de mí como fuego ardiente encerrado en mis huesos; hago esfuerzos por contenerlo, y no puedo. Porque he oído las murmuraciones de muchos: ¡Terror por todas partes! ¡Denunciadle, denunciémosle! Todos mis amigos de confianza, esperando mi caída, dicen: Tal vez será persuadido, prevaleceremos contra él y tomaremos de él nuestra venganza. Pero el Señor está conmigo como campeón temible; por tanto, mis perseguidores tropezarán y no prevalecerán. Quedarán muy avergonzados, pues no han triunfado, tendrán afrenta perpetua que nunca será olvidada. Oh Señor de los ejércitos, que pruebas al justo, que ves las entrañas y el corazón, vea yo tu venganza sobre ellos, pues a ti he encomendado mi causa. *Jeremías 20:7-11.* La Biblia de las Américas

Tu maldad te castigará, y tus rebeldías te condenarán; sabe, pues, y ve cuán malo y amargo es el haber dejado tú a Jehová tu Dios, y faltar mi temor en ti, dice el Señor, Jehová de los ejércitos.

Jeremías 2:19

Como dijo Adoni Bezec en el tiempo de los Jueces. Entonces dijo Adoni-bezec: Setenta reyes, cortados los pulgares de sus manos y de sus pies, recogían las migajas debajo de mi mesa; como yo hice, así me ha pagado Dios. Y le llevaron a Jerusalén, donde murió. *Jueces 1:7*
Resalta la frase "Como yo hice así me ha pagado Dios"
De igual forma en el Nuevo Testamento el apóstol Pablo nos recuerda ese principio al declarar.
No os engañéis; Dios no puede ser burlado: pues todo lo que el hombre sembrare, eso también segará. Porque el que siembra para su carne, de la carne segará corrupción; mas el que siembra para el Espíritu, del Espíritu segará vida eterna. *Gálatas 6:7-8*
El pueblo de Israel no podía culpar a Dios de las calamidades que les vinieron cuando fueron destruidos y llevados cautivos por los asirios, ya que ellos mismos a consecuencia de sus maldades, idolatrías, el haber dejar al Dios verdadero, e ir a adorar dioses paganos a los lugares altos y sacrificar sus mismos hijos en honor a esos dioses que no son dioses porque solo hay un Dios. Todo esto les trajo amargura, calamidad y destrucción, solo por el simple hecho que dejaron a Dios, y no tuvieron más temor en lo que Dios les podía hacer. Por eso el Señor les recalcó.

- Tu maldad te castigará
- Tus rebeldías te condenarán
- Ve cuán malo y amargo es el haber dejado tú a Jehová tu Dios

Los israelitas en su corazón entenebrecido y obstinado ni siquiera consideraron en que vendría un día de castigo y calamidad (*Jeremías 5:12*) y si acaso llegaron a considerarlo no fue seriamente ya que no fueron orillados a un arrepentimiento para cambiar su suerte adversa debido a su alejamiento de Dios. De una forma

Capítulo 2

muy similar estaban actuando los judíos del tiempo del profeta Jeremías. Dos faltas graves hubo aquí que fue lo que condujo a la destrucción de Israel, la primera fue que abandonaron a Dios y sus estatutos y la segunda es que no tuvieron el mínimo temor en Dios. Mucha gente hoy en día está actuando similarmente. Pero el Señor ya ha establecido un día en que juzgara al mundo con justicia (*Hechos 17:31*) viendo esta advertencia la pregunta que surge es ¿Qué esperamos para corregir nuestras vidas? Los israelitas y judíos se esperaron hasta que vino la calamidad y ¿yo y usted que esperamos si nuestros caminos no son rectos?

Porque desde muy atrás rompiste tu yugo y tus ataduras, y dijiste: No serviré. Con todo eso, sobre todo collado alto y debajo de todo árbol frondoso te echabas como ramera. *Jer. 2:20*

Tanto el pueblo de Israel como la gente de Judá desde mucho tiempo atrás habían rompido el lazo que los unía al Señor, Israel se corrompió desde la división y el precursor que incitó a esa apostasía fue Jeroboam (*1 Reyes 12:25-33*) Es en este pasaje el escritor inspirado relató como Jeroboam, estableció el culto a los dos becerros que él mismo había mandado hacer, uno en Dan y el otro en Betel, aunado a ello estableció una fiesta en el mes octavo, poniendo incluso sacerdotes que no eran de la tribu de Leví. Prácticamente Jeroboam fue un asaltante del verdadero culto a Dios, modificando muchas cosas para darle gusto a la gente pensando tal vez en sus adentros "Tendremos nuestro propio sistema de adoración a Dios"

A partir de esas modificaciones que el Señor jamás les pidió y mucho menos les aprobó, las diez tribus de Israel fueron de mal en peor ya que cada vez se conducían más en la decadencia espiritual hasta que se alejaron completamente de Dios.

El caso con Judá no fue la excepción, ya que varios de los reyes que existieron hasta el cautiverio hicieron las cosas mal. En esta porción de la escritura el Señor expresa a través del profeta Jeremías como se fue dando la idolatría de Israel al grado que se fueron corrompiendo poco a poco sobre los montes altos, lugares donde principalmente se ofrecían sacrificios a Dios debido a que aún no existía el templo, pero después fueron usados estos lugares por los israelitas para ofrecer sacrificios a los dioses paganos (*1 Reyes 3:2*) particularmente era aquí donde se le rendía culto a Baal dios de los fenicios y a los dioses de la fertilidad.

En este pasaje se hace analogía de Israel pero principalmente el mensaje era dirigido Judá, porque era de primera mano a ellos los cuales se estaba dirigiendo, para este tiempo a Israel solo lo usa como un ejemplo, prácticamente habían pasado ya casi cien años desde que fueron destruidos y llevados cautivos por los asirios, pero vemos que literalmente el Señor presenta a Judá como una prostituta ¿Por qué tal manera tan grotesca? porque conforme al criterio del Dios que todo lo ve, declara que las mujeres de Judá se echaban debajo de los árboles frondosos y por medio de actos sexuales ofrecían culto a los dioses paganos como Baal. Acerca de estos procederes inmorales existe referencia en *Oseas 4:10-14*. Donde El Señor manifiesta la corrupción del pueblo al exhibir como se denigraban espiritualmente por medio de la fornicación en honra a los dioses paganos.

Te planté de vid escogida, simiente verdadera toda ella; ¿cómo, pues, te me has vuelto sarmiento de vid extraña? *Jer. 2:21*

No fue suficiente de parte del Señor presentar a Judá como una vulgar prostituta, sino que ahora les hace ver como Él los plantó como una viña de las mejores, pero les pregunta ¿porque pues se han corrompido volviéndose en vid extraña? En *Isaías 5:1-7* por aquel tiempo se dijo de Judá que fue como un viñedo en el cual Dios trabajó y lo limpió para que diera uvas de las mejores, pero al paso del tiempo ese viñedo se corrompió y en lugar de dar uvas dulces dio uvas con sabor agrio y amargo, por eso Jehová de los ejércitos destruiría el viñedo. Nuevamente ahora en el tiempo de Jeremías, El Señor vuelve a presentar a Judá como un viñedo que en lugar de dar vid de sabor dulce, dio una vez más un jugo amargo como la hiel.

Aunque te laves con lejía, y amontones jabón sobre ti, la mancha de tu pecado permanecerá aún delante de mí, dijo Jehová el Señor. *Jer. 2:22*

Después de asemejar a Judá con una prostituta y con una vid corrompida, ahora la tercera definición que el Señor tiene para ellos es como alguien que está sucio e inmundo y quiere quitar esa inmundicia externa por medio de la lejía. La lejía es un compuesto que está hecho a base de aguas diluidas con ciertas sales las cuales tienen un efecto blanqueador sobre las telas, por eso figurativamente el Señor les dijo que aunque se quisieran blanquear con lejía buscaran quitar con jabón las manchas, producto de la inmundicia del pecado, podrían tal vez hacerlo externamente pero la contaminación interna del pecado estaría visible ante los ojos del Señor, porque Él mismo lo dice. ¿Qué podemos aprender acerca del grado de visión de Dios?
Eso nos muestra y enseña que aunque tratemos de ser muy pulcros externamente y queramos manifestar una apariencia limpia externamente hablando, en contraste, nuestro ser internamente está sumamente contaminado tal como lo estaban las gentes de Judá. El Señor le había dicho a su pueblo en el tiempo del profeta Isaías lo siguiente.

Lavaos y limpiaos; quitad la iniquidad de vuestras obras de delante de mis ojos; dejad de hacer lo malo; aprended a hacer el bien; buscad el juicio, restituid al agraviado, haced justicia al huérfano, amparad a la viuda. *Isaías 1:16-17*

Si prestamos atención a estas palabras, nos daremos cuenta como el pecado forma una barrera entre el pueblo santo y Dios. Y esa barrera no será quitada hasta que se realice un cambio interno por medio de un arrepentimiento.

¿Cómo puedes decir: No soy inmunda, nunca anduve tras los baales? Mira tu proceder en el valle, conoce lo que has hecho, dromedaria ligera que tuerce su camino, *Jer. 2:23*

Después de que El Señor calificó a la nación de Judá como inmunda, ahora les pregunta ¿Qué cómo es que tienen el descaro de decir que no son inmundos? Diciendo que ellos nunca han andado tras los baales, El Señor les recuerda cuál era su proceder en el valle, El Valle al cual hace referencia El Señor por medio de Jeremías, tal vez sería el valle de Hinom, un lugar que representaba idolatría y ahí mismo era donde iban a sacrificar a sus hijos para los ídolos paganos como Moloc *(2 R. 23:10, 2 Cr. 28:3, 2 Cr. 33:6, Jer. 7:31)* ese valle de Hinom siempre representó idolatría y estaba ubicado a las afueras de Jerusalén. Y no solo les recuerda su proceder en Hinom sino que les hace ver sus pecados que ahí hacen, y ahora la representa como una dromedaria o camella joven y ligera que tuerce sus caminos y que anda bien ligera por el desierto en busca de macho para aparearse.

asna montés acostumbrada al desierto, que en su ardor olfatea el viento. De su lujuria, ¿quién la detendrá? Todos los que la buscaren no se fatigarán, porque en el tiempo de su celo la hallarán. *Jer. 2:24*

Después de ser reprendidos severamente los hijos de Judá, por sus andanzas llenas de idolatría, mismas que llevaban a cabo en el Valle de Hermón, con palabras fuertes, ahora Jehová los asemeja de una forma figurada tal como aquellas asnas salvajes que anda en el desierto en busca de macho en el tiempo cuando le llega el celo, ya que solo con olfatear el viento anda detrás de la lujuria o de ese deseo animal para calmar su celo, corriendo en busca de macho

Capítulo 2

para apacentarse y apagar ese deseo sexual. La enseñanza practica del Señor a través del profeta Jeremías era expresar que todos los que buscasen a Judá como una asna en celo no se tardarían mucho en ubicarla ni en aparearse con ella porque se encontraba figurativamente en tiempo del celo. Con esta expresión cruda, El Señor demuestra como Judá se convirtió como una asna en celo que anda en busca de quien lo apagase. Y así aconteció ya que se fue tras los dioses paganos haciendo alianza con las naciones paganas adoradoras de tales dioses falsos, la aplicación también era que dichas naciones no tuvieron la necesidad de convencer a los judíos para que se hiciesen idolatras sino más bien ellos como nación hicieron la invitación a todas las naciones paganas tal como fue el caso de Egipto.

Guarda tus pies de andar descalzos, y tu garganta de la sed. Mas dijiste: No hay remedio en ninguna manera, porque a extraños he amado, y tras ellos he de ir. *Jer. 2:25*

¿Qué significado tendría la frase? "Guarda tus pies de andar descalzos" con dicha expresión el Señor invita a su pueblo para que no corrieran descalzos, figurativamente hablando. La versión Palabra de Dios Para Todos lo tradujo como "No andes corriendo con pies descalzos" añade el Señor "Guarda tu garganta de la sed" para que no se les seque la garganta de tanto correr tras lo que no aprovecha, pero la respuesta que da el pueblo es tajante al responder a la invitación de Dios.

"No hay remedio de ninguna forma, porque a los extraños he amado y he tomado la decisión de ir tras ellos"

Ilustración:

¿Cuántas veces ha tenido usted la oportunidad de hablar con personas que tienen problemas de adicciones o de ciertas conductas nocivas en sus vidas, en particular cualesquiera que estas sean? ¿Cómo reaccionan cuando se les invita a cambiar a través de una exhortación de su parte por medio del consejo de Dios? Tal vez más de una vez le hemos dicho a alguien "¿No has pensado cambiar tu manera de vivir? ¿Crees que tu vicio o tus conductas te llevaran a un lugar bueno?" ¿Cuál será la respuesta de muchas de estas personas que están en ese serio problema?

"Déjame así, en mi gusto por las drogas, porque me agradan, y no hay remedio de cómo salir de ellas, o de ciertas formas de conducta que he hecho un hábito en mi vida estoy sumamente atrapado" mencionamos esta ilustración debido a que en ocasiones algunos seres humanos nos asemejamos al pueblo de Dios ¿En qué sentido? como cuando dijo "no hay remedio" ¿verdaderamente no había remedio para ellos? Claro que si existía una solución, ya que en su misericordia Dios los había invitado al arrepentimiento para que no siguieran sufriendo su suerte adversa debido a sus rebeldías.

Sin embargo la resolución final del pueblo judío al menos en el tiempo de Jeremías fue "déjame correr Señor, e ir tras los ídolos y las naciones paganas". Esto no era algo nuevo porque ya los habían seguido desde mucho tiempo atrás, y esa vendría a ser una de las causas que apresuró el castigo de parte de Dios por medio del instrumento de destrucción en este caso los babilonios.

Como se avergüenza el ladrón cuando es descubierto, así se avergonzará la casa de Israel, ellos, sus reyes, sus príncipes, sus sacerdotes y sus profetas, *Jer. 2:26*

Vergonzosamente el Señor presentó a su pueblo conforme a las palabras del profeta Jeremías con los siguientes términos.

1. Un buey rebelde que no quiere el yugo, sino que es renuente a portarlo y ser guiado

2. Una prostituta exponiendo su cuerpo a cualquier postor.
3. Vid corrompida y echada a perder.
4. Inmunda o sucia porque se había atestado de pecado.
5. Camella ligera que corría como si fuese una mujer fácil.
6. Asna salvaje que solo buscaba saciar su ímpetu sexual.
7. Ladrones

Al final del versículo veintiséis Jeremías presenta al pueblo judío como si fuesen unos ladrones que cuando son descubiertos se avergüenzan. Así exactamente dice el Señor que sufrirán vergüenza los reyes de Judá, cinco en total, en el lapso de tiempo del ministerio de Jeremías, de los cuales Josías ya no alcanzó a ver la destrucción de Jerusalén. La elite de Judá estaba conformada de la siguiente forma.

• Los reyes de Judá elegidos por el pueblo y puestos conforme a la voluntad de Dios.
• Los príncipes o la gente de la nobleza.
• Los sacerdotes los cuales debieron haber sido los guías espirituales, pero no lo fueron porque actuaron mal.
• Los profetas que en lugar de profetizar la verdad profetizaron mentira (Jer. 5:31)
• Los escribas que eran encargados de redactar el consejo de Dios.

Pasando fueron los años desde la división del reino cuando Jeroboam fue uno de los incitadores, división que había sido declarada y permitida por Dios tal como lo relató el escritor del libro de Reyes.

Y dijo Jehová a Salomón: Por cuanto ha habido esto en ti, y no has guardado mi pacto y mis estatutos que yo te mandé, romperé de ti el reino, y lo entregaré a tu siervo. Sin embargo, no lo haré en tus días, por amor a David tu padre; lo romperé de la mano de tu hijo. Pero no romperé todo el reino, sino que daré una tribu a tu hijo, por amor a David mi siervo, y por amor a Jerusalén, la cual yo he elegido. *1 Reyes 11:11-13*

La decadencia espiritual del pueblo de Judá había llegado al máximo. Y por eso mismo el Señor les daría el pago correspondiente en recompensa a sus malas obras, pero no sin antes buscar que el pueblo se arrepintiera por medio de este mensaje de exhortación. Lo cual fue imposible lograr.

Que dicen a un leño: Mi padre eres tú; y a una piedra: Tú me has engendrado. Porque me volvieron la cerviz, y no el rostro; y en el tiempo de su calamidad dicen: Levántate, y líbranos. *Jer. 2:27*

En el libro de *Jueces capítulo 3:7*, se hace referencia del dios pagano Baal y las imágenes de la diosa Asera. Baal era uno de los dioses principales de los cananeos y su nombre tenía varios significados tales como el de amo, señor o esposo, por otro lado a Asera se le consideraba como la diosa del mar y de todo su contorno, se cree que las imágenes de Asera o también llamada Astaroth eran fabricadas con leños del campo. Dios aproximadamente mil cuatrocientos años antes de Cristo, había dado estatutos precisos por medio de Moisés en lo concerniente a las imágenes e ídolos paganos y la orden fue que destruyeran todas las imágenes de Asera tal como lo declara la Escritura.

Estos son los estatutos y decretos que cuidaréis de poner por obra en la tierra que Jehová el Dios de tus padres te ha dado para que tomes posesión de ella, todos los días que vosotros viviereis sobre la tierra. Destruiréis enteramente todos los lugares donde las naciones que vosotros heredaréis sirvieron a sus dioses, sobre los montes altos, y sobre los collados, y debajo de todo árbol frondoso. Derribaréis sus altares, y quebraréis sus estatuas, y sus imágenes de Asera consumiréis con fuego; y destruiréis las esculturas de sus dioses, y raeréis su nombre de aquel lugar.(*Deut. 12:1-3*)

El Señor por medio del profeta, en su infinita sabiduría vio la necesidad de declararle a su pueblo el hecho de cómo es que ellos se volvieron apostatas volteando así figurativamente el rostro en señal de rechazo y con esa actitud no quisieron mostrarse ante Él, tal como cuando una persona sabe que no ha procedido dignamente y su conciencia lo reprende por tanto no son dignos de mirar a los ojos al que los reprende o los amonesta sabiendo que han obrado mal. Dice una frase "Los ojos son el reflejo o el espejo del alma" ¿Qué habían hecho los judíos? Se fueron tras los ídolos paganos aun cuando desde temprano y sin cesar Dios les había manifestado que no lo hicieran, ¿traería esa forma de proceder consecuencias? Si ¿Cuáles? El Señor mismo les declaró que en el tiempo futuro cuando les vinieran las calamidades ellos inmediatamente clamarían al Dios eterno pidiendo auxilio. Con esta forma de proceder manifestaba el pueblo mera conveniencia ya que solo buscaban a Jehová en tiempo de aflicción, pero mientras todo estuviera bien, ellos seguían con sus idolatrías. En la versión Palabra de Dios para Todos, aparece este mismo versículo de la siguiente forma.

Es que a un árbol le dicen: "Tú eres mi padre"; y a una piedra le dicen: "Tú eres mi madre". Me dieron la espalda, no me dan la cara; pero cuando estaban sufriendo me dijeron: "Levántate y sálvanos". *Jeremías 2:27*

Observando este pasaje solo resta preguntarnos ¿Qué aplicación pudiéramos darle en el presente?

Lastimosamente es triste declararlo, pero en la actualidad las cosas no han cambiado casi nada ¿Por qué? No es poca la gente que actúa en forma similar a como lo hizo el pueblo judío. Alarmante resulta decirlo, pero sin presunción propia pudiera expresar que aun dentro del mismo pueblo de Cristo (La iglesia) a menudo pasa eso, ¿Cuántos de nosotros dentro de la iglesia hemos sido testigos oculares de cómo algunos cristianos se olvidan de su compromiso con Dios?

pero resulta que cuando su vida se torna difícil ya sea por problemas económicos, morales, espirituales, familiares, de salud, migratorios, etc. Es cuando escuchamos a algunos de ellos exclamar "Ahora si me comprometeré más con el Señor" ¿será necesario llegar a ese extremo? ¿Será necesario pasar por la tormenta para que solo así podamos comprometernos fidedignamente con nuestro Padre celestial? Definitivamente no, no es obligatorio pasar por una etapa así. Entonces ¿Por qué hacerlo? Pero más lamentable y penoso es ver que algunos aun con la tribulación que pasan, Dios los rescata de sus penurias mostrando así su misericordia, pero vueltos a la normalidad simplemente vuelven a tomar el mismo patrón de conducta que los llevó al sufrimiento. O séase que meramente nunca hubo un cambio. Recordemos que al Señor jamás le ha agradado la hipocresía ni la tibieza de su pueblo santo. Ojala haga eco en nuestros corazones el mensaje dado en el Libro de Apocalipsis cuando el Señor le dijo a la iglesia en Laodicea las siguientes palabras de exhortación para que hicieran de lado su tibieza espiritual.

Y escribe al ángel de la iglesia en Laodicea: He aquí el Amén, el testigo fiel y verdadero, el principio de la creación de Dios, dice esto: Yo conozco tus obras, que ni eres frío ni caliente. ¡Ojalá fueses frío o caliente! Pero por cuanto eres tibio, y no frío ni caliente, te vomitaré de mi boca. Porque tú dices: Yo soy rico, y me he enriquecido, y de ninguna cosa tengo necesidad; y no sabes que tú eres un desventurado, miserable, pobre, ciego y desnudo. Por tanto, yo te aconsejo que de mí compres oro refinado en fuego, para que seas rico, y vestiduras blancas para vestirte, y que no se descubra la vergüenza de tu desnudez; y unge tus ojos con colirio, para que veas. Yo reprendo y castigo a todos los que amo; sé, pues, celoso, y arrepiéntete. *Apocalipsis 3:14-19*

¿Y dónde están tus dioses que hiciste para ti? Levántense ellos, a ver si te podrán librar en el tiempo de tu aflicción; porque según el número de tus ciudades, oh Judá, fueron tus dioses. *Jer. 2:28*

Capítulo 2

Jehová hace una pregunta a su pueblo.
¿Dónde están sus dioses en los cuales confiaban para que los salven?
Estas mismas preguntas habían sido hechas en el tiempo de Moisés, ¿Cuál era el propósito de cuestionarlos de tal forma? El objetivo era hacerles ver que cuando ellos tomaran la osadía de alejarse del Dios verdadero yéndose tras dioses falsos, esos dioses falsos no los podrían rescatar en ningún momento porque literalmente no eran nada, no oían, ni tampoco podían responder. Solo eran seres inanimados, producto de la misma mente humana llena de ignorancia e influenciada por el maligno antes que por el Altísimo.

Y dirá: ¿Dónde están sus dioses, La roca en que se refugiaban; Que comían la grosura de sus sacrificios, Y bebían el vino de sus libaciones? Levántense, que os ayuden Y os defiendan. (*Deut. 32:37-38*)

Para el tiempo de Jeremías la corrupción espiritual de su pueblo había llegado a su cúspide, Jehová después de decirles por medio del profeta que le pidieran a sus dioses falsos para ver si ellos los escucharían, aunado a eso les reprocha severamente con la expresión.

"porque según el número de tus ciudades, oh Judá, fueron tus dioses"
Es sorprendente como el pueblo de Dios se había sumido en una idolatría desmedida. No se sabe a ciencia cierta cuantos dioses paganos tenían en esa época, pero en el libro de *Jeremías 11:13* el profeta hace alusión a la hipérbole mencionando que en cada calle de Jerusalén habían levantado altares a Baal, haciendo de la idolatría algo colectivo entre la gente que en lugar de buscar al Dios verdadero se fueron tras los Baales y las Aseras.

¿Por qué porfías conmigo? Todos vosotros prevaricasteis contra mí, dice Jehová. *Jer. 2:29*

En respuesta a la condición espiritual y moral de cada uno de ellos el Señor les pregunta ¿Para que ponerse a contender conmigo o para que reclamarme?, si ellos mismos fueron los que pecaron contra el Altísimo ya que de su propia voluntad decidieron apartarse (*Jeremías 2:5*) Siendo esta la situación del pueblo judío ¿Con que valor moral podían contender contra Dios defendiendo su causa como si fuesen inocentes de culpa? No había manera que se declararan inocentes ya que enfáticamente el profeta inspirado por Dios menciona "Todos vosotros prevaricasteis contra mí"

En vano he azotado a vuestros hijos; no han recibido corrección. Vuestra espada devoró a vuestros profetas como león destrozador. *Jer.2:30*

Todo el castigo y calamidades por las cuales venían pasando los judíos desde años atrás hasta llegar al tiempo de Jeremías, que seguía profetizándoles para un arrepentimiento, no había sido suficiente. Ya que ellos aun no entendían ni tenían la mínima disposición de dejar de hacer lo malo y volverse a Jehová. El Todopoderoso los presentó figurativamente como un pueblo que estaba en un estado de locura y pobreza espiritual al máximo. Debido a que eran el vulgo o los pobres ya que no tenían mucho acceso al consejo de Dios como los grandes. Pero desafortunadamente tanto pobres como ricos se conducían con desestimación ante el consejo divino.

Pero yo dije: Ciertamente éstos son pobres, han enloquecido, pues no conocen el camino de Jehová, el juicio de su Dios. *Jer. 5:4/ Biblia Reina Valera 1960*

Capítulo 2

A pesar que el Señor los castigara o azotara para que entendieran y volvieran en sí, ellos no querían cambiar su actitud, al contrario, al pasar los días desafiaban más al Dios Todopoderoso (*Jer. 5:12,25, 7:19*) Como si fuese poca cosa también se revelaron abiertamente en contra de los profetas de Dios, ¿Qué misión habían tenido estos siervos para ser rechazados de tal forma? Simplemente habían sido enviados por el Altísimo con el mero propósito de predicar un mensaje de salvación para el pueblo judío que estaba en decadencia espiritual. Por ejemplo allá por la época del profeta Elías este varón de Dios expresó las siguientes palabras, en consecuencia al desánimo que lo agobiaba por ver la idolatría del pueblo israelita.

El respondió: He sentido un vivo celo por Jehová Dios de los ejércitos; porque los hijos de Israel han dejado tu pacto, han derribado tus altares, y han matado a espada a tus profetas; y sólo yo he quedado, y me buscan para quitarme la vida. *1 Reyes 19:10*

En aquel tiempo este gran varón de Dios tuvo la enorme responsabilidad de contender contra los profetas de Baal, cuando Acab esposo de Jezabel fue rey de Israel, diríamos. Históricamente eso fue con Elías y el reino de Israel no con los judíos en el tiempo de Jeremías, pero el mismo profeta Jeremías menciona el acontecimiento cuando el profeta Urías se vio en la penosa necesidad de huir por su vida, debido a que el rey Joacim lo había mandado matar, y este tuvo que huir a Egipto, pero hasta allá fueron y lo localizaron para darle muerte a espada.

Hubo también un hombre que profetizaba en nombre de Jehová, Urías hijo de Semaías, de Quiriat-jearim, el cual profetizó contra esta ciudad y contra esta tierra, conforme a todas las palabras de Jeremías; y oyeron sus palabras el rey Joacim y todos sus grandes, y todos sus príncipes, y el rey procuró matarle; entendiendo lo cual Urías, tuvo temor, y huyó a Egipto. Y el rey Joacim envió hombres a Egipto, a Elnatán hijo de Acbor y otros hombres con él, a Egipto; los cuales sacaron a Urías de Egipto y lo trajeron al rey Joacim, el cual lo mató a espada, y echó su cuerpo en los sepulcros del vulgo. *Jer. 26:20-23*

El mismo Señor Jesucristo seiscientos años después del tiempo de Jeremías hizo énfasis en cómo todo el tiempo los judíos habían detestado a sus propios profetas que predicaban la verdad y los mataban (*Mateo 23:37*) por eso a través de Jeremías, el Señor les reprocha severamente dejándoles saber que ellos debido a su corazón malvado y contaminado por la idolatría habían mandado matar a los profetas, asemejando esa destrucción hacia los profetas como la situación cuando viene el León a destrozar a su víctima.

!!Oh generación! atended vosotros a la palabra de Jehová. ¿He sido yo un desierto para Israel, o tierra de tinieblas? ¿Por qué ha dicho mi pueblo: Somos libres; nunca más vendremos a ti? *Jer. 2:31*

Este mensaje no solo era dirigido para la gente antigua, sino que El Señor, le exhorta a las generaciones del tiempo del profeta Jeremías que también para ellos era esa palabra de arrepentimiento, y ojala lo llegasen a entender para tomar un cambio radical en su vida, a manera de pregunta el Señor les declara algo ¿he sido yo una tierra desértica par Israel o tierra de muerte? ¿Qué pudieran responder a esta pregunta? Definitivamente un "No" Vemos claramente conforme a la evidencia del capítulo dos que el Señor había sido todo lo contrario, a "un desierto y una tierra de tinieblas" porque solo bendiciones recibieron de él cuándo estuvieron en el desierto. En ese pasaje les hizo ver a los judíos como Él los sacó adelante en el desierto en el tiempo del éxodo aún bajo las condiciones más severas de esas tierras inexplotables para cualquier ser humano, sin embargo el Señor le dio la oportunidad a su pueblo santo de sobrevivir en esos territorios áridos y llenos de peligros, pero aun siendo testigos del amor de Dios, el pueblo decidió declarar tal como lo redactó el profeta, "somos libres, y nunca más vendremos a ti".

A manera de ilustración este proceder asemejaria aquellas situaciones de la vida común como cuando una mujer se ha unido en matrimonio a su esposo, aquel ser que la ha amado mas que a su vida y ha provisto de todo lo necesario para su vida, amor, cariño, amistad y todos los complementos que una esposa puede pedir, pero de un día para otro la esposa decide dejar a su marido y rechazarlo, y le dice que ya jamas regresará a él porque ella es libre de tomar sus decisiones y de hacer con su vida lo que le venga en gana, implícitamente así actuó el pueblo de Judá para con su Dios. Recordemos lo que declararon abiertamente sin ningún temor ni consideración por su Padre celestial.

"Somos libres; nunca más vendremos a ti"

¿Se olvida la virgen de su atavío, o la desposada de sus galas? Pero mi pueblo se ha olvidado de mí por innumerables días. Jer. 2:32

Con estas palabras Jehová utiliza la ilustración a través del profeta usando el ejemplo de una doncella comprometida que no se olvida de su atavió tan especial que era su ropa para el día de la boda, al contrario dicha novia lo recuerda con gran aprecio como algo tan sagrado y especial para ella porque tales vestimentas le traen a la mente el día más importante de su vida cuando se unió en matrimonio con su ser amado, por medio de esta ilustración el Señor quería presentar a Judá como aquella esposa espiritual que Señor había escogido y apartado para ser solo suya, ese pueblo escogido de entre las naciones, distante estaba de parecerse a esa virgen que con nostalgia añoraba su atavío, Judá se había olvidado de su primer y único amor, y no era un olvido reciente, sino algo de mucho tiempo atrás, y sí que eran muchos días, tomando como referencia desde que el reino se dividió, Judá fue cada vez más en decadencia

| 75

hasta llegar al estado que se encontraba en el tiempo de Jeremías. Habían sido ya más de doscientos años de abandono. Cabe destacar que aunque en ese lapso de tiempo hubo reyes como Ezequías o Josías, hombres que lucharon por hacer un cambio practicando lo bueno al máximo, esforzándose por erradicar las muchas rebeldías del pueblo, pero en ocasiones resultaba ser una lucha contra corriente porque el corazón del pueblo fue muy difícil de cambiar y a consecuencia de ello aunque hubo destellos de cosas buenas la gente persistía en sus idolatrías y rebeldías y casi de nada valió la gran labor que habían hecho grandes hombres de Dios como los reyes Uzías, Ezequías y Josías, por nombrar algunos.

¿Por qué adornas tu camino para hallar amor? Aun a las malvadas enseñaste tus caminos. *Jer. 2:33*

El escritor inspirado por Dios nuevamente usa un lenguaje metafórico para demostrar cómo es que Judá adornó sus caminos en el sentido de que los puso agradables para buscar amantes, con tales acciones cambiaron el verdadero amor que deberían manifestarle al Altísimo por amantes paganos que solo los impulsaron por medio de su influencia a que fuesen idolatras, Jehová demanda una respuesta y les pregunta ¿Para qué se ponen galantes buscando un amor en amantes y no en el mí, su Dios?, aquel que había hecho prodigios en ellos desde que salieron de la tierra de Egipto? Haciendo un contraste entre los paganos al expresarles el Señor que aun esa gente malvada de las naciones que los rodeaban, los judíos les enseñaron el arte de hacer el mal. ¿Qué significado o relevancia tenía esto? Dicha acción de parte del pueblo de Dios resultaba algo realmente vergonzoso ¿Por qué? en lugar de que el pueblo de Judá mostrara un buen ejemplo ante las demás naciones paganas en su mayoría, contrario a ello no solo manifestaron un mal ejemplo sino que los invitaron e incitaron a que siguieran sus pasos corrompidos en sus actos de idolatría. ¿Cuál es la aplicación para nosotros en el presente viendo esta situación? Que en lugar de ser un mal ejemplo para los que no conocen al Dios verdadero debemos siempre ir a la vanguardia en lo que se refiera al hecho de hacer la diferencia entre lo santo y lo profano, la luz y las tinieblas y que nuestro buen ejemplo pueda ejercer un impacto positivo en las personas para que estas salgan de las tinieblas y busquen la luz. Meditemos en las palabras dichas por nuestro señor Jesucristo y por el apóstol Pablo.

Vosotros sois la luz del mundo; una ciudad asentada sobre un monte no se puede esconder. Ni se enciende una luz y se pone debajo de un almud, sino sobre el candelero, y alumbra a todos los que están en casa. Así alumbre vuestra luz delante de los hombres, para que vean vuestras buenas obras, y glorifiquen a vuestro Padre que están los cielos. *Mateo 5:14-16*

Para que seáis irreprensibles y sencillos, hijos de Dios sin mancha en medio de una generación maligna y perversa, en medio de la cual resplandecéis como luminares en el mundo; *Filipenses 2:15*

Aun en tus faldas se halló la sangre de los pobres, de los inocentes. No los hallaste en ningún delito; sin embargo, en todas estas cosas dices: Soy inocente, de cierto su ira se apartó de mí. He aquí yo entraré en juicio contigo, porque dijiste: No he pecado. *Jer. 2:34-35*

Tanta era la corrupción del pueblo de Judá que no contentos con todas sus fechorías e idolatrías aunado a esa forma de conducta también se le suma el hecho de que eran injustos e implacables ¿En qué sentido? Porque no mostraban misericordia alguna contra los menos agraciados, en este caso los pobres y los inocentes, ese tipo de conducta se había vuelto un círculo vicioso entre los hijos de Dios, tanto de Israel como de Judá, usted como lector podrá darse cuenta por medio de las expresiones que quedaron plasmadas en las Escrituras a través de los profetas de Dios, y como estos reprendían severamente la injusticia de parte de la gente, exhortándoles siempre en hacer un cambio para bien. Por ejemplo el profeta Isaías en el año 740 a.c. aproximadamente, reprendió severamente al pueblo de Judá al decirles que aprendieran a hacer el bien, y que ayudaran a los afligidos, los huérfanos y las viudas (*Isaías 1:17*) vemos en contraste como Oseas, profeta del reino de Norte el cual predicó en el año 800 a.c. en las palabras expresadas por este siervo de Dios existía una denuncia fuerte contra el pueblo de Israel porque al igual que los judíos en el tiempo de Jeremías estos se conducían de una manera injusta (*Oseas 4:1-3*) otro caso es el del profeta Amos, de nacionalidad judía enviado por Dios a predicar un mensaje de exhortación y de reproche contra la nación de Israel en el tiempo del rey Jeroboam II alrededor del año 765 a.c. al igual que sus consiervos hizo abiertamente y sin temor una denuncia contra la injusticia de los ricos hacia los pobres y la vida galante y licenciosa como las mujeres de Basan mismas que identificó severamente el profeta al llamarlas "vacas de Basan" (*Amos 2:6-8, 4:1, 5:24*) como hicieron todos estos profetas antes mencionados ahora el Señor por medio de Jeremías presenta la injusticia de los judíos en el tiempo del profeta, que no conforme con ser crueles e injustos hacia los pobres, también estaban actuando sin vergüenza, ya que negaban sus actos de injusticia. Por tanto Dios les reclama el hecho de que ellos injustamente estaban matando al inocente ¿cómo? Acusándolos de ladrones y tomando la justicia por sus propias manos. Con esta acción violaban las leyes y principios que habían sido estipulados desde el tiempo de Moisés, bajo la ley dada muchos años atrás habían sido claros los estatutos en lo concerniente a que si encontraban a un ladrón en la noche lo mataran, pero que si era a la luz del día lo dejaran con vida (*Ex. 22:2-3*) pero en el tiempo de Jeremías al ver el contexto y meditar en la siguiente frase

"Aun en tus faldas se halló la sangre de los pobres, de los inocentes. No los hallaste en ningún delito;"

Lo más probable es que los judíos se valían de la cláusula de la ley de Moisés aprovechándose para tergiversarla y así asesinar literalmente a gente inocente. Usando injustamente el uso de derecho dado por Dios.

Meditando en el contexto de ambos pasajes en *Jeremías 2:34-35* se llega a la conclusión de que los judíos no solo estaban cometiendo actos de injusticia contra el pobre, sino que los mataban injustamente usando juicios corrompidos en las cortes, y con todo eso ellos todavía tenían la desfachatez en declararse como justos e inocentes ante Dios, queriendo así justificar que lo que habían hecho en lo concerniente a aplicar "su justicia y no la verdadera justicia de Dios" era lo correcto, pero no era así, y como si fuese poca cosa su forma de proceder llena de injusticia ellos pensaban que Dios no los juzgaría por estos actos crueles hacia los menos agraciados, pero todo lo contrario pasaría, porque el Señor los reprende notificándoles que les aplicaría un juicio por su mal proceder, pues no solo se decían ellos inocentes a su propia manera de pensar, sino que se declaraban no culpables por la muerte de las personas que habían matado injustamente junto con todas las irregularidades que ellos estaban cometiendo. El Señor en Les había declarado.
Por tanto, contenderé aún con vosotros, dijo Jehová, y con los hijos de vuestros hijos pleitearé. Biblia Reina Valera 1960
"Por eso, yo, el Señor, afirmo: Voy a entablar un proceso contra ustedes y sus nietos. Jeremías 2:9/ Biblia Dios Habla Hoy, 1996

¿Para qué discurres tanto, cambiando tus caminos? También serás avergonzada de Egipto, como fuiste avergonzada de Asiria. También de allí saldrás con tus manos sobre tu cabeza, porque Jehová desechó a aquellos en quienes tú confiabas, y no prosperarás por ellos. *Jer. 2:36-37*

¿Para que tratan de correr tanto de allá para acá, buscando la posibilidad de cambiar su suerte adversa? les declaró el Señor con esta interrogativa, con ello quería hacerlos reflexionar en que pensaran trayéndoles a la memoria aquella época años atrás cuando fueron avergonzados por los asirios en aquella alianza tal como se relata en *2 Reyes 16:7-9*

Acerca de la referencia de esta alianza encontramos la información en el libro de *2 Reyes 16:7-9* en aquella ocasión el rey Acaz de Judá hizo pacto con el rey de Asiria Tiglar Pileser, para que lo protegiera del ataque del rey de Israel y del Rey de Siria. Por eso en este pasaje dentro del libro de Jeremías les declaró El Señor, que aunque trataran de correr de un lugar a otro, con la intención de querer hacer un pacto con los Egipcios en el tiempo cuando les sobrevenga la calamidad, por medio del ataque de Nabucodonosor, con todo eso, esas naciones no podrían hacer nada contra la ira venidera de Dios sobre Judá ya que aun contra los enemigos arrasaría Nabucodonosor tal como lo hizo con los egipcios en la batalla de Carquemis.

También de allí saldrás con tus manos sobre tu cabeza, porque Jehová desechó a aquellos en quienes tú confiabas, y no prosperarás por ellos. *Jer. 2:37*

No importaría que los judíos buscasen hacer un pacto con sus naciones vecinas tales como los asirios o egipcios, el hacha de la justicia de Dios ya estaba puesta y el castigo era algo inminente, el Señor claramente les declara que si ellos llegaran a huir a esas naciones en el momento cuando fueren atacados por los babilonios, esas naciones antes mencionadas no podrían literalmente hacer nada para auxiliarlos porque ni ellos mismos podrían ejercer una defensa efectiva contra el poder arrollador y conquistador del ejército de Nabucodonosor rey de Babilonia, ¿Por qué quedarían desprotegidos ante alguien que ni siquiera era de nacionalidad judía, en este caso el rey Nabucodonosor? Esto sucedería porque Dios así lo había destinado, usando como instrumento de castigo a un rey pagano. Tal como lo declara la Escritura.

he aquí enviaré y tomaré a todas las tribus del norte, dice Jehová, y a Nabucodonosor rey de Babilonia, mi siervo, y los traeré contra esta tierra y contra sus moradores, y contra todas estas naciones en derredor; y los destruiré, y los pondré por escarnio y por burla y en desolación perpetua. *Jeremías 25:9*

Y ahora yo he puesto todas estas tierras en mano de Nabucodonosor rey de Babilonia, mi siervo, y aun las bestias del campo le he dado para que le sirvan. *Jeremías 27:6*
Un claro ejemplo de eso, es la situación bélica que se dio entre judíos y otras naciones paganas cuando Nabucodonosor en su incursión militar contra los judíos se llevó cautivo al rey Joacim y gran parte de su comitiva y en tal encuentro ni aun el mismo faraón Necao de Egipto que había puesto por rey de Judá a Joacim pudo hacer algo para ayudarlos.

Y estableció el rey de Egipto a Eliacim hermano de Joacaz por rey sobre Judá y Jerusalén, y le mudó el nombre en Joacim; y a Joacaz su hermano tomó Necao, y lo llevó a Egipto. Cuando comenzó a reinar Joacim era de veinticinco años, y reinó once años en Jerusalén; e hizo lo malo ante los ojos de Jehová su Dios. Y subió contra él Nabucodonosor rey de Babilonia, y lo llevó a Babilonia atado con cadenas. También llevó Nabucodonosor a Babilonia de los utensilios de la casa de Jehová, y los puso en su templo en Babilonia. Los demás de los hechos de Joacim, y las abominaciones que hizo, y lo que en él se halló, está escrito en el libro de los reyes de Israel y de Judá: y reinó en su lugar Joaquín su hijo. *2 Crónicas 36:4-8*

A partir de esos encuentros bélicos en los que los egipcios fueron superados y mermados por Nabucodonosor y sus tropas aliadas como los sirios, moabitas y amonitas, debido a eso ni siquiera les fue posible salir a la guerra a dar batalla contra el ejército de los caldeos comandado por Nabucodonosor rey de Babilona tal como lo muestra el pasaje en *(2 R.24:1-7)*

Y nunca más el rey de Egipto salió de su tierra; porque el rey de Babilonia le tomó todo lo que era suyo desde el río de Egipto hasta el río Éufrates. *2 Reyes 24:7*

Con estos pasajes a manera de evidencia se recalcan las palabras de Dios cuando dice que Él rechazó también a los que inspiraban confianza al pueblo de Judá para poder ayudarles en caso de un ataque. Manifestando así como ya había dispuesto la destrucción de Jerusalén y que nada ni nadie haría que cambiara el curso de las cosas al menos que se arrepintieran de sus malas obras, desafortunadamente cosa que no sucedió en ellos. El hecho de que salieran con las manos en la cabeza era un simbolismo de aflicción, esta era una costumbre que los judíos llevaban a cabo cuando sufrían una pena o una calamidad.

¿Qué lecciones prácticas podemos sacar a grandes rasgos del capítulo dos?

I. Que los judíos antes fueron fieles, pero dejaron de serlo
II. Que buscaron la corrupción antes que el oír el consejo de Jehová
III. Que les importó poco la misericordia de Dios y las muchas bendiciones que Él derramo sobre ellos
IV. Que ni aun los lideres buscaron hacer las cosas bien sino todo lo contrario
V. Que, aunque hicieran todo lo que hicieran no serían librados del enemigo si no había un arrepentimiento de parte de ellos.

Capítulo 3
Una invitación al arrepentimiento de Israel

Dicen: Si alguno dejare a su mujer, y yéndose ésta de él se juntare a otro hombre, ¿volverá a ella más? ¿No será tal tierra del todo amancillada? Tú, pues, has fornicado con muchos amigos; mas !!vuélvete a mí! dice Jehová. *Jer. 3:1*

Después de haber puesto en evidencia la decadencia espiritual de su pueblo, misma que se fue originando en el momento que ellos empezaron a apartarse de Dios aun cuando Él era la fuente de donde emanaba agua viva para sus vidas. Ahora, el Señor por medio de las palabras de Jeremías les manifiesta como es que literalmente ellos adulteraron espiritualmente contra Él, e ilustra este adulterio espiritual presentando esta situación poniéndoles el ejemplo de aquella mujer que habiendo sido ya repudiada por su esposo y esta va y se casa con alguien más, y después se divorcia de su segundo marido y quiere regresar con el primero. La pregunta del Señor fue ¿Será acaso que el primer esposo la recibiría de nuevo? La respuesta a esta incógnita era: De ninguna manera. ¿Por qué no podía ser posible tal situación? Conforme al contexto histórico de acuerdo con la Ley de Moisés basada en *Deuteronomio 24:1-4* acerca de las esposas repudiadas se dice lo siguiente.

Cuando alguno tomare mujer y se casare con ella, si no le agradare por haber hallado en ella alguna cosa indecente, le escribirá carta de divorcio, y se la entregará en su mano, y la despedirá de su casa. Y salida de su casa, podrá ir y casarse con otro hombre. Pero si la aborreciere este último, y le escribiere carta de divorcio, y se la entregare en su mano, y la despidiere de su casa; o si hubiere muerto el postrer hombre que la tomó por mujer, no podrá su primer marido, que la despidió, volverla a tomar para que sea su mujer, después que fue envilecida; porque es abominación delante de Jehová, y no has de pervertir la tierra que Jehová tu Dios te da por heredad. *Deuteronomio 24:1-4*

Sin embargo, en un acto de misericordia, a pesar de que Judá no solo cometió adulterio espiritual contra Dios con un solo hombre, hablando figurativamente, sino que pecó con muchos, por tal motivo surge la pregunta de parte del Señor por medio de Jeremías el profeta ¿Será posible que los pueda recibir? sin embargo el Señor con esta ilustración les hace una invitación al arrepentimiento abriéndoles las puertas del perdón para que se vuelvan a Él. En este caso el volverse a Dios implicaba un arrepentimiento. Esta frase no es exclusiva en el libro de Jeremías sino en toda la Biblia, podemos tomar como referencia ciertos pasajes que hacen alusión a esta acción de regresar a Dios, pasajes tales como: *Jeremías 3:12, 14, 22,4:1 y Ezequiel 33:11* Nos hablan de ese acto de volver. Precisamente esa acción es la que tenían que hacer los judíos para poder estar bien con Dios, desafortunadamente no quisieron volverse, a consecuencia de ese desacato les sobrevendría calamidad ya que lo que sembraron es lo que cosecharían tarde o temprano.

¿Cuál es la aplicación para nosotros en el presente?

Que si no nos volvemos al Señor de todo corazón por medio de un arrepentimiento genuino para que Él nos pueda perdonar y redimir, al no existir un cambio, tendremos que sufrir las consecuencias de nuestros actos rebeldes y pecaminosos.

Alza tus ojos a las alturas, y ve en qué lugar no te hayas prostituido. Junto a los caminos te sentabas para ellos como árabe en el desierto, y con tus fornicaciones y con tu maldad has contaminado la tierra. *Jer. 3:2*

Habiéndoles reprochado su adulterio espiritual a los judíos, al declararles como pecaron con muchos amantes figurativamente, ahora tocaba expresarles por medio del profeta Jeremías el hecho de que observaran hacia las alturas, ¿Qué había en las alturas o que representaban estos lugares? ¿Por qué tal expresión de parte del profeta?

Una invitación al arrepentimiento de Israel

Los collados, mejor conocidos también como lugares altos, por aquellas épocas eran zonas donde se ofrecían sacrificios a los dioses paganos, la gente idolatra acudía a estos montes desolados con el único propósito de rendirles culto a sus dioses, desafortunadamente en los tiempos del profeta Jeremías dicha adoración idolátrica no solo fue exclusiva de aquella gente pagana sino que desafortunadamente también los hijos de Dios al apartarse de su ley comenzaron a prostituirse al ir tras los dioses paganos de las naciones que claramente les había advertido el Señor no se añadieran a ellas. En pasajes tales como *1 Reyes 3:2 y Jeremías 2:20* se hace mención de dichos lugares que en tiempo pasado cuando aún no tenían construido el templo los judíos, fueron usados para ofrecer sacrificios al Dios verdadero, pero para el tiempo de Jeremías esos lugares eran exclusivos solo para adorar ídolos paganos, el pueblo judío tenía construido el templo donde adoraban a Dios en Jerusalén y no tenían ya la necesidad de ir a esos lugares como lo hacían en el pasado, desafortunadamente ahora acudían a tales lugares altos pero a ofrecer sacrificios y adoración a los ídolos paganos.

Hasta entonces el pueblo sacrificaba en los lugares altos; porque no había casa edificada al nombre de Jehová hasta aquellos tiempos. *1 Reyes 3:2*

Porque desde muy atrás rompiste tu yugo y tus ataduras, y dijiste: No serviré. Con todo eso, sobre todo collado alto y debajo de todo árbol frondoso te echabas como ramera. *Jeremías 2:20*

Definitivamente para ese tiempo la prostitución espiritual de los judíos había alcanzado niveles extremos, el profeta inspirado por Dios usando un lenguaje metafórico expresó.

"Junto a los caminos te sentabas para ellos como árabe en el desierto"

Capítulo 3

¿Qué significado tenía este tipo de lenguaje usado por Jeremías? Esto de sentarse junto a los caminos como árabe, por aquellos tiempos en dichas regiones era una costumbre que se llevaba a cabo entre la gente árabe, en particular era algo practicado por las rameras (prostitutas) cuando se ponían en los caminos para buscar amantes, tal como se fingió ser Tamar la nuera de Judá (Referencia: *Génesis 38:13-14*) ¿Cuáles serían la consecuencia de esas muchas fornicaciones figurativas? debido a ello dice el Señor que la tierra se contaminó, especialmente la región de Jerusalén, área donde vivía el pueblo de Dios.

Por esta causa las aguas han sido detenidas, y faltó la lluvia tardía; y has tenido frente de ramera, y no quisiste tener vergüenza. *Jer. 3:3*

A causa de las infidelidades del pueblo de Judá el castigo estaba próximo, y en este verso el Señor, les hace ver algunas consecuencias que les atraería el alejarse de Dios. La principal fue que Jehová por medio del profeta les muestra que las aguas de los cielos (las lluvias) cesarían al ser detenidas, a causa de eso la lluvia se retardaría mucho más de lo normal.

Con ese fenómeno natural Dios les muestra que él es el que está en control de todas las cosas incluyendo la naturaleza, por ende, él decide si para la lluvia provocando sequias o manda la bendición de la lluvia para así poder fructificar la tierra y de esta surja bendición. El Señor también le manifiesta a su pueblo que aunque ellos confiaran en dioses paganos para que les mandaran lluvias simplemente estos dioses no los escucharían porque no son nada, simplemente mera creación de la mente vana del ser humano que opta por confiar más en la falacia que en el Dios verdadero (*Jeremías 14:22*) en el pasado Dios ya había hecho que ese fenómeno natural aconteciera en la tierra de Israel, por ejemplo en la época del rey Acab contemporáneo del profeta Elías, sucedió que este siervo de Dios oró debido a las idolatrías y perversidad de los israelitas, en consecuencia, el Señor detuvo la lluvia por un lapso de tres años y medio (*Santiago 5:17-18*) ¿A causa de qué? en consecuencia de las constantes idolatrías de Israel, y las consecuencias fueron fatales, ya que al faltar el agua prácticamente empieza a escasear todo. (*1 Reyes 17:7,18:1*) porque a partir de ahí comienzan las sequias, y no se pueden levantar cosechas, los animales empiezan a morir, surge la escases de alimentos. En conclusión, cuando no hay agua, el sufrimiento es bastante junto con la calamidad devastadora. Pero aun teniendo el conocimiento los judíos que toda esta suerte adversa era el resultado de sus muchas idolatrías, con todo ello no tuvieron vergüenza y actuaron figurativamente tal como actúan las rameras, sin pena, ni vergüenza alguna de sus actos. Aunado a ello como si no fuese suficiente acudían con una fe totalmente errada en busca de los baales antes que de Dios.

Cuando el Señor por medio del profeta Jeremías expresa la frase. "Has tenido frente de ramera, y no quisiste tener vergüenza" Estas palabras hacían alusión al hecho de cómo se identificaban las prostitutas, ya fuera por su vestimenta o algo que las distinguía en especial. Pero al tipo de prostituta que se refiere aquí era la ramera común no la que oficiaba a los ídolos a las cuales se les conocía como profetizas.
Podemos encontrar referencias biblias en lo que concierne a la forma de vestir de una prostituta común viendo el ejemplo de cuando Tamar fingió serlo para engañar a Judá.

Entonces ella se quitó sus ropas de viuda y se cubrió con un velo, se envolvió bien y se sentó a la entrada de Enaim que está en el camino de Timnat; porque veía que Sela había crecido, y ella aún no le había sido dada por mujer. Cuando la vio Judá, pensó que era una ramera, pues se había cubierto el rostro.(*Génesis 38:14-15*) Biblias de las Américas.

A lo menos desde ahora, ¿no me llamarás a mí, Padre mío, guiador de mi juventud? ¿Guardará su enojo para siempre? ¿Eternamente lo guardará? He aquí que has hablado y hecho cuantas maldades pudiste. *Jer. 3:4-5*

El Señor reprende a su pueblo por medio de Jeremías ¿Por qué? Dios conoce los corazones por tanto sabía que el arrepentimiento y la actitud que ellos tenían era meramente hipócrita, como se observa aquí, ellos le declaraban al Señor ciertas palabras llenas de lisonjas.

"Padre mío, amigo de mi juventud"

Con estas palabras fingidas de parte de ellos solo asomaban una actitud como la que toma aquel hijo rebelde con sus padres por actuar de una manera desordenada, y después les dice a sus padres,

"Padres amados ¿aun están enojados conmigo por haber hecho algo malo? ya no lo volveré a hacer",
Pero a resumidas cuentas resulta que, a las primeras de cambio, aquel hijo rebelde actúa idénticamente como lo venía haciendo ¿Qué mostró con ello? que nunca hubo un cambio sino solo una actitud fingida con propósitos de conveniencia. Meramente así actuaba el pueblo de Judá ante los ojos de Dios, le preguntaban al Señor ¿aun estas molesto con nosotros? Pero como no iba a estar molesto con ellos, si él mismo les recalca cuál era su proceder, al menos tres cosas les reprendió.
Hablaron de una manera corrompida.
Se olvidaron de él.
Se volvieron malvados a mas no poder (*Jeremías 4:22*)

Me dijo Jehová en días del rey Josías: ¿Has visto lo que ha hecho la rebelde Israel? Ella se va sobre todo monte alto y debajo de todo árbol frondoso, y allí fornica. *Jer. 3:6*

El escritor inspirado incluso fue exacto en darnos fechas acerca de este acontecimiento ya que mencionó "en los días del rey Josías", esto vendría siendo alrededor del año 627 -630 a.c. aproximadamente, ya que en este tiempo todavía gobernaba en Judá el rey Josías, por esa época prácticamente era el inicio del ministerio de Jeremías, en esta ocasión el profeta de Dios hace ver como El Señor le habla y le pregunta ¿Qué si ha observado o se ha dado cuenta de cuál era el proceder de Israel la hermana infiel de Judá?, y como se iban tras los ídolos paganos en los montes altos y debajo de todo árbol frondoso donde adoraban a los ídolos como Astoret y Baal *(Jueces 2:12-13, 2 R. 17:7-12)* ahí precisamente es donde este pueblo corrompido hacia todo tipo de perversidades incluso sacrificios humanos, ofreciendo cultos religiosos a los dioses paganos por medio de actos meramente sexuales. Ya que esa era la costumbre de los paganos, mismas que habían adoptado los hijos de Dios.

Y dije: Después de hacer todo esto, se volverá a mí; pero no se volvió, y lo vio su hermana la rebelde Judá. *Jer. 3:7*

A pesar de la actitud rebelde antes mencionada de parte de Judá e Israel, el Señor en su infinita misericordia aun esperaba con los brazos abiertos al remanente de Israel para que se arrepintiera de sus malos caminos y regresara a él y así tener de ellos misericordia, pero como no quisieron regresar a los senderos correctos, al contrario, a partir de ahí la corrupción fue en ascenso, ¿Cuál sería su destino? lo único que podía pasar con esta nación, es que El Señor en su debido momento los castigara por sus innumerables rebeldías. La advertencia no fue en vano ya que tal como lo declaró el Señor así aconteció con el pueblo de Israel al ser puestos cautivos en las manos de los asirios *(2 R. 17:1-18)* Jeremías queriendo crear una conciencia que los condujera al arrepentimiento les hace ver a los de Judá como ellos fueron testigos de lo que les pasó a sus hermanos los israelitas en el norte, al ser prácticamente erradicados de sus tierras y llevados cautivos a Asiria los pocos que quedaron con vida *(2 R.17:20-23)*

Ella vio que por haber fornicado la rebelde Israel, yo la había despedido y dado carta de repudio; pero no tuvo temor la rebelde Judá su hermana, sino que también fue ella y fornicó. *Jer. 3:8*

A pesar de que los judíos fueron testigos de la caída de sus hermanos los israelitas y como estos fueron destruidos por el año 722 a.c. por manos de los asirios, cuando en dicha invasión tomaron posesión de Samaria, capital del reino de Israel (*2 Reyes 17:24*) aun con todo esto, Jeremías menciona que la casa de Judá no tuvo el más mínimo temor de caer en la misma situación y en lugar de buscar el arrepentimiento para estar a cuentas con Dios, se alejaron todavía más y se fueron tras los ídolos paganos dejando al Dios verdadero, no aprendieron la lección de lo que le pasó a Israel por ser rebelde.

Y sucedió que por juzgar ella cosa liviana su fornicación, la tierra fue contaminada, y adulteró con la piedra y con el leño. Con todo esto, su hermana la rebelde Judá no se volvió a mí de todo corazón, sino fingidamente, dice Jehová. *Jer. 3:9-10*

El pueblo judío fue insolente ¿Por qué? Al manifestar una ausencia total de temor por lo que Dios por medio de su justicia les podría hacer en retribución a sus muchas rebeldías. Con todo eso juzgaron como cosa ligera sus perversidades e idolatrías que abarcaban varios aspectos, por ejemplo: Desde el pasar sus niños por el fuego, hasta llegar al extremo de ofrecerlos literalmente en sacrificio ante los dioses paganos, en toda esa corrupción moral y espiritual también abarcaba el hecho de cometer actos sexuales siendo esta una forma de idolatría en honor a los dioses paganos que ellos mismos construían con el leño y con la piedra, tales dioses como los de los cananeos, por mencionar algunos como: Baal y Astarot. Estos eran los dioses principales de esos pueblos, mismos a los que se les rendía culto tanto en los lugares altos como en regiones de árboles frondosos (*Jer. 2:27, Jueces 3:7*)

Aun con todas sus idolatrías y rebeldías de parte de ellos, el profeta Jeremías expresa que si hubo cierto arrepentimiento en ellos pero el problema radicaba en que este no fue de todo corazón ni tampoco con una actitud de humildad que pudiera conducirlos a la compunción y después a un arrepentimiento sincero y de todo corazón, al contrario la actitud de ellos fue más bien una acción a medias en la que existía hipocresía, porque no se volvieron a Dios del todo sino solo de los labios para fuera. Tal como expresó el profeta Isaías en su tiempo y luego el Señor Jesucristo.

"Porque este pueblo de labios me honra, pero su corazón está muy lejos de mi" *(Isaías 29:13, Marcos 7:6-7)*

Mucha razón tenía el profeta Isaías en esas palabras inspiradas por Dios, porque realmente así fue el arrepentimiento de los judíos en el tiempo de Jeremías, lleno de fingimiento, esto se puede observar cuando usted lee los cincuenta y dos capítulos que contiene este libro, en ello se muestra que jamás cambiaron su actitud rebelde, ni antes ni después de que les sobrevino la calamidad al ser llevados cautivos. Porque aun los que quedaron en Jerusalén y se les dio la oportunidad de ser redimidos y bendecidos, hicieron todo lo contrario *(Jeremías Cap. 42-44)*

¿Qué aplicación pudiéramos darle nosotros en el tiempo presente?

Hoy en día no pocos hijos de Dios (cristianos) se vuelven al Señor fingidamente en tiempos de angustia pero a las primeras de cambio cuando salen de sus tribulaciones se olvidan completamente del Señor, quizás esa es la naturaleza del humano. Recuerdo el caso de Septiembre 11 del año 2000 cuando cayeron las Torres Gemelas en Nueva York, en un atentado terrorista de Al Qaeda desafortunadamente miles de personas inocentes murieron, sin lugar a dudas las imágenes en la televisión eran desgarradoras como sacadas de una película de terror, al verlas quedaba uno impactado casi en estado de shock. Los días siguientes al atentado se podía dar uno cuenta como la gente acudía a buscar a Dios y los lugares de reunión estaban abarrotados. Pero que fue lo que pasó después de algunas semanas ¿Dónde quedó toda esa gente que estaba buscando fervientemente a Dios e invocando su nombre? Se fueron porque el acercamiento que hicieron hacia Dios solo fue fingido y en actos de angustia, en cierta manera así fue el arrepentimiento de los judíos por aquel tiempo, algo meramente fingido. Si usted le ha fallado a Dios y sus sendas no son correctas ¿ha buscado arrepentirse de todo corazón? O ¿su arrepentimiento solo ha sido a medias?

Y me dijo Jehová: Ha resultado justa la rebelde Israel en comparación con la desleal Judá. *Jer. 3:11*

A causa de ese arrepentimiento fingido de parte del pueblo judío, Dios le dice a Jeremías, que aun la misma Israel con todas sus idolatrías y actos rebeldes al lado de la infiel y desleal Judá se miraba más justa, una cruda semejanza, y con esa comparación fue evidente de que tan grande era la corrupción de Judá en los tiempos del profeta Jeremías, porque sobrepasaron los hechos de los israelitas, ya que los judíos fueron rebeldes en gran manera, olvidándose de su pacto con Dios y haciendo todo tipo de actividad corrompida, motivo por el cual Jehová de los Ejércitos no se agradó, pero aun con todos esos pecados que cometieron los israelitas en el pasado, todavía se hallaron más justos que Judá A manera de referencia histórica podemos observar la conducta de Israel en el Segundo libro de *Reyes 17:7-17* y al hacer una comparación entre la conducta de Israel y Judá, se concluye como El mismo Señor lo dice, que Judá rebasó en maldad a Israel en un determinado momento de corrupción. Cabe destacar que los judíos en comparación con Israel no todo el tiempo fueron idolatras, ya que en Judá hubo buenos reyes y también estabilidad, en contraste la situación del reino del Norte (Israel) desde su separación de

Judá, estos no tuvieron ningún rey bueno y su situación fue de mal en peor desde el rey Jeroboam hasta el rey Oseas. *(2 Reyes 17:6)*

Ve y clama estas palabras hacia el norte, y di: Vuélvete, oh rebelde Israel, dice Jehová; no haré caer mi ira sobre ti, porque misericordioso soy yo, dice Jehová, no guardaré para siempre el enojo. Reconoce, pues, tu maldad, porque contra Jehová tu Dios has prevaricado, y fornicaste con los extraños debajo de todo árbol frondoso, y no oíste mi voz, dice Jehová. Convertíos, hijos rebeldes, dice Jehová, porque yo soy vuestro esposo; y os tomaré uno de cada ciudad, y dos de cada familia, y os introduciré en Sion; *Jeremías 3:12-14*

Es importante no mal interpretar el contexto de las palabras del profeta Jeremías en esta porción del capítulo tres, y tomar la idea de que Israel fue inocente o un pueblo fiel, contrario a ello el enfoque aquí es la comparación que hace el Señor en el tiempo del profeta Jeremías en lo que concernía a maldades y perversidades, al menos en el tiempo cuando vinieron al profeta de Dios estas palabras inspiradas la condición moral y espiritual de Judá se halló más malvada que la misma Israel, y por tal motivo El Señor en su misericordia, les da todavía una oportunidad al remanente que había quedado de Israel para que se redimieran y se volvieran al Señor, por eso la encomienda de Dios al profeta.

"Ve y clama estas palabras hacia el norte, y di: Vuélvete, oh rebelde Israel, dice Jehová"

Al decir "norte" e "Israel" nos damos cuenta de que el mensaje de Dios iba dirigido para el remanente de Israel y no para el pueblo judío establecido en Jerusalén o para los cautivos que ya estaban en Babilonia. Tengamos en cuenta que el libro de Jeremías no está organizado en forma cronológica, ya que hay varios acontecimientos en los capítulos del libro que se mencionan antes y después o después y antes en el tiempo cronológico a como se encuentra organizado este libro.

¿Por qué dijo el Señor ve al norte? ¿Qué había en el norte? Samaria, esta ciudad estaba localizada en la parte norte como a uno sesenta y cuatro kilómetros distante de Jerusalén. ¿Qué rol jugó Samaria en el reino del norte? es importante mencionar que Samaria había sido la metrópoli del reino del norte antes de la caída de Israel también hay que aclarar que después de que el reino se fragmentó en dos en el tiempo del rey Roboam, hijo de Salomón (Reino del sur y del norte) Judíos y samaritanos, la relación entre ambos reinos a través del tiempo no fue del todo buena. Incluso en el tiempo del señor Jesucristo se seguían suscitando ciertas fricciones entre ambos. Tal como lo había declarado la mujer samaritana que tuvo el encuentro con el Señor Jesús en el pozo de agua.

Entonces la mujer samaritana le dijo: ¿Cómo es que tú, siendo judío, me pides de beber a mí, que soy samaritana? (Porque los judíos no tienen tratos con los samaritanos.) *Juan 4:9*, Biblia de las Américas.

La misión de Jeremías era exhortar al remanente del norte después de la caída del reino ya que literalmente había sido erradicado, quedando solo unos vestigios de lo que fue su grandeza, y a partir de esa derrota sufrida por mano de los asirios, ningún otro rey importante se levantó en Israel luego de la caída del rey Oseas. El propósito que se buscaba por medio del mensaje de Jeremías es que los israelitas se volvieran otra vez al Señor, porque Dios ya no haría caer más su ira sobre ellos, debido a la infinita misericordia que existe en su amor, aun cuando sus hijos se han salido del redil en este caso los de Israel, pero el Señor enfatiza por medio de Jeremías haciéndoles saber que no guardaría para siempre su enojo con ellos, y es por eso que manda al profeta a predicar al norte, con el propósito de hacer nuevamente las paces con lo poco que quedaba del remanente de Israel. Recordemos que siempre queda un remanente, aunque sea mínimo, o que después de la devastación siempre hay corazones compungidos que sienten el deseo de volver sinceramente a Dios.

Reconoce, pues, tu maldad, porque contra Jehová tu Dios has prevaricado,

Estas fueron las palabras de exhortación del Señor por medio del profeta "Reconocer la maldad que habían hecho" ¿Cuáles fueron sus obras? Se habían corrompido en gran manera cuando tomaron la decisión voluntaria de ir tras los dioses paganos tales como Asera, y les ofrecieron sacrificios en los collados y debajo de todo árbol frondoso (*2 Reyes 17:7-12*) A causa de todo este tipo de adulterio espiritual decidieron simplemente ignorar la voz del Señor que hablaba por medio de los profetas. Apartándose cada vez más hasta que les vino la calamidad. Concluye la frase el profeta diciendo "Así dice Jehová" para que el remanente de Israel se diera cuenta que el mensaje era directamente de parte de Jehová, y que él los estaba invitando a ser redimidos.

Por medio de la predicación enfática del profeta Jeremías, como ya se mencionó, el Señor hace la invitación al remanente de los israelitas, ¿Cuál era el propósito en ello? que se convirtieran de sus maldades y rebeliones, Israel y en si toda la nación de los judíos había representado ser la esposa de Dios como una tierra santa y pueblo escogido, pero ellos decidieron corromperse y adulteraron en esa relación tan especial, sin embargo, el Señor, les vuelve a dar una oportunidad de redención a los israelitas y les dice que se conviertan y que él tomara figurativamente uno de cada ciudad, esta expresión metafórica usada por el profeta implicaba como el Señor quería nuevamente redimirlos no importando hasta donde estuvieran porque desde allá los regresaría. Para esa época las ciudades de los israelitas ya habían sido conquistadas y ocupadas por los asirios, sin embargo del remanente que quedara entre esas ciudades El Señor sacaría como dice el texto, dos de cada familia de la tribu de Israel, y los introduciría en Sión.

Sión siempre representó la ciudad más importante de Judá, también era reconocida entre los judíos porque precisamente ahí estaba el templo de Dios, mismo que había construido Salomón,(*1 Crónicas 22:6-12, Salmos 132:13*) en este lugar tan especial para el pueblo judío era donde habitaba la presencia de Jehová, pero para el tiempo de Jeremías la presencia de Jehová ya no estaba ahí, ¿Por qué? Porque después de la muerte de Josías el último rey piadoso que había reinado en Jerusalén los judíos regresaron a sus malos hábitos de ser idolatras y fueron corrompiéndose gradualmente, y el templo estaba próximo a ser destruido. El enfoque de las enseñanzas en este pasaje por medio de la exhortación del profeta Jeremías tenía como objetivo que el pueblo supiera el acontecimiento de cómo Dios haría a tiempo futuro un pacto por medio de Jesucristo, pacto que no sería ya más roto, en particular por medio de ese pacto Cristo se encargaría de unificar tanto a Judá como a Israel y a todos los gentiles, en uno solo, en este caso ese lugar de unificación de ambos pueblos sería la iglesia.

Y os daré pastores según mi corazón, que os apacienten con ciencia y con inteligencia. *Jeremías 3:15*

Hecha ya la incitación por medio del profeta Jeremías tanto al remanente de Israel como a los de Judá, con vistas a que se volvieran a los senderos correctos que Dios les ofrecía, dentro de esa invitación también se les hizo una promesa en el hecho de que les daría Jehová pastores, según el corazón del Señor, ¿Quiénes serían los pastores dentro del contexto? Los pastores, en este caso significarían los ancianos, que al igual que los profetas, los primeros antes mencionados (los ancianos) ejercían en cierta forma la función de ser los guías espirituales para el pueblo, ya que a estos siervos se les consideraba como personas designadas por el Señor para que guiaran al pueblo de Israel por un buen camino, e igual los pastores podrían llegar a ser no exclusivamente los ancianos sino también los reyes, los sacerdotes, los profetas o personas puestas por Dios. Vemos por ejemplo el caso de Nehemías, este varón de Dios no ejerció ninguno de estos cargos antes mencionados ya que no era ni profeta, sacerdote o rey, sino un simple copero del Rey Artajerjes, pero fue designado por el Señor para cumplir con la responsabilidad de levantar los muros de Jerusalén después de los setenta años del cautiverio. El Señor le dice al profeta que pondría a estos pastores con el propósito de apacentar y con ciencia o sabiduría e inteligencia guiarían a la gente por senderos correctos, no por caminos que los llevaran a la perdición nuevamente. Esto les sucedió años atrás a los israelitas e igual con la misma suerte correría la tribu de Judá por su rebeldía. Por eso mismo fueron destruidos porque no fueron guiados correctamente por sus líderes militares, políticos y espirituales. Paro también los judíos habían caído en una decadencia espiritual muy profunda *(Jeremías 6:30)*

Y acontecerá que cuando os multipliquéis y crezcáis en la tierra, en esos días, dice Jehová, no se dirá más: Arca del pacto de Jehová; ni vendrá al pensamiento, ni se acordarán de ella, ni la echarán de menos, ni se hará otra. *Jer. 3:16*

Desde el versículo catorce hasta el dieciséis de este capítulo se observa dentro del contexto una promesa profética de parte de Dios dirigida a los judíos por boca de Jeremías el profeta, ¿Cuál era esa promesa? El Señor les menciona que después que se hayan multiplicado sobre la tierra, ¿Después de que tiempo? Esto vendría a suceder en la culminación de los setenta años del cautiverio en Babilonia que comenzó informalmente a partir del 604 a.C. aproximadamente, cuando estaba gobernando en Judá el rey Joacim. La Escritura dice lo siguiente acerca de la opresión del rey Nabucodonosor sobre el rey Joacim y su reinado.

En los días de Joacim subió Nabucodonosor, rey de Babilonia, y Joacim fue su siervo por tres años; después se levantó y se rebeló contra él. Y el Señor envió contra Joacim bandas de caldeos, bandas de arameos, bandas de moabitas y bandas de amonitas. Y las envió contra Judá para destruirla, conforme a la palabra que el Señor había hablado por medio de sus siervos los profetas. Ciertamente por mandato del Señor sucedió esto contra Judá para quitarlos de su presencia, por los pecados de Manasés, por todo lo que había hecho, *2 Reyes 24:1-3*

El cautiverio de los judíos en Babilonia terminó en el 538-36 a.C. aproximadamente. Concluido este lapso serían reunificados en el tiempo del rey persa Ciro el Grande. Este rey había sido ungido por Dios con el propósito de tener la autoridad de restaurar el templo que destruyó Nabucodonosor con la toma de Jerusalén en el 586 a.C. (*Jeremías Cap. 39*) La Escritura Sagrada dice del rey Ciro lo siguiente.

Así dice el Señor a Ciro, su ungido, a quien he tomado por la diestra, para someter ante él naciones, y para desatar lomos de reyes, para abrir ante él las puertas, para que no queden cerradas las entradas: *Isaías 45:1*

Y en el primer año de Ciro, rey de Persia, para que se cumpliera la palabra del Señor por boca de Jeremías, el Señor movió el espíritu de Ciro, rey de Persia, y éste envió a proclamar de palabra y también por escrito, por todo su reino, diciendo: Así dice Ciro, rey de Persia: "El Señor, el Dios de los cielos, me ha dado todos los reinos de la tierra, y me ha designado para que yo le edifique una casa en Jerusalén, que está en Judá. Quien de entre vosotros sea de su pueblo, el SEÑOR su Dios sea con él, y suba." 2 Crónicas 36:22-23

En esta profecía expresada por el profeta Jeremías también se menciona acerca del Arca del pacto, la cual Dios había ordenado

construir a Moisés (*Éxodo 25:10-22*) misma que llevaría en su interior, tres utensilios sumamente sagrados.
1. Las Tablas de la Ley
2. El Mana
3. La Vara de Aarón

el cual tenía un incensario de oro y el arca del pacto cubierta de oro por todas partes, en la que estaba una urna de oro que contenía el maná, la vara de Aarón que reverdeció, y las tablas del pacto; Hebreos 9:4. Biblia Reina Valera 1960
Durante la época de Moisés todavía llevaban la vara de Aaron y el mana que caía del cielo dentro del Arca, para el tiempo del rey Salomón, en el 1 libro de los Reyes 8:9-10, después de que dedicaron el Templo, se menciona que el Arca solamente contenía las dos tablas de la Ley, que Dios le había dado a Moisés, en el desierto (*Éxodo 25:16*) ¿Qué pasó con los otros dos utensilios? La vara de Aaron y el Maná, no se sabe, la Biblia no habla de su paradero.

E igual para el tiempo de Jeremías se desconoce qué pasó con el Arca del Pacto después de la toma de Jerusalén en el 586 por orden de Nabucodonosor, hay algunas leyendas que mencionan el hecho de que Jeremías se llevó el Arca del Pacto a Egipto pero son solo suposiciones nada en concreto, como referencia encontramos esta leyenda en el libro no inspirado de 2 de Macabeos 2:4-8)

Se decía también en el escrito cómo el profeta, después de una revelación, mandó llevar consigo la Tienda y el arca; y cómo salió hacia el monte donde Moisés había subido para contemplar la heredad de Dios. Y cuando llegó Jeremías, encontró una estancia en forma de cueva; allí metió la Tienda, el arca y el altar del incienso, y tapó la entrada. Volvieron algunos de sus acompañantes para marcar el camino, pero no pudieron encontrarlo. En cuanto Jeremías lo supo, les reprendió diciéndoles: «Este lugar quedará desconocido hasta que Dios vuelva a reunir a su pueblo y le sea propicio. El Señor entonces mostrará todo esto; y aparecerá la gloria del

Señor y la Nube, como se mostraba en tiempo de Moisés, cuando Salomón rogó que el Lugar fuera solemnemente consagrado. *2 Macabeos 2:4-8/ Biblia Jerusalén 1976*

Cualquiera que haya sido la suerte del Arca, el Señor menciona en esta profecía por boca de Jeremías que después de que fuera arrebatada del Templo de Jerusalén, los judíos ya no recordarían con tristeza o con deseos de tenerla entre ellos como cuando aún estaba en el templo. Y tampoco se construiría otra arca, sino simplemente ya no se reemplazaría. Porque El Señor ya no necesitaría de la presencia de algún objeto como lo fue el arca, para que la presencia del Altísimo estuviera ahí como lo fue desde los tiempos de Moisés.

En aquel tiempo llamarán a Jerusalén: Trono de Jehová, y todas las naciones vendrán a ella en el nombre de Jehová en Jerusalén; ni andarán más tras la dureza de su malvado corazón. *Jer. 3:17*

Después de haber sido llevados cautivos los judíos en el año 586 a.C. y vivir por casi setenta años en Babilonia desde que empezó el primer cautiverio hasta concluir con el tercero, luego de que ese lapso de tiempo concluyó, a partir de ahí nuevamente recuperaron su libertad dándoseles la oportunidad de retornar a su patria por mandato del Rey Ciro, e inmediatamente a partir de su liberación, Zorobabel y los repatriados se dieron a la tarea de reconstruir el Templo en el tiempo del escriba Esdras,(*Esdras Capítulo 3*) Con este hecho se confirma claramente la promesa que el Señor les había hecho en el tiempo de Jeremías, y como se menciona en este versículo ya no necesitarían del Arca del Pacto, para tener la presencia del Señor, sino que en el tiempo que Jerusalén fuera reconstruida nuevamente, todos los judíos regresarían a su tierra de la cual un día había sido llevados cautivos por orden del rey Nabucodonosor (*Jeremías 39:6-10*) este retorno no solo sería exclusivo a los judíos sino también en esa restauración había una invitación de parte del Señor para el remanente de Israel, aunque de este remanente ya no se supo mucho, los únicos que quedaron fueron los samaritanos sumándole también algunos que otros expatriados de las diez tribus. En esta promesa de repatriación el Señor también le enfatiza a su pueblo que después de ser repatriados terminado ya su cautiverio, el corazón de ellos ya no sería idolatra ni tampoco endurecerían su corazón ante las palabras de Dios como lo habían hecho en el pasado ya que a consecuencia de ello fueron castigados por su desacato y rebeldía. Y verdaderamente fue así. Históricamente a manera de referencia cabe destacar que después del cautiverio ya no hubo más idolatría en la nación de Judá como había existido desde el tiempo de los jueces. Es importante también puntualizar que no todo fue perfecto porque se siguieron manifestando ciertas irregularidades en el tiempo de Nehemías por el año 525 a.C. estas irregularidades no tenían que ver con conductas de idolatría abiertamente pero el riesgo era que tarde o temprano si no se ponía un freno a todo ese comportamiento podía llevarlos a caer de nuevo a sus viejas costumbres idolátricas, lo que se nota en el capítulo trece de Nehemías era más bien la indiferencia de la gente de Judá y falta de apego a las ordenanzas de Dios esto debido a que Nehemías estaba ausente, también en la ausencia de este varón de Dios los judíos se estaban relacionando con gentes extranjeras, si meditamos en la Escritura, el hecho de haberse asociado con extranjeros paganos a través de distintas épocas fue lo que llevó a los judíos a la idolatría por eso en tiempo de Nehemías se tomaron cartas en el asunto para apaciguar esa relación entre judíos y extranjeros (*Nehemías Cap. 13*)

En aquellos tiempos irán de la casa de Judá a la casa de Israel, y vendrán juntamente de la tierra del norte a la tierra que hice heredar a vuestros padres. *Jer. 3:18*

La promesa a cumplir para un tiempo futuro hecha por Jehová a los de Judá e Israel, enfocada en el hecho que no importaría don-

Capítulo 3

dequiera que estuvieran ellos dispersos, El Señor los iba a reunir nuevamente a la tierra que él ya le había prometido en el pasado a Abraham, en dicha promesa le enfatizo al padre de la fe que toda la tierra de Jerusalén sería para él y su dependencia para siempre, cabe destacar que las doce tribus aunque venían de su padre Jacob, provenían directamente de la estirpe de Abraham. (*Gen. 13:14-15*) No importaría el hecho que las doce tribus desde hace mucho tiempo atrás ya no estaban reunidas debido a la división que se suscitó en los tiempos del rey Roboam. Aun con todo eso para Dios nada es imposible ya que volvería a reunir al remanente en los tiempos de Cristo para unificar una Jerusalén pero no terrenal sino mas que nada espiritual la cual sería la iglesia establecida por su hijo Jesucristo. Tal como lo mencionó el apóstol Pablo en la carta a los Efesios.

Yo preguntaba: ¿Cómo os pondré por hijos, y os daré la tierra deseable, la rica heredad de las naciones? Y dije: Me llamaréis: Padre mío, y no os apartaréis de en pos de mí. *Jer. 3:19*

Una pregunta muy clara que hace Dios en este pasaje por medio de la predicación de Jeremías a los que fueran sus hijos rebeldes de la casa de Israel ¿Cómo fue que se apartaron? Si el Señor mismo desde el tiempo del éxodo cuando estaban oprimidos y cautivos en tierras de Egipto los había considerado sus hijos, enfatizando también que la nación de Israel era su hijo primogénito (*Éxodo 4:22-23*) Después de haber obtenido su libertad y ser guiados en el desierto como una sola nación para dárseles una tierra prometida, Dios Padre los había considerado como un pueblo consagrado y separado para él de entre todas las naciones paganas, La única condición que pidió el Señor a su pueblo santo es que siempre guardaran los estatutos que él les ordenaría (*Éxodo 19:5-6*) Sin embargo a pesar de haber recibido ellos grandes bendiciones como la nación escogida que eran para Dios, aun con todo eso le volvieron el rostro a Jehová. El volver el rostro es sinónimo de que se apartaron.

Pero como la esposa infiel abandona a su compañero, así prevaricasteis contra mí, oh casa de Israel, dice Jehová. *Jer. 3:20*

Las misericordias y bendiciones que derramó el Todopoderoso en los hijos de Israel fueron innumerables, sin embargo ellos al contrario en lugar de ser hijos agradecidos simplemente optaron por darle la espalda a su Dios que los salvó de la opresión y los liberó para hacerlos santos pero ellos decidiendo ir tras los dioses paganos, mucha razón tenía el Señor por medio del profeta Jeremías al presentar figurativamente a su pueblo santo como aquella esposa infiel que le ha fallado a su marido, en este caso ellos le fueron infieles a Jehová su Dios el cual figurativamente representaba el marido de la nación de Israel. El profeta Oseas dejó remarcado un pasaje como claro ejemplo de lo que es el adulterio espiritual cuando el pueblo de Dios decide ser infiel ante su esposo.

Contended con vuestra madre, contended; porque ella no es mi mujer, ni yo su marido; aparte, pues, sus fornicaciones de su rostro, y sus adulterios de entre sus pechos; *Oseas 2:2*

La casa de Israel prevaricó de varias formas contra Dios, haciendo abominación, definitivamente esos actos perversos fueron reprobables ante los ojos del Señor. Cuando observamos la historia en particular del pueblo de Israel después del suceso de la división del reino, que aconteció en el tiempo del rey Roboam, conforme a la evidencia bíblica se concluye que ninguno de los diecinueve reyes que conformaron el reino del Norte (Israel) desde Jeroboam hasta Oseas hicieron lo bueno sino todo lo contrario al pasar de los años desde que Jeroboam introdujo la apostasía fueron en decadencia. Por eso El Señor en el tiempo del rey Oseas erradicó a la adúltera Israel como nación, dejando solo un remanente esparcido por distintas regiones. Observemos que dice la Escritura acerca del inicio de la apostasía del pueblo santo de Israel.

Capítulo 3

Y habiendo tenido consejo, hizo el rey dos becerros de oro, y dijo al pueblo: Bastante habéis subido a Jerusalén; he aquí tus dioses, oh Israel, los cuales te hicieron subir de la tierra de Egipto. Y puso uno en Bet-el, y el otro en Dan. Y esto fue causa de pecado; porque el pueblo iba a adorar delante de uno hasta Dan. Hizo también casas sobre los lugares altos, e hizo sacerdotes de entre el pueblo, que no eran de los hijos de Leví. Entonces instituyó Jeroboam fiesta solemne en el mes octavo, a los quince días del mes, conforme a la fiesta solemne que se celebraba en Judá; y sacrificó sobre un altar. Así hizo en Bet-el, ofreciendo sacrificios a los becerros que había hecho. Ordenó también en Bet-el sacerdotes para los lugares altos que él había fabricado. Sacrificó, pues, sobre el altar que él había hecho en Bet-el, a los quince días del mes octavo, el mes que él había inventado de su propio corazón; e hizo fiesta a los hijos de Israel, y subió al altar para quemar incienso. *1 Reyes 12:28-33*

Voz fue oída sobre las alturas, llanto de los ruegos de los hijos de Israel; porque han torcido su camino, de Jehová su Dios se han olvidado. Jer. 3:21

Por medio del profeta, el Señor les manifiesta a sus hijos cuán grande había sido su pecado, en particular el hecho de haber adulterado espiritualmente contra él, expresándoles "Voz fue oída sobre las alturas" ¿Qué propósito tenía el Señor con esta ilustración? Al usar Jeremías dicho lenguaje metafórico con ello quería hacer énfasis en la condición que ellos se encontraban en los valles lamentándose de dolor, precisamente porque era en esos lugares de montes altos donde en el pasado llevaron a cabo todas sus idolatrías a dioses paganos antes de ser erradicados como nación, pero después de haber sido llevados cautivos por los asirios, ahora tales lugares tenían un propósito totalmente diferente porque servían para que ellos clamaran misericordia al Señor, así lo expresa el autor del libro con la frase: "llanto de los ruegos de los hijos de Israel; porque han torcido su camino"

Cabe destacar que toda esta calamidad mencionada por el profeta les aconteció porque torcieron el camino recto que les había puesto el Señor, optando no solo con el hecho de desviarse de las sendas correctas sino que aunado a esto se olvidaron de su Padre Dios, el cual en innumerables veces había tenido misericordia de ellos a través de los años. Pero la paciencia de Dios también tiene un límite y ese terminó cuando les llegó la destrucción junto con la calamidad mandada directamente de la justicia divina de Jehová debido a sus constantes rebeldías e idolatrías. ¿Qué representaban estos valles mencionados por el profeta Jeremías? De inicio tuvieron el propósito de que el pueblo ofreciera sacrificios a Dios cuando no tenían el templo, pero luego ellos los usaron para adorar a los dioses paganos. El mismo profeta les había declarado en qué sentido usaban esos lugares altos.

Porque desde muy atrás rompiste tu yugo y tus ataduras, y dijiste: No serviré. Con todo eso, sobre todo collado alto y debajo de todo árbol frondoso te echabas como ramera. *Jer. 2:20*

Convertíos, hijos rebeldes, y sanaré vuestras rebeliones. He aquí nosotros venimos a ti, porque tú eres Jehová nuestro Dios. *Jer. 3:22*

La invitación de parte de Dios dirigida al remanente de Israel por medio del profeta fue hecha ¿Cuál era el propósito de ello? El objetivo primordial era que los hijos rebeldes de la casa de Israel volvieran al sendero correcto del cual se habían apartado algunos años atrás, ¿había un beneficio en tal invitación? Si, ¿Por qué? El Señor declara: "Sanaré vuestras rebeliones" pero para que esa sanación fuese posible era necesario un arrepentimiento sincero de su parte. A través de varios de los escritores inspirados del Antiguo Testamento existe vasta evidencia de la misericordia y el perdón que Dios ofrecía constantemente, buscando por medio de los profetas, que sus hijos rebeldes tanto la casa de Judá como Israel se redimieran, pero desafortunadamente en repetidas ocasiones ambos no quisieron nada con Jehová, en contraste, rechazaron la invitación de amor y misericordia innumerables veces hasta que llegaron al límite de la paciencia del Altísimo. Por lógica a toda acción precede una reacción, en el caso de los israelitas a consecuencia de sus decisiones mal encaminadas les sobrevino la calamidad junto con el sufrimiento, todo ello por su desacato a los estatutos de Dios. La Escritura está plasmada de versículos que exhortaban al pueblo a cambiar de parecer para que se arrepintieran y dejaran sus malos caminos, mencionaremos algunos a forma de consideración(*Isaías 1:16-20,55:7, Jeremías 3:1, Ezequiel 33:11, Amos 4:6-11, Zacarias 1:2-3*) al menos en el tiempo de Jeremías la invitación que Dios hizo al remanente de Israel tuvo un efecto positivo en ellos, ya que reconocieron que habían pecado y buscaron regresar a Dios, por medio de esta exhortación y el sufrimiento pasado, llegaron a entender en sus corazones que solo él es el Todopoderoso para poder otorgarles verdadera libertad. En esa época la gente del extinto reino del norte se resumía en un remanente, ¿Por qué? Muchos habían sido llevados cautivos a Asiria. Bíblicamente no existe un recuento de cuanta gente quedó en Samaria, la capital del reino del norte, aunque triste el hecho de la destrucción de Israel, salió algo positivo ya que el infortunio por el que pasó el remanente los empujo a la reconciliación con Dios, pero para eso tuvieron que pasar casi cien años ya que del tiempo de la destrucción de Samaria en el 720 a.C. aprox. Al tiempo que Jeremías predicó estas palabras, pasó un lapso como de cien años. Lo importante que nos deja plasmada esta enseñanza por medio del profeta es que nunca es tarde para el arrepentimiento, siempre y cuando aún exista la oportunidad pero recordemos que esta termina cuando morimos.

Ciertamente vanidad son los collados, y el bullicio sobre los montes; ciertamente en Jehová nuestro Dios está la salvación de Israel. Confusión consumió el trabajo de nuestros padres desde nuestra juventud; sus ovejas, sus vacas, sus hijos y sus hijas. Yacemos en nuestra confusión, y nuestra afrenta nos cubre; porque pecamos contra Jehová nuestro Dios, nosotros y nuestros padres, desde nuestra juventud y hasta este día, y no hemos escuchado la voz de Jehová nuestro Dios. *Jer. 3:23-25*

El remanente de Israel entendió en el tiempo de Jeremías, que los collados o los montes altos donde ofrecieron sacrificios a los dioses paganos desde los tiempos del rey Jeroboam, aquel rey que dividió el reinado y se llevó consigo a las diez tribus, estos montes altos resultaron solo en vanidad sirviendo como santuarios para las naciones paganas, y desafortunadamente fueron el tropezadero para los hijos de Dios, en esta expresión los hijos rebeldes de Israel asimilaron en su corazón que habían pecado contra Jehová y que solo en él es en quien realmente podían encontrar nuevamente el refugio y la salvación que tanto estaban anhelando. El sufrimiento después del castigo les ayudó a asimilar que lo único que les acarreó su corazón obstinado y alejado de Dios, es que debido a sus idolatrías constantes el resultado final de ello fue que todos los bienes materiales o de otra índole que sus ancestros habían logrado con mucho trabajo, por ejemplo el escritor menciona ovejas y vacas, ya que estos animales eran elementales para la vida común del pueblo de Dios llámense judíos o israelitas, desafortunadamente todas estas posesiones se convirtieron en nada cuando les llegó la calamidad proveniente de la justicia divina, en retribución a su obstinación e irreverencia total por su Señor. Al darse cuenta de todo esto, entendieron que la única solución para salir de ese profundo sufrimiento radicaba en un arrepentimiento sincero de todo corazón en conjunto con una actitud de humildad, no había otro camino para que Dios volviera a tener misericordia de ellos.

¿Qué aplicación podemos tomar de esta enseñanza? Concluimos que definitivamente sin un arrepentimiento acompañado de un corazón humilde no puede haber una restauración ya lo decía el Rey David y nos lo confirma en el Nuevo Testamento, Santiago el hermano del Señor Jesucristo.

Porque no te deleitas en sacrificio, de lo contrario yo lo ofrecería; no te agrada el holocausto. Los sacrificios de Dios son el espíritu contrito; al corazón contrito y humillado, oh Dios, no despreciarás. *Salmo 51:16-17*

Yacemos en nuestra confusión, y nuestra afrenta nos cubre; porque pecamos contra Jehová nuestro Dios, nosotros y nuestros padres, desde nuestra juventud y hasta este día, y no hemos escuchado la voz de Jehová nuestro Dios. *Jer. 3:25*

Yacemos en nuestra confusión, y nuestra afrenta nos cubre.

Literalmente los israelitas se representan aquí con una clara expresión de cómo tendrían que dormir con su confusión ¿Por qué? Debido a que sus pecados tales como la rebeldía e idolatría, les trajeron solamente una estela de vergüenza, misma que los cubría, llenándolos de amargura en su corazón. Es importante mencionar que ese sentimiento se desencadena interiormente en el ser humano cuando se da cuenta que le ha fallado al Señor de una u otra manera, y que debido a la conducta obstinada y libertina de vivir la vida, solo trae como consecuencia sufrimiento y sentimientos de culpa aunado a una amargura moral por los actos vergonzosos que hemos llevado a cabo en nuestra vida, a eso se le conoce como compunción. Esas malas acciones quizás antes no nos causaban ningún sentimiento de culpa porque estábamos sumidos en la maldad o como menciona el apóstol Pablo en la carta a los hermanos en Éfeso acerca de que teníamos el entendimiento entenebrecido todo esto debió a que estábamos muy lejos de Dios (*Efesios 4:18-19*) sin conocer todavía el evangelio de salvación.

Ahora por medio del profeta Jeremías se revela el vivo retrato de un Israel compungido por todas sus maldades. El remanente de esta nación buscaba arrepentimiento para así volver a los senderos antiguos donde solo Dios les podría dar la salida a esa amargura de corazón que los acongojaba severamente. Y es que como ellos mismos lo expresan, la rebeldía que los perseguía no era reciente, porque la idolatría era una práctica que ellos adoptaron desde hace muchos años atrás transmitidos de generación en generación desde sus ancestros. El rey Jeroboam fue el precursor en desencadenar esas tendencias pecaminosas, mismas que los llevaron al distanciamiento como pueblo de Dios que eran, cuando decidieron dividirse y apartarse de la nación judía. A partir de esa separación hasta el tiempo de la destrucción del reino del norte, todo fue rebeldía entre los israelitas como pueblo. Ya que como se mencionó todos los reyes que gobernaron desde Jeroboam hasta Oseas fueron rebeldes e hicieron lo desagradable ante los ojos de Dios y por tal motivo tuvieron que ser erradicados completamente como nación. Quedando solo unos vestigios de lo que fue Israel.

Capítulo 4
Quebrantamiento sobre Quebrantamiento

Si te volvieres, oh Israel, dice Jehová, vuélvete a mí. Y si quitares de delante de mí tus abominaciones, y no anduvieres de acá para allá, *Jer. 4:1*

Si te volvieres, oh Israel, dice Jehová, vuélvete a mí.

Después de ser exhortado el remanente de Israel por medio del profeta Jeremías en lo que concernía a su vida vieja sumida en malas obras, este proceso les ayudó a analizar detenidamente los vestigios que quedaron en consecuencia de vivir corrompidamente al separarse de los estatutos de Dios. A continuación, en esta porción de la escritura El Señor, a través de Jeremías, les extiende nuevamente una invitación a los hijos de Israel con vistas a que se apartaran de sus senderos torcidos, mencionándoles que, si ellos se volvieren arrepintiéndose de sus malos caminos, pudiera ser posible una restauración. Hecho que sería posible solamente a partir de que ellos tomaran una actitud humilde para poder volver a Jehová de los Ejércitos. Santiago el hermano del Señor Jesucristo nos recuerda en el Nuevo Testamento que el medio para ser restaurados por Dios es solamente cuando existe un corazón humillado de nuestra parte (*Santiago 4:10*)

Y si quitares de delante de mí tus abominaciones, y no anduvieres de acá para allá,

El Señor enfáticamente les notificó por medio del profeta que el cambio radicaba únicamente en ellos, porque era necesario volver de todo corazón. El hecho de "regresar" implicaba un arrepentimiento sincero. Se dice que el arrepentimiento es un pesar que surge después de haber cometido un acto desagradable o impropio. En este caso dentro del contexto ¿qué malas obras habían cometido los hijos de Dios? Fueron tras dioses paganos corrompiéndose al practicar la idolatría, a pesar de tantos descalabros

Capítulo 4

el Señor les exhorta a quitar todas sus abominaciones para que su restauración pudiera ser efectiva y completa. El término abominación (es) del hebreo shiqqûts implica: una cosa detestable o un ídolo, una cosa abominable o abominación (ref. *Deuteronomio 29:17, 2 Reyes 23:24, Isaías 66:3*)
También se dice que la abominación o algo abominable, denota dentro de sus connotaciones una acción que merece ser condenada o aborrecida. En este caso las abominaciones que los israelitas practicaban tenían que ver con la idolatría, conducta totalmente reprobable ante la presencia del Altísimo. El Señor también los exhorta a que quitaran de su corazón su conducta inconstante o de doble ánimo, ¿Por qué? esta forma de proceder solo los conducía a comportarse con inestabilidad en lo que concernía a cumplir los mandamientos de Dios, debido a esa falta de fe, eso producía en ellos el hecho de que anduvieran divagando sin rumbo fijo en lo que concernía a su compromiso con el Señor , porque a final de cuentas esa inconstancia los empujaba a caer nuevamente en idolatrías desviándose del camino correcto.

Hay una enseñanza en el Nuevo Testamento que dejó Santiago, el hermano del Señor Jesucristo, misma, que es un mandamiento en el cual se exhorta a los cristianos a no desviarse del buen camino para seguir las sendas de la tentación y el pecado que solo nos extravía llevándonos a final de cuentas a una muerte espiritual.

Amados hermanos míos, no erréis. *Santiago 1:16*

Precisamente ese era el error en el que estaba incurriendo el pueblo de Israel. "estaban divagando" Por eso fueron reprendidos para que regresaran al camino correcto. y jurares: Vive Jehová, en verdad, en juicio y en justicia, entonces las naciones serán benditas en él, y en él se gloriarán. *Jer. 4:2*

Y jurares: Vive Jehová, en verdad, en juicio y en justicia,
Para que su restauración fueran completa era necesario que ellos

| 113

se hiciesen un compromiso honesto, Por eso en la Versión Reina Valera aparece el término "Y jurareis" mientras que en la Versión Dios Habla Hoy se expresa "entonces podrás jurar por mi nombre" También aparece en la Biblia de las Américas. Y juras: "Vive el SEÑOR". La palabra "jurar" utilizada por el profeta Jeremías, se tradujo del hebreo shâba que implica: juramento. Para entender mejor esta palabra, se dice que un juramento es: 1. afirmación o negación de una cosa poniendo por testigo a Dios, y el juramentar o jurar implica: prnl. Obligarse a hacer algo bajo juramento. El juramento también es sinónimo de compromiso, promesa o voto.

Dios invita a los israelitas a comprometerse fidedignamente por medio de ese juramento y que reconocieran con ello los atributos de Dios, en este caso en tres cosas.

• En verdad, sinceridad.
• En juicio, justicia.
• En justicia, honestidad, rectitud.

Uno de los atributos del Altísimo es que en él no puede existir la mentira (*Salmo 25:10*) en este pasaje también se menciona el juicio de Dios, ¿Cómo juzga Dios? Con justicia, así lo describió el rey Salomón en el libro de los Salmos.

Oh Dios, da tus juicios al rey, y tu justicia al hijo del rey. Juzgue él a tu pueblo con justicia, y a tus afligidos con equidad. *Salmo 72:1-2*, Biblia de las Américas.

Oh Dios, ayuda al rey a ser sabio como tú; enséñale al hijo del rey a ser justo. Que el rey gobierne a tu pueblo con bondad y que tome decisiones justas a favor de los pobres. *Salmo 72:1-2*, Biblia Palabra de Dios Para Todos.

Se concluye en que Dios es justo por tanto da a cada cual conforme a sus obras, según como lo declaró el Rey Salomón.

El fin de todo el discurso oído es este: Teme a Dios, y guarda sus mandamientos; porque esto es el todo del hombre. Porque Dios traerá toda obra a juicio, juntamente con toda cosa encubierta, sea buena o sea mala. *Eclesiastés 12:13-14*.

La justicia implica la virtud que inclina a dar a cada uno lo que le pertenece o lo que le corresponde. 2. Derecho, razón, equidad. En este caso dentro de su contexto ¿Cómo aplicaba la justicia de Dios para con sus hijos, la casa de Israel? Ya que las virtudes del Padre Celestial están basadas en verdad, juicio y justicia. Precisamente por eso mencionó el profeta que si ellos querían alcanzar la justicia de parte de Dios, era necesario comprometerse y prometer fidedignamente seguirlo. Entonces las naciones serán benditas en él, y en él se gloriarán.

¿A qué se refería el autor con la frase? "Entonces las naciones serán benditas en él, y en él se gloriarán" Al mencionarles anteriormente la necesidad de comprometerse seriamente en seguir los estatutos de Dios, mismos de los que se habían apartado completamente unos años atrás, también por medio del profeta el Señor, les notifica cual era el propósito que tenía este cambio de comportamiento de parte de ellos, porque si eran humildes y se arrepentían, con esto las naciones serian benditas en él ¿Por qué? Con esta conducta se provocaría un motivo de bendición y alabanza en honor a Jehová el misericordioso, alabanza que vendría de parte de las naciones, en este caso "la bendición, o el ser benditas" implica la adoración a Dios, y por medio de él se alabarían, ¿En qué sentido? Al ver las naciones la grandeza, misericordia, los atributos de justica, juicio y verdad en Dios, mostrando en agradecimiento una señal de respeto ante el Todopoderoso, pero por el contrario si su pueblo persistía en la necedad de llevar una vida centrada en la abominación de los ídolos siendo así rebeldes, esto repercutiría de una forma totalmente negativa ya que las naciones en lugar de alabar al Dios verdadero blasfemarían en su contra. La ilustración para nosotros en el presente es entender porque es tan importante luchar por vivir vidas santas. Para que así no sea blasfemado el nombre del Señor.

Porque así dice Jehová a todo varón de Judá y de Jerusalén: Arad campo para vosotros, y no sembréis entre espinos. *Jer. 4:3*

En esta porción de la escritura el profeta Jeremías, inspirado por Dios se dirige a todos los varones de Juda y Jerusalén usando una ilustración metafórica al expresar: "Arad campo para vosotros, y no sembréis entre espinos" ¿Qué implicación tenía esta enseñanza del profeta? Jeremías puso el ejemplo de cómo el agricultor ara la tierra con el propósito de removerla y de hacer surcos para preparar un terreno fértil, el propósito de este proceso es para que la tierra arada obtenga oxígeno y se airee, y vuelva a ser eficiente antes de aventar la semilla que se va sembrar y por medio de este proceso se pueda dar una cosecha productiva. Según los agricultores ese es el propósito de arar la tierra. En este caso Dios por medio de la Escritura usando un mensaje figurativo por medio del profeta Jeremías les dice a los judíos que preparen el campo de cultivo, pero que sea en una tierra fértil y productiva, y que no siembren entre espinos, ya que los espinos en una tierra de cultivo tienden a contaminarla o hacerla una tierra infértil o difícil de sembrar. Por tanto Dios a través de esta ilustración les dice a los judíos que busquen la tierra fértil en Dios y sus mandamientos y que aren y siembren en ese campo, pero que evitaran a toda costa el hacerlo en el terreno donde hay idolatría, paganismo y rebeldía porque si hacían esto nada bueno cosecharían, y sus tierras no serían productivas sino todo lo contrario, en este caso la aplicación es que sus vidas no tendrán buenos frutos. Podemos ver como referencia acerca de los tipos de tierra en los que podemos estar sembrando, la Parábola del Sembrador (*Mateo 13:1-9*) en esta parábola en particular en el versículo siete el Señor Jesucristo menciona que la semilla cayó entre espinos pero estos crecieron y ahogaron la semilla. A resumidas cuentas por eso el Señor por medio de esta enseñanza le manifiesta a su pueblo que era necesario sembrar en buena tierra.

Circuncidaos a Jehová, y quitad el prepucio de vuestro corazón, varones de Judá y moradores de Jerusalén; no sea que mi ira salga como fuego, y se encienda y no haya quien la apague, por la mal-

dad de vuestras obras. Jer. 4:4
Circuncidaos a Jehová, y quitad el prepucio de vuestro corazón, varones de Judá y moradores de Jerusalén;

La circuncisión era la señal del pacto que Dios había hecho con su gente, mismo que se remonta hasta los tiempos del patriarca Abraham (Génesis 17:10-14) En aquel tiempo Dios le mencionó a Abraham, que todo aquel que no fuera circuncidado quedaría excluido del pueblo por haber violado el pacto. Cabe destacar que la utilización del término "Circuncidaos" en este pasaje no era para aplicarse literalmente sino que el escritor le dio un uso figurado con el propósito de expresarle al pueblo de Dios que si querían nuevamente hacer un pacto con Dios, era necesario circuncidar y quitar el prepucio pero el de sus corazones. El acto de circuncisión era un proceso donde se cortaba o se amputaba el prepucio del órgano reproductor masculino (pene) y el glande quedara al descubierto, en este caso la circuncisión aplicaba de otra forma (figurada) ¿Por qué? por ejemplo el prepucio denotaba una barrera que se formaba en el pacto realizado entre Dios y su pueblo, para que esa barrera fuera derribada, era necesario cortar el prepucio en este caso implicaba lo que opacaba sus corazones para que el mensaje del Altísimo hiciera un efecto positivo, uno de los obstáculos era la necedad que existía en sus corazones, al quitar ese prepucio vendrían humillados y listos para tener nuevamente comunión con Dios por medio del pacto que habían roto desde mucho tiempo atrás.

No sea que mi ira salga como fuego, y se encienda y no haya quien la apague, por la maldad de vuestras obras.

El profeta les advierte a los judíos que si no cambiaban su actitud, decidiendo no quitar el prepucio de sus corazones, al permanecer en ese estado de rebeldía lo único que provocarían con ello era la ira de Dios, Jeremías manifiesta esa ira como fuego consumidor. En el pasado, el Señor ya les había mostrado como ejemplo a aquellos que se constituyeron en rebeldes ante su presencia al decidir voluntaria y deliberadamente quebrantar sus santas leyes, para estos rebeldes las consecuencias de su desacato no fueron pequeñas, por ejemplo Nadab y Abiú sacerdotes de Dios e hijos de Aaron descendientes del sacerdocio levítico, a estos sacerdotes irreverentes el Señor los consumió con fuego, por haber desobedecido a sus estatutos.

Nadab y Abiú, hijos de Aarón, tomaron cada uno su incensario, y pusieron en ellos fuego, sobre el cual pusieron incienso, y ofrecieron delante de Jehová fuego extraño, que él nunca les mandó. Y salió fuego de delante de Jehová y los quemó, y murieron delante de Jehová. *Levítico 10:1-2*

La exhortación por medio de la enseñanza divina a través del profeta para su pueblo fue: Si ellos no decidían arrepentirse de sus malas obras, lo único que provocarían con eso, era la ira de Jehová por medio de fuego consumidor, y como dice el escritor, cuando este fuego se encendiera nadie lo podría apagar, haciendo alusión a que una vez desatada la ira de Dios, no habría poder humano que la detuviera.

Judá recibe amenazas de invasión

Anunciad en Judá, y proclamad en Jerusalén, y decid: Tocad trompeta en la tierra; pregonad, juntaos, y decid: Reuníos, y entrémonos en las ciudades fortificadas. Jer. 4:5

Anunciad en Judá, y proclamad en Jerusalén,

El propósito del profeta por medio de la palabra inspirada era el mismo, conducir al pueblo a un arrepentimiento sincero, Jeremías fue enfático al poner el ejemplo acerca de la destrucción de Israel por sus maldades, el mensaje para los habitantes de Jerusalén era que si no se arrepentían lo único que ocasionaría este desacato de parte de ellos sería su propia derrota ante los babilonios. Cuando Dios le menciona a Jeremías "Anunciad en Judá y proclamad en Jerusalén", este verbo de "anunciad" se encuentra como una orden imperativa, por tanto no se podía negar a tal ordenanza de parte del Altísimo porque al negarse el profeta, estaría rebelándose contra Dios, ¿Por qué se mencionan las ciudades de Judá y Jerusalén? Esta última era el lugar donde proclamaría públicamente sus mensajes el profeta en gran parte de su ministerio antes de ser llevados cautivos a Babilonia. El término que se tradujo en la versión Reina Valera como "anunciad" del hebreo nagad, implica literalmente decirle algo a alguien o expresar un mensaje. En este caso el mensaje iba dirigido a los habitantes de ambas regiones.

Y decid: Tocad trompeta en la tierra; pregonad, juntaos, y decid: Reuníos, y entrémonos en las ciudades fortificadas.

Siguiendo la misma línea de argumentación en esta parte del mensaje Dios nuevamente enfatiza al profeta por medio de estas palabras: "tocad trompeta en la tierra" ¿Qué implicaba esto? Primordialmente era un mensaje de alerta. Históricamente hablando desde tiempos remotos hasta el presente regularmente en la mayoría de los ejércitos del mundo se utiliza el toque de trompeta, ya sea para tocar retirada de las tropas, ante un ataque inminente o como alerta, aunque ya no se use mucho en el campo de batalla, en los tiempos de Jeremías fue muy usado en las guerras (*Oseas 5:8, Jer. 4:19-21*) con esto estaba haciendo alusión el profeta al decirles a los judíos que al toque de trompeta ellos aplicaran la retirada para huir a las ciudades fortificadas, en este caso era Jerusalén, hasta ese momento cuando la profecía fue dada, la ciudad de Jerusalén aun contaba con sus muros, mismos que servían para proteger a la ciudad de los ataques de sus enemigos, el propósito del mensaje de Jeremías era una exhortación para que sus hermanos buscaran la protección a tiempo y no viniera a ellos la calamidad por medio de sus enemigos, los babilonios.

Alzad bandera en Sion, huid, no os detengáis; porque yo hago venir mal del norte, y quebrantamiento grande. *Jer. 4:6*

Sion en el tiempo antiguo fue identificada también como la ciudad de David, según las Escrituras.

Entonces Salomón reunió a los ancianos de Israel, a todos los jefes de las tribus y a los principales de las casas paternas de los hijos de Israel ante él en Jerusalén, para hacer subir el arca del pacto del Señor de la ciudad de David, la cual es Sion. *1 Reyes 8:1*. Biblia de las Américas.

O el monte de Sion, este lugar se encontraba dentro de la ciudad de Jerusalén (*Salmo 48:11*) Jeremías menciona al pueblo que la señal de bandera de la cual él hace alusión, se mostraría desde las alturas del monte Sion, Por eso se les advierte que al momento de que se alzara la bandera, huyeran y no se detuvieran, porque Dios mandaría calamidad del norte, ¿Exactamente de qué región llegaría el ataque? La invasión venía de los ejércitos del norte procedentes de Babilonia, comandados por el rey Nabucodonosor (*Jeremías 39*) el quebrantamiento que Dios haría venir del norte sería muy grande y doloroso para el pueblo judío, esa profecía de parte del profeta se cumple en el libro de Jeremías capítulo treinta y nueve. Desafortunadamente la gente dudaba del profeta hasta que se dieron cuenta que todo fue tal como se les había profetizado. Pero ellos optaban por ignorar el mensaje y no buscar un arrepentimiento.

El león sube de la espesura, y el destruidor de naciones está en marcha, y ha salido de su lugar para poner tu tierra en desolación; tus ciudades quedarán asoladas y sin morador. *Jer. 4:7*

Capítulo 4

"El león sube de la espesura" metafóricamente el escritor utilizó la imagen del león, ¿Por qué? tal representación era muy particular en la cultura babilónica, ellos desde tiempos muy remotos tenían emblemas en sus muros con los símbolos de leones. Un ejemplo son las imágenes de la puerta de Ishtar, misma que fue mandada construir por el rey Nabucodonosor II, esta era la puerta de entrada a la ciudad de Babilonia y estaba representada por dos leones. Cuando Jeremías utiliza la imagen del león que subía de la espesura, el significado de ello era que así como el león sube de la espesura para casar a su presa, así el león de Babilonia (Nabucodonosor) subiría a destruir a Juda y Jerusalén. A ciencia cierta no se sabe exactamente en qué tiempo Jeremías profetizó estas palabras, pudo haber sido en el lapso del reinado del rey Josías u otro rey, sin embargo, después de esta predicación de arrepentimiento, pasarían algunos años para que todo lo dicho por el profeta de Dios se convirtiera en una realidad inminente, misma que se cumplió el año noveno del rey judío en turno, en este caso el rey Sedequías. Allá por el año 585 a.C. el rey Nabucodonosor y sus tropas se dirigieron a tomar la ciudad de Jerusalén (*ref. Jeremías 39:1-3*) al mencionar el profeta Jeremías la frase.

"tus ciudades quedarán asoladas y sin morador"

¿Cómo sucedería todo esto? Eso significaba que el rey Nabucodonosor, se llevaría cautiva a gran parte de la población que habitaba la gran Jerusalén, esta sería ya la tercer deportación misma en la que fue severamente devastada y destruida Jerusalén reduciendo la ciudad a escombros (*ref. Jer. 39:8-9*)

¿Qué propósito había detrás del mensaje del profeta de Dios?

El objetivo por alcanzar fue el mismo desde el inicio de la predicación de Jeremías: Que el pueblo de Dios buscara el arrepentimiento antes de que les sobreviniera la calamidad, desafortunadamente no entendieron y su necio corazón los llevó al cautiverio y al sufrimiento en tierras lejanas.

Aplicación: No podemos decir que Dios no nos brinda oportunidades para arrepentirnos, al contrario, Jehová por medio de su misericordia siempre nos da la opción a la restauración por medio del arrepentimiento, incluso nos avisa de las graves consecuencias del sufrimiento en resultado al no acatar sus advertencias.

• El apóstol Pedro en su segunda epístola plasmada en el Nuevo Testamento manifestó claramente una advertencia dirigida a la humanidad, hecha por Dios, antes de que venga la calamidad en el tiempo final y ya nada se pueda hacer al respecto.

El Señor no retarda su promesa, según algunos la tienen por tardanza, sino que es paciente para con nosotros, no queriendo que ninguno perezca, sino que todos procedan al arrepentimiento. Pero el día del Señor vendrá como ladrón en la noche; en el cual los cielos pasarán con grande estruendo, y los elementos ardiendo serán deshechos, y la tierra y las obras que en ella hay serán quemadas. *2 Pedro 3:9-10*

Por esto vestíos de cilicio, endechad y aullad; porque la ira de Jehová no se ha apartado de nosotros. *Jeremías 4:8*

Por esto vestíos de cilicio, endechad y aullad;

¿Qué implicación tenía el hecho de vestirse en cilicio? En el tiempo antiguo fue una práctica que se realizó con el fin manifestar una actitud tanto de duelo como humillación (*1 Reyes 21:27*) se dice que el cilicio era una vestimenta hecha generalmente a base de pelos de cabra, debido a eso se tornaba en ser áspera, ocasionando dolor y malestar, el propósito de portarla era provocar una actitud de arrepentimiento en las personas. Por tanto, Jeremías en esta porción del libro les encomienda a los judíos que se arrepintieran y que endecharan. El endechar era casi una actitud de aullar. En ese aullido se manifestaría una voz triste y prolongada, debido a las rebeldías del pueblo era necesario un arrepentimiento, pero antes de eso deberían preparar su corazón para que existiera en ellos una sincera actitud de tristeza combinada con humildad, solo este era el camino para que presentaran sus corazones compungidos ante la presencia de Dios.

Porque la ira de Jehová no se ha apartado de nosotros.

Era necesario tomar una actitud humilde con vistas a aplacar la ira de Dios, ¿Por qué? los pecados de ellos habían sido muchos y con esto provocaron a ira a Jehová de los Ejércitos, el cual es paciente y muy misericordioso en perdonar, pero ellos habían abusado de esos atributos del Altísimo. Los judíos para esta época llegaron al grado de desviarse a la idolatría combinada con rebeldía, por esta causa como dice el profeta "la ira de Dios aún no se había alejado de ellos", posiblemente esa ira de parte de Jehová cesaría hasta que ellos decidieran tomar una actitud de arrepentimiento, si no existía un cambio en ellos, la furia de Dios sería reflejada en ese pueblo rebelde. Y es que como dice el apóstol Pablo en el Nuevo Testamento cuando les escribió a los hermanos en Gálacia.

No os engañéis; Dios no puede ser burlado: pues todo lo que el hombre sembrare, eso también segará. Porque el que siembra para su carne, de la carne segará corrupción; mas el que siembra para el Espíritu, del Espíritu segará vida eterna. *Gálatas 6:7-8*

En aquel día, dice Jehová, desfallecerá el corazón del rey y el corazón de los príncipes, y los sacerdotes estarán atónitos, y se maravillarán los profetas. *Jer. 4:9*

¿A cuál día se referiría el escritor con esta expresión? "En aquel día" pudiera referirse al día de la calamidad que se avecinaba a tiempo futuro, cuando Nabucodonosor con sus tropas conquistarían Jerusalén, destruyendo la ciudad y llevándose cautivos a gran número de ciudadanos. El escritor del libro de Crónicas declaró acerca de la última deportación, lo siguiente.

Y Jehová el Dios de sus padres envió constantemente palabra a ellos por medio de sus mensajeros, porque él tenía misericordia de su pueblo, y de su habitación. Mas ellos hacían escarnio de los mensajeros de Dios, y menospreciaban sus palabras, burlándose de sus profetas, hasta que subió la ira de Jehová contra su pueblo, y no hubo ya remedio. Por lo cual trajo contra ellos al rey de los caldeos, que mató a espada a sus jóvenes en la casa de su santuario, sin perdonar joven ni doncella, anciano ni decrépito; todos los entregó en sus manos. Asimismo todos los utensilios de la casa de Dios, grandes y chicos, los tesoros de la casa de Jehová, y los tesoros de la casa del rey y de sus príncipes, todo lo llevó a Babilonia. Y quemaron la casa de Dios, y rompieron el muro de Jerusalén, y consumieron a fuego todos sus palacios, y destruyeron todos sus objetos deseables. Los que escaparon de la espada fueron llevados cautivos a Babilonia; y fueron siervos de él y de sus hijos, hasta que vino el reino de los Persas; Para que se cumpliese la palabra de Jehová por la boca de Jeremías, hasta que la tierra hubo gozado de reposo; porque todo el tiempo de su asolamiento reposó, hasta que los setenta años fueron cumplidos.
1 Crónicas 36:15-21

El profeta expresa que sus palabras literalmente provenían del Dios Todopoderoso. En la versión Reina Valera 1960 se tradujo como "dice Jehová" ¿Con que propósito enfatizó en innumerables ocasiones Jeremías esta misma frase? Históricamente hablando en el tiempo del profeta Jeremías abundaban los falsos profetas entre el pueblo, tal fue el caso del profeta Hananias (Jeremías 28) Por tal razón el profeta enfatizaba a sus conciudadanos que las profecías expresadas por él no eran un mero rumor o una falsa visión inventada por él mismo, al contrario, todo era verdad, procedente de la inspiración de Dios por medio del Espíritu Santo.

Dios tenía un juicio predispuesto a través de esta profecía dirigida al rey como los príncipes, sacerdotes y profetas, enfatizándoles a todos ellos que si no se arrepentían lo que les deparaba junto con todo el pueblo sería solo desolación y calamidad.

desfallecerá el corazón del rey y el corazón de los príncipes, y los sacerdotes estarán atónitos, y se maravillarán los profetas.

¿Qué implicaría este desfallecimiento en los dirigentes tanto políticos como espirituales del pueblo? el significado d ese desfallecimiento era manifestar como ellos se sentirian abatidos, sin fuezas y sin animo alguno ante el ataque inminente de sus enemigos los caldeos, ¿Por qué? entrarían en un estado de desmoralización, tal condición no sería algo favorable para ellos sino todo lo contrario, porque al estar decaido su animo, esto opacaría el valor que pudieran tener para enfrentar al enemigo. Y al ser minima la resistencia, serian vencidos en batalla.

Las palabras de esta porción de la escritura se cumplieron unos años después. Cuando observamos el relato de la conquista según Jeremías capítulo 39, tal como dijo este siervo de Dios fue como pasó, porque el rey Sedequias y todo su séquito de principes y gobernantes se desmoralizaron al observar a sus tropas que se supone los defenderían del ataque caldeo, muchos de estos hombres de guerra huyeron, mientras que otros fueron muertos en batalla.

Y viéndolos Sedequías rey de Judá y todos los hombres de guerra, huyeron y salieron de noche de la ciudad por el camino del huerto del rey, por la puerta entre los dos muros; y salió el rey por el camino del Arabá. Jer. 39:4

Quebrantamiento sobre Quebrantamiento

En esta profecía, el profeta mencionó que los sacerdotes estarían atonitos. ¿Qué implica esto? Se dice que al estar atonito tal emoción desarrolla en el ser humano una actitud de asombro en la cual uno se encuentra pasmado e incapaz de reaccionar en consecuencia al fuerte susto que entra repentinamente en la mente, mismo, que puede llegar a generar una crisis nerviosa en nosotros.

Definitivamente el rey Sedequias desfallecio porque sus tropas lo abandonaron, y tuvo que ver el hecho de cómo sus principes literalemte fueron asesinados, los sacerdotes se quedaron estupefactos, al ver todo lo que acontecia con su gran nación de Jerusalén y como esta sería convertida en nada, los profetas como los lideres religiosos, igualmente quedarían sorprendidos por las calamidades que sobrevendrían al pueblo. ¿Cuál era la forma de pensar de los judios en lo referente al castigo de parte de Dios? El profeta declaró acerca de ellos.

Israel y Judá han negado al Señor; han dicho: "Dios no cuenta. Nada malo va a pasarnos, no tendremos ni guerra ni hambre." *Jeremías 5:12*. Biblia Dios Habla Hoy.

Y dije: !!Ay, ay, Jehová Dios! Verdaderamente en gran manera has engañado a este pueblo y a Jerusalén, diciendo: Paz tendréis; pues la espada ha venido hasta el alma. *Jer. 4:10*

Y dije: !!Ay, ay, Jehová Dios!

Al igual que el profeta Isaías unos cien años antes, en esta porción de la escritura Jeremías también hace uso de la frase "ay" ¿Qué implicaban los ayes usados por los profetas de Dios? "los ayes" Según el comentarista bíblico el Sr. Craig S. Keener en su libro Comentario del Contexto Cultural de La Biblia, en la pag. 103. Menciona que un ay, implicaba una forma de oración en el tiempo antiguo, frase utilizada comúnmente por los profetas, era muy similar a decir "o sorpresa" o en cierta forma se usaba como una expresión de maldición, o lamento. Por ejemplo: Isaías hizo énfasis seis veces del término "ay" en el capítulo seis del libro que lleva su nombre (*Isaías 5:8-22*) todos estos ayes dirigidos al pueblo de Dios de aquella época (los judíos) el profeta Jeremías cien años después al igual que Isaías expresó un ay, en señal de lamento, y este ay iba dirigido hacia Dios.

Es interesante observar detenidamente que en esta frase el profeta habla en primera persona como comenzando una conversación con el Señor, ¿Qué propósito había detrás de ello? Observando el contexto mas adelante, se concluiría en el hecho de que Jeremías buscaba de cierta forma interferir por el pueblo, para que Dios tuviera misericordia de ellos (*ref. Jer. 7:16*)

En esta discusión Jeremías le expresó a Dios.

"Verdaderamente en gran manera has engañado a este pueblo y a Jerusalén, diciendo: Paz tendréis; pues la espada ha venido hasta el alma"

Según la Biblia Dios Habla Hoy tradujo este mismo versículo como sigue.

yo dije: "¡Ay, Señor, cómo has engañado a la gente de Jerusalén! Les prometiste paz, y lo que tienen es un cuchillo en el cuello." *Jer. 4:10*/ Biblia Dios Habla Hoy.

Considérese una referencia más acerca de este versículo.

Entonces yo dije: «¡Esto es terrible, Señor, mi Dios! Tú has engañado a Judá y a Jerusalén diciéndoles que estarían bien cuando en realidad tenían una espada en la garganta». *Jer. 4:10*/ Biblia Palabra de Dios Para Todos.

Las palabras del profeta son confusas porque manifiestan la idea como si el Señor hubiese engañado al pueblo por medio de un mensaje falso de paz y prosperidad, cuando lo que les sobrevendría a los judíos era todo lo contrario, no es que aquí ¿Estaría manifestando Jeremías la idea de que Dios los engañó? Una de las características de nuestro Padre celestial precisamente es que él no miente. Tal como lo declaró Moisés.

Dios no es como los mortales: no miente ni cambia de opinión. Cuando él dice una cosa, la realiza. Cuando hace una promesa, la cumple. *Números 23:19/* Biblia Dios Habla Hoy.

Parcialmente había razón en una parte de lo dicho por el profeta acerca de la frase. "Paz tendréis" pero se le olvidó al pueblo que para poder tener paz con Dios debemos luchar por hacer su voluntad. Y apegarnos a los estatutos dados por él. Tal como se lo había declarado el Señor a Josué en el pasado.

Nunca se apartará de tu boca este libro de la ley, sino que de día y de noche meditarás en él, para que guardes y hagas conforme a todo lo que en él está escrito; porque entonces harás prosperar tu camino, y todo te saldrá bien. Josué 1:8.

Nótese las condiciones que le puso el Señor a Josué.

1. Que el libro de la ley nunca debería apartarse de su boca.
2. Que de día y de noche tendría que meditar en la ley de Dios.
3. Que debería guardar en su corazón lo aprendido
4. Que debería llevar a cabo lo que había aprendido conforme a la voluntad de Dios.

Las recompensas.
1. Tendría un camino de prosperidad.
2. Todo en su vida saldría bien.

Capítulo 4

La condición de parte de Jehová hacia Josué es que todo esto lo iba a recibir, pero después de haber cumplido con lo demás no antes. En el caso de los judíos en el tiempo de Jeremías, ni estaban meditando en el consejo santo, ni lo estaban guardando y mucho menos llevándolo a la práctica. Entonces ¿Cómo querrían tener paz en su vida?

Al contrario, ellos en su libre albedrío habían permitido que los falsos profetas les predicaran un mensaje engañoso, como resultado al ser expuestos a la mentira fueron endureciendo su corazón gradualmente tal como lo hizo Faraón a las advertencias de Moisés en el pasado (*Éxodo 9:12*) Dios nos ha dado libre albedrio pero con ello también cada uno debe estar atento a las consecuencias de las decisiones que tomemos, en el caso de los judíos del tiempo de Jeremías, es que igual, Jehová les dio la opción de buscar las sendas antiguas o seguir un mensaje engañoso en el cual ellos estaban predispuestos a obedecer (*Jeremías 6:15-16*) el profeta no estaba diciendo con estas palabras que Dios predestinó a su pueblo para este castigo a tiempo futuro. Al contrario, ellos mismos decidieron su propio destino cuando optaron por ser rebeldes al mensaje de Jehová.

En aquel tiempo se dirá a este pueblo y a Jerusalén: Viento seco de las alturas del desierto vino a la hija de mi pueblo, no para aventar, ni para limpiar. Viento más vehemente que este vendrá a mí; y ahora yo pronunciaré juicios contra ellos. He aquí que subirá como nube, y su carro como torbellino; más ligeros son sus caballos que las águilas. !!Ay de nosotros, porque entregados somos a despojo! *Jeremías 4:11-13*

En esta porción de la Escritura el profeta haciendo uso de un lenguaje metafórico, menciona la frase "en aquel tiempo" ¿A qué tiempo en particular se refería Jeremías? al tiempo muy próximo relativamente, en el cual serian atacados por los caldeos, presentando ese ataque o venida de los babilonios como si fuese un viento seco proveniente de las llanuras del norte, en este caso en particular del desierto de Arabia, ¿Por qué desde ese lugar en particular y no otra ruta? Estratégicamente hablando ese sería el camino más factible que tomarían los babilonios en el momento de su ataque a Jerusalén. También el profeta mencionó acerca del viento proveniente de las llanuras que no era un viento para soplar o limpiar los granos de los trigales, al contrario, era un viento que generaría destrucción. Dentro de la metáfora usada por Jeremías posiblemente la aplicación dada a ese viento era un sinónimo del bullicio provocado por Nabucodonosor con sus tropas de caballería al pasar por las llanuras del desierto de Arabia rumbo a Jerusalén.

También añadió el profeta. "Viento más vehemente que este vendrá a mí; y ahora yo pronunciaré juicios contra ellos"

Con esta frase el profeta estaba haciendo alusión a su mensaje, en este caso proveniente de Dios, que contrario a ser un mensaje de alegría más bien traería palabras de juicio contra el pueblo judío, en retribución a todas sus rebeldías. Para el profeta no sería una tarea fácil al contrario resultaría en una responsabilidad muy grande para él. ¿Por qué? las palabras del profeta provocarían muchos sentimientos encontrados a oídos de los judíos, en consecuencia al mensaje, no pocos se convirtieron en enemigos de Jeremías, a tal grado que algunos deseaban verlo muerto. Tal como quedó plasmado en el libro mismo.

Y dijeron los príncipes al rey: Muera ahora este hombre; porque de esta manera hace desmayar las manos de los hombres de guerra que han quedado en esta ciudad, y las manos de todo el pueblo, hablándoles tales palabras; porque este hombre no busca la paz de este pueblo, sino el mal. *Jeremías 38:4*

Desde tiempo remotos podemos observar como tristemente el mismo pueblo de Dios se convierte en enemigo de sus propios heraldos, mismos a los cuales el Señor les ha encomendado la tarea de la exhortación para bien. En el presente no es la excepción ¿Por qué? ¿cuántos cristianos insumisos habrá ante la autoridad del Altísimo? Al contrario, algunos de ellos temerariamente toman la osadía de arremeter contra sus heraldos, así como lo hicieron los judíos con el profeta Jeremías. Decía alguien que Jeremías fue el prototipo de lo que vendrían a ser los predicadores de la iglesia del Señor en el futuro.

El profeta incluyó también una visión más clara al decir que ese viento subiría como una nube, y sus carros como torbellino, con esas palabras se hacía alusión a los carros de guerra del ejercito babilónico, mismos que vendrían a gran velocidad, tal como mencionó Jeremías al expresar que eran ligeros, al grado de ocasionar torbellinos de aire provocado por el bullicio de los carruajes de guerra jalados por los caballos a toda velocidad. Aquí, el autor del libro utilizó la hipérbole. En lenguaje retorico esto implica una exageración muy grande ya sea aumentando o disminuyendo la verdad de lo hablado, en este caso Jeremías mencionó que los caballos eran mas ligeros que las águilas, al final del pasaje el profeta vuelve a utilizar un segundo ay en señal de lamento.
!!Ay de nosotros, porque entregados somos a despojo!

¿Quiénes eran eso "nosotros"? los judíos. ¿Por qué serían entregados a despojo? El ser entregados a despojo implicaría que el pueblo judío sería llevado cautivo pero antes de eso su ciudad sufriría devastación y destrucción.

Lava tu corazón de maldad, oh Jerusalén, para que seas salva. ¿Hasta cuándo permitirás en medio de ti los pensamientos de iniquidad? *Jer. 4:14*

Lava tu corazón de maldad, oh Jerusalén, para que seas salva.

Una exhortación simple de parte de Dios dirigida a su pueblo santo, "los judíos" por medio del profeta Jeremías. El objetivo "conducirlos al arrepentimiento" "Lava tu corazón de maldad, oh Jerusalén para que seas salva" ¿Qué significado tenía esta frase? Metafóricamente hablando, el hecho de que lavaran su corazón de la maldad, implicaba limpiar sus conciencias contaminadas por el pecado y la corrupción moral y espiritual que existía en cada uno de ellos. El término "corazón" tiene un significado muy especial tanto en el Antiguo como en el Nuevo Testamento, ya que es sinónimo de los pensamientos, la voluntad y el intelecto humano. Se dice que en el intelecto se forja la capacidad humana para comprender y razonar, tener entendimiento e inteligencia.

El propósito de Dios por medio del profeta y su mensaje tenía un objetivo: Hacerles ver a los judíos que era imperante tomar una decisión en su vida, la cual consistía en purificar su alma y conciencia de toda actitud rebelde ante los ojos de Dios. En resultado, si acataban esa invitación vendría salvación a ellos junto con la bendición de vivir tranquilamente en un ambiente de paz en contraste con el sufrimiento, producto de la cautividad, si es que no tomaban una decisión de arrepentimiento.

¿Hasta cuándo permitirás en medio de ti los pensamientos de iniquidad?

Con esta pregunta de parte del profeta se buscaba un autoanálisis en la mente de los judíos ¿hasta cuándo seguirían permitiendo la corrupción de conciencia y de hechos pecaminosos en su vida llena de pecados e iniquidades? Dios muchas veces hace preguntas para que hagamos un autoanálisis de nuestra vida. ¿Cómo estamos con él? ¿Hacia dónde vamos? ¿Qué rumbo queremos seguir? ¿Serán nuestras decisiones y acciones aprobadas o reprobadas ante los ojos del Altísimo? La frase "en medio de ti" era dirigida exclusivamente dentro del contexto a los habitantes de Jerusalén" Desafortunadamente en esa época casi todos estaban infectados de la pecaminosidad que existía en sus corazones (*Jeremías 5:1-5*) la Biblia Reina Valera utilizó la frase "los pensamientos de iniquidad" Con estas palabras se les identificó a los judíos como gente obstinada y terca que no querían seguir los estatutos de Dios, al contrario, lo que ellos buscaban era seguir los senderos de maldad, pero estos caminos solo generaban una barrera entre ellos y Dios. Tal como ya se los había dicho el profeta Isaías unos cien años atrás.

He aquí que no se ha acortado la mano de Jehová para salvar, ni se ha agravado su oído para oír; pero vuestras iniquidades han hecho división entre vosotros y vuestro Dios, y vuestros pecados han hecho ocultar de vosotros su rostro para no oír. *Isaías 59:1-2*

Porque una voz trae las nuevas desde Dan, y hace oír la calamidad desde el monte de Efraín. Decid a las naciones: He aquí, haced oír sobre Jerusalén: Guardas vienen de tierra lejana, y lanzarán su voz contra las ciudades de Judá. Como guardas de campo estuvieron en derredor de ella, porque se rebeló contra mí, dice Jehová. *Jeremías 4:15-17*

Otra vez el profeta hace énfasis en el ataque inminente de parte de los babilonios, había surgido un rumor desde la tierra de Dan, territorio fronterizo con Palestina, y en tal rumor se decía que Juda sería atacada, ¿Por qué mencionó el profeta también los montes de Efraín? Esta región montañosa estaba situada al norte muy cerca de Jerusalén. Con este mensaje lo único que se buscaba era despertar la preocupación de los judíos y así asimilaran que el ataque era algo inminente, muy próximo a suceder, por eso una y otra vez se les persuadía a que buscaran el arrepentimiento antes de que fuera tarde y les llegara repentinamente la calamidad.

En esta advertencia el profeta Jeremías hace énfasis nuevamente usando la frase "guardas vienen de tierra lejana" detrás de estas palabras estaba el mensaje implícito en como los babilonios venían en son de guerra, dispuestos a dar un golpe estratégico militar y que por medio de ese ataque uno de sus objetivos a cumplir era derribar los muros de Jerusalén para después incursionar la ciudad con vistas a derrotarlos, al mencionar el profeta la procedencia de estos guardas de tierras lejanas, se refería a cómo es que Nabucodonosor y sus tropas provendrían desde la capital de Babilonia, situada a una distancia muy considerable, e igualmente menciona el profeta, que el ejército comandado por Nabucodonosor lanzaría una voz de guerra o de ataque en contra de Jerusalén.

En el *segundo libro de Reyes cap.* 24:8-16 se encuentra la evidencia de la primera deportación de los judíos en la cual se menciona a Nabucodonosor llegando con sus tropas y estando el rey Joaquín al trono, se lo llevó cautivo el rey babilonio y se menciona en el versículo 13 que el total de deportados por Nabucodonosor era un total de 10 mil personas, entre el rey, la madre del rey, sus gobernantes, herreros, artesanos, gente de guerra y gente importante. Todo esto aconteció porque los judíos hicieron oídos sordos a las palabras de Jeremías, tal como lo menciona el profeta en este pasaje, ya que la ira del Señor estaba puesta sobre la nación judía.

En esta porción de la Escritura el profeta, utilizando un mensaje metafórico, hace mención de cómo los babilonios acosarían a la nación de Jerusalén y se asentarían alrededor de ella, y la vigilarían a toda costa, asemejándose a los guarda campos, que cuidan el campo sembrado o la tierra para que no entren extraños, o para que nadie entre a dañar la tierra o perjudicarla, en este caso los guardas estarían vigilando con un solo objetivo. tener el momento adecuado para atacar a Jerusalén. Por eso mencionó el profeta que literalmente se asentarían alrededor de ella, ¿Con que propósito usarían esta táctica militar? Para que al momento del ataque su escape les resultara complicado a los judíos, todo esto acontecería por el hecho de que la gente de Juda y Jerusalén se volvieron rebeldes y no quisieron ya nada con los estatutos de Dios, claramente como menciona el escritor, esta advertencia venia directamente de parte de Jehová.

Tu camino y tus obras te hicieron esto; esta es tu maldad, por lo cual amargura penetrará hasta tu corazón. Jeremías 4:18

- Tu camino ¿Qué tipo de camino? Sendas torcidas.
- Tus obras ¿Qué tipo de obras? Reprobables ante los ojos de Dios
- Tu maldad. Una maldad que rebasaba límites.
- Tu corazón. Un corazón habituado a la maldad y contaminado por el engaño.

Con las siguientes palabras el profeta les recalca a los judíos la razón de ese ataque, mencionándoles que sus caminos fueron torcidos, y sus obras fueron obras de maldad, con esas acciones nefandas ofendieron a su Dios. En consecuencia a su perversión se aproximaría la calamidad, a tal grado que la amargura penetraría hasta lo más íntimo de sus corazones, fue lo que ellos sembraron a causa de sus rebeldías.
La amargura implica: un sentimiento de pena, aflicción o disgusto.

El lamento De Jeremías por su pueblo

!!Mis entrañas, mis entrañas! Me duelen las fibras de mi corazón; mi corazón se agita dentro de mí; no callaré; porque sonido de trompeta has oído, oh alma mía, pregón de guerra. *Jer. 4:19*

El profeta Jeremías expresa un sentimiento personal de dolor y sufrimiento psicológico ¿Por qué ese pesar del profeta? Esto era a consecuencia de las calamidades por la cuales pasarían sus compatriotas en retribución por sus rebeldías. ¡¡En la versión Reina Valera 1960 se usó la frase "!!mis entrañas, mis entrañas!" ¿Qué había detrás de estas palabras? dolor y la angustia de parte del profeta porque en las visiones proféticas que él tenía podía ver la desolación de su pueblo, tal como lo declaró claramente por medio de su libro.

De dolorosas enfermedades morirán; no serán plañidos ni enterrados; serán como estiércol sobre la faz de la tierra; con espada y con hambre serán consumidos, y sus cuerpos servirán de comida a las aves del cielo y a las bestias de la tierra. *Jer. 16:4*

La angustia que sentía Jeremías era tan profunda que expresó como la misma entraba hasta lo más profundo de su ser, causándole un efecto emocional terrible. "Me duelen las fibras de mi corazón; mi corazón se agita dentro de mí"
Haciendo un análisis desde el campo de vista médico existe la posibilidad de decir que el estado nervioso y angustiado por el cual pasaba Jeremías en ese instante a consecuencia de saber la suerte adversa por la que atravesaría su pueblo al ser casi totalmente devastado, esto le provocaba una taquicardia. Se dice que la taquicardia es la frecuencia del ritmo de las contracciones cardiacas superior a la normal, o séase que implica alteración de las pulsaciones del corazón, esto suele pasar en ocasiones cuando una persona pasa problemas donde hay un agotamiento nervioso, o se atraviesa por una situación difícil que causa irritación emocional. Posiblemente estos eran los síntomas del profeta a saber con certeza lo que sucedería.

¿Cómo se sentiría usted si pudiera tener el conocimiento que su nación será devastada por la guerra? ¿Cómo se sentiría si tuviera la capacidad de ver a futuro como lo hicieron los profetas, y en esas visiones viera muerte y desolación?
A manera de referencia de nuestra historia moderna viene a mi

mente aquel triste acontecimiento del septiembre 11 del 2000 en las torres gemelas de Nueva York, recuerdo ver las imágenes por los noticiarios cuando aquellas torres iban derrumbándose, y la gente corría, pero los que quedaron atrapados, algunos de ellos como último recurso se tiraban al vacío desde las alturas. Esas imágenes causaron un fuerte impacto en muchos de nosotros. Recordemos que a Jeremías Dios le dio la posibilidad de ver lo que acontecería con el pueblo judío, por ese motivo el profeta se sentía grandemente consternado. Como único recurso lo único que podía hacer este siervo de Dios era pregonar el mensaje y no callar lo que estaría por acontecer, mencionando las palabras. "no callaré; porque sonido de trompeta has oído, oh alma mía, pregón de guerra" el significado del mensaje era en referencia al hecho de como los atalayas de Juda sonarían la trompeta en señal de alerta y así la gente estuviera preparada ante el ataque de los enemigos, en este caso serían los babilonios, por tal motivo el profeta también mencionó la frase "pregón de guerra" (BRV1960) como el sonido de trompeta, el pregón también sería un grito de alarma para que estuvieran preparados al ataque inminente del enemigo.

Quebrantamiento sobre quebrantamiento es anunciado; porque toda la tierra es destruida; de repente son destruidas mis tiendas, en un momento mis cortinas. ¿Hasta cuándo he de ver bandera, he de oír sonido de trompeta? *Jer. 4:20-21*

El profeta continua haciendo alusión al ataque inminente de los babilonios y de cómo vendría la devastación, ya que menciona: "Quebrantamiento sobre quebrantamiento es anunciado" ¿Cómo fue anunciado el quebrantamiento del pueblo judío? por medio de la alarma o pregón de guerra mencionado en el versículo anterior. Jeremías utilizando nuevamente la hipérbole menciona: "Toda la tierra es destruida" recordemos que en la hipérbole se exagera el mensaje. No es que toda la tierra conocida sería destruida, sino que el enfoque era meramente en los judíos. el profeta también hizo mención de como serian derribadas sus casas tal como si fuesen tiendas de pastores, este tipo de tiendas eran muy comunes particularmente en el campo abierto usadas por los pastores cuando acampaban en el desierto, regularmente se hacían con pelos de cabra usando la metáfora Jeremías hace alusión en que dichas tiendas serian derribadas fácilmente por el enemigo. ¿Cuál era el significado de este mensaje? Eso implicaba que la destrucción de Jerusalén sería un acontecimiento que se cumpliría a tiempo futuro.

¿Hasta cuándo he de ver bandera, he de oír sonido de trompeta? Porque mi pueblo es necio, no me conocieron; son hijos ignorantes y no son entendidos; sabios para hacer el mal, pero hacer el bien no supieron. *Jer. 4:21-22*

En los tiempos de Jeremías, las banderas eran usadas por los ejércitos en señal de alerta cuando surgía la posibilidad de un ataque, con esta señal las tropas se preparaban a contraatacar, las banderas iban acompañadas del sonido de trompeta (*Nehemías 4:18-20*) en ocasiones se hacia el toque de trompeta correspondiente a un ataque de parte del enemigo. La pregunta a estas alertas que surgió en la mente del profeta fue ¿hasta cuándo he de ver bandera, he de oír sonido de trompeta? Con esta pregunta la respuesta que esperaba Jeremías era saber ¿cuándo terminaría el ataque a Jerusalén? Todos estos acontecimientos desafortunados pasarían por el hecho de ser un pueblo necio, tal como los presenta Jeremías, la necedad lo único que generó en ellos fue su privación a tener entendimiento en los estatutos de Dios, desafortunadamente una de las cosas que genera la necedad es el no tener o no querer tener voluntariamente raciocinio de las cosas. Como si fuese poca cosa a los judíos no solo no les bastó convertirse en tercos y necios, sino que al tomar esa actitud se apartaron de Dios.

Según el Diccionario de la Real Academia Española, define la

palabra conocer de la siguiente forma.
Conocer: (Del lat. cognoscere).1. tr. Averiguar por el ejercicio de las facultades intelectuales la naturaleza, cualidades y relaciones de las cosas.

Al analiza el concepto de "conocer" nos damos cuenta de que el conocer es tratar de averiguar por medio del intelecto o la inteligencia con la que Dios nos dotó, pero en este caso en particular, los judíos no quisieron usar su inteligencia para buscar a Dios por medio de las predicaciones de Jeremías el profeta. Aparte de necios el profeta los presenta también como ignorantes, se dice que alguien ignorante es todo aquel que no tiene noticia de algo, en este caso en particular ¿Por qué Jeremías los catalogó como ignorantes? los judíos no es que no tuvieran noticia de lo que sucedería, sino que ellos mismos decidieron bloquear sus mentes y endurecer sus corazones para no escuchar los mensajes de parte de Jeremías acerca de la suerte adversa que les deparaba, a ellos no les interesaba oír ese tipo de información, por tal motivo voluntariamente se volvían en ignorantes y sin entendimiento. Jeremías en el capítulo 5:4 define a los judíos como un pueblo, pobre y en un estado de locura, y si, eran sabios o expertos pero para hacer las obras de las tinieblas y como tenían vasta experiencia en hacer el mal, misma que habían adoptado al pasar de los años, esto debido a la práctica prolongada que les había dado la habilidad para ser diestros en hacer el mal, pero no el bien. En el pasaje de Jeremías 2:32, el escritor menciona que el pueblo se había olvidado de Dios por innumerables días, mismos en los que sin lugar a dudas adoptaron la experiencia en hacer el mal y no el bien, ya que el pueblo judío desde que se dividió por el tiempo del rey Roboam, hijo de Salomón, fue en declive ya que fueron muy pocos los reyes judíos que se apegaron a los estatutos de Dios. Para el tiempo del profeta Jeremías muchos judíos se habían convertido en personas malvadas, que en lugar de practicar el bien y la piedad, eran habituados a practicar el mal y la impiedad.

Las cuatro visiones de Jeremías el profeta.

Miré a la tierra, y he aquí que estaba asolada y vacía; y a los cielos, y no había en ellos luz. Miré a los montes, y he aquí que temblaban, y todos los collados fueron destruidos. Miré, y no había hombre, y todas las aves del cielo se habían ido. Miré, y he aquí el campo fértil era un desierto, y todas sus ciudades eran asoladas delante de Jehová, delante del ardor de su ira. *Jeremías 4:23-26*

El autor nuevamente ase uso de un mensaje metafórico al presentar la figura de las visiones "miré" cuatro imágenes "miró" Jeremías, detrás de ellas la aplicación era el hecho de cómo Dios ya había decidido llevar a cabo su juicio contra la gente perversa de Juda y Jerusalén, un juicio acompañado de desolación y tinieblas que vendrían a la vida ellos. La desolación causaría aflicción y angustia extrema, a consecuencia de esa suerte adversa en lugar de luz y alegría vendrían las tinieblas y un sufrimiento tanto físico como un pesadumbre moral que causaría tristeza profunda en cada uno de ellos (*Lamentaciones 1:1-5*) También dentro del contexto de este pasaje Jeremías define de una manera poética, como es que la calamidad sobrevendría en gran manera, mencionando el profeta que todas las montañas temblarían, y que los collados refiriéndose a las partes menos elevadas literalmente quedarían destruidas por el enemigo. La escena real detrás de este mensaje tenía que ver con la invasión de los babilonios y como arribarían con una actitud beligerante, al momento de desplazarse desde el norte, causando con su invasión caos y destrucción. Al decir Jeremías que él "miró" con esto manifiesta interponiéndose a si mismo siendo un testigo ocular de cómo Juda quedaría completamente despoblada, expresando que aun las aves del cielo no pasarían por esa ciudad desolada. En estas cuatro visiones el profeta presentó una escena dantesca al poner un retrato de lo que quedaría después de la desolación por manos de los caldeos, después de la invasión lo único

que permanecería en Jerusalén sería soledad y tristeza.
Miré, y he aquí el campo fértil era un desierto, y todas sus ciudades eran asoladas delante de Jehová, delante del ardor de su ira. *Jeremías 4:26*

A manera de conclusión de estas cuatro visiones el profeta menciona que incluso los campos fértiles de Juda se convertirían en un desierto totalmente árido, y que todas las ciudades que componían sus alrededores quedarían completamente destruidas, poniendo al Señor como un testigo de esa desolación. Y que al estar mirando Jehová esa destrucción, lo haría lleno de cólera y enfado, ¿Por qué? porque ese era un enfado no meramente provocado por la destrucción que sufriría su pueblo santo "los judíos" en manos de los babilonios, sino que el Señor estaría molesto con su pueblo por haber sido necio y rebelde, al grado de llegar hasta ese extremo de ser vencidos y llevados cautivos por sus enemigos.

Porque así dijo Jehová: Toda la tierra será asolada; pero no la destruiré del todo. *Jer. 4:27*

Dios es misericordioso, por eso el profeta manifestó en este párrafo una esperanza para el pueblo judío, y claramente enfatiza la frase "porque así dijo Jehová" el mensaje dicho fue: A pesar de que toda su tierra fuera asolada y destruida, el Señor dejaría a un remanente o un puñado de gente fiel. Así fue como sucedió, ya que en el mismo libro de *Jeremías 39:10* es escritor menciona lo siguiente acerca de ese remanente, concerniente con la promesa de Dios, en la cual expresó que no destruiría del todo la ciudad.

Pero Nabuzaradán capitán de la guardia hizo quedar en tierra de Judá a los pobres del pueblo que no tenían nada, y les dio viñas y heredades. *Jer. 39:10*
Siempre ha existido un remanente fiel del pueblo de Dios, en la época de Jeremías no fue la excepción. El Señor desde el tiempo

de Moisés hizo una promesa a su pueblo santo.
Y aun con todo esto, estando ellos en tierra de sus enemigos, yo no los desecharé, ni los abominaré para consumirlos, invalidando mi pacto con ellos; porque yo Jehová soy su Dios. *Levítico 26:44-45*

"yo no los desecharé, ni los abominaré para consumirlos" en esta promesa Dios le comunicó a su pueblo que aunque estuvieran en un país enemigo, él no los despreciaría ni los desecharía del todo. ¿Por qué? con esta acción cumpliría el Señor la promesa de la alianza que había hecho con sus padres, en particular con el padre de la fe, Abraham (*Génesis 12:1-3*) a partir de ese tiempo siempre quedaría un remanente fiel a Jehová tal como lo declaró el profeta Isaías.

Acontecerá en aquel tiempo, que los que hayan quedado de Israel y los que hayan quedado de la casa de Jacob, nunca más se apoyarán en el que los hirió, sino que se apoyarán con verdad en Jehová, el Santo de Israel. El remanente volverá, el remanente de Jacob volverá al Dios fuerte. Porque si tu pueblo, oh Israel, fuere como las arenas del mar, el remanente de él volverá; la destrucción acordada rebosará justicia. *Isaías 10:20-22*

En la promesa de Dios hecha por el profeta Jeremías, el Señor le dijo a su pueblo que no los destruiría del todo como lo hizo con Samaria (Los israelitas) (*2 Reyes 17:1-18*) o con el pueblo pagano de Nínive (*Nahum 1:14*) sino que dejaría al remanente fiel, y el Señor cumplió su palabra porque en la destrucción de Jerusalén vemos saliendo a un remanente después que la mayoría fue llevada cautiva a Babilonia. (*Jeremías 39:10-14*)

Por esto se enlutará la tierra, y los cielos arriba se oscurecerán, porque hablé, lo pensé, y no me arrepentí, ni desistiré de ello. *Jer. 4:28*

Capítulo 4

Por esto se enlutará la tierra, y los cielos arriba se oscurecerán,

Haciendo uso una vez más de la metáfora, ahora el autor del libro pone como escenario a la tierra y los cielos, siendo testigos de la catástrofe que les sobrevendría a los judíos. poniendo de la imagen de una tierra llena de luto, en este caso el luto era signo de tristeza profunda y pena por la pérdida de alguien, al ser atacados por los babilonios las pérdidas de vidas humanas serian muchas, tanto militares como civiles residentes de Juda y Jerusalén.

Porque hablé, lo pensé, y no me arrepentí, ni desistiré de ello.

El Señor manifiesta su naturaleza inmutable al expresar por medio del profeta la frase "hablé, lo pensé, y no me arrepentí, ni desistiré de ello" ¿Qué habló el Señor? En el contexto de *Jeremías 4:4-26*, observamos que el mensaje estaba centrado en una calamidad a tiempo futuro. A partir de esos mensajes el pueblo fue advertido de lo que estaba por venir. La resolución que Dios había tomado de castigar a sus hijos rebeldes, no tenía vuelta de hoja si es que no existía un arrepentimiento de su parte, ya que la naturaleza del Señor Todopoderoso es que no cambia (*Números 23:19, Stg. 1:17*) y en el juicio que había determinado hacia los judíos rebeldes no era la excepción, por tanto, no iba a desistir o dejar a medias lo que ya había empezado en lo concerniente al castigo que le esperaba a su pueblo por ser apostata. Esta era una clara advertencia que la amenaza de Jehová era eminente y que si ellos no se arrepentían, tendrían que sufrir las consecuencias, desafortunadamente aun con estos mensajes de advertencia, el pueblo continuó en su misma condición de pecadores.

Al estruendo de la gente de a caballo y de los flecheros huyó toda la ciudad; entraron en las espesuras de los bosques, y subieron a los peñascos; todas las ciudades fueron abandonadas, y no quedó en ellas morador alguno. *Jer. 4:29*

El profeta definió al ejército de caballería del rey Nabucodonosor, como gente de a caballo, los arqueros o flecheros también fueron parte importante de muchos ejércitos de antaño, en este caso Jeremías hizo mención de la incursión militar de las tropas caldeas, estos entrarían a través de los bosques del territorio de Juda para después subir por los peñascos, a algunos judíos les fue posible aplicar la huida a otros no y desafortunadamente fueron tomados cautivos (*Jeremías 39:4-5*) el destino final de las ciudades: Desolación, por ejemplo en el caso de Jerusalén literalmente una ciudad vacía mostrando asi los vestigios de guerra y destrucción que pasaron por ahí como señal de que fueron atacados y derrotados por el ejército caldeo.

El mismo profeta Jeremías escribió en el libro de Lamentaciones la triste realidad de su pueblo durante la invasión de los babilonios.

Más dichosos fueron los muertos a espada que los muertos por el hambre; Porque éstos murieron poco a poco por falta de los frutos de la tierra. Las manos de mujeres piadosas cocieron a sus hijos; Sus propios hijos les sirvieron de comida en el día del quebrantamiento de la hija de mi pueblo. Cumplió Jehová su enojo, derramó el ardor de su ira; Y encendió en Sion fuego que consumió hasta sus cimientos. *Lamentaciones 4:9-11*

Y tú, destruida, ¿qué harás? Aunque te vistas de grana, aunque te adornes con atavíos de oro, aunque pintes con antimonio tus ojos, en vano te engalanas; te menospreciarán tus amantes, buscarán tu vida. *Jer. 4:30*

Y tú, destruida, ¿qué harás?

Al ser inminente un juicio venidero de parte de Dios contra los judíos usando a los babilonios como instrumento de justicia escritor les pregunta que cuando los destruyeran ¿Qué harían al respecto?

Capítulo 4

O ¿Qué postura iban a tomar en lo concerniente a dicha situación? Aunque te vistas de grana, aunque te adornes con atavíos de oro, aunque pintes con antimonio tus ojos, en vano te engalanas;

El mismo profeta les responde esas dos preguntas, al notificarles cual sería la postura que ellos tomarían al ver con impotencia al enemigo derribar sus ciudades, el profeta les expresa a los judíos ue de balde les serviría querer persuadir a sus enemigos para que no los castigaran.

- Aunque te vistas de grana
- Aunque te adornes con atavíos de oro
- Aunque pintes con antimonio tus ojos.

¿Qué significado tenía el vestirse de grana? Implicaba el hecho de que eran personas importantes. Por aquellos tiempos las vestimentas de grana o de color purpura, eran de uso exclusivo de los reyes (*Jueces 8:26*) los oficiales con alto rango (*Ester 8:15*) por la gente rica y acaudalada (*Lucas 16:19*) el purpura era una especie de pintura que se extraía exclusivamente de las conchas marinas del Mediterráneo (mures trunculus) a consecuencia de su difícil extracción su precio era sumamente caro, tal color solo la gente importante lo portaba, Jeremías les dejó ver a los importantes que ni aun su posición les serviría de ayuda para evitar ser llevados cautivos, pensando que sus enemigos les tendrían consideración alguna, y no porque se adornaran con oro o se pintaran las mujeres y se pusieran lustrosas para verse bellas, eso no serviría como garantía alguna de protección contra sus enemigos, ya que a la llegada de las tropas babilónicas estos no tendrían consideración alguna, lo único que contaría para ellos era destruir a sus enemigos, desde niños a adultos y viejos decrépitos.

Porque oí una voz como de mujer que está de parto, angustia como de primeriza; voz de la hija de Sion que lamenta y extiende sus manos, diciendo: !!Ay ahora de mí! que mi alma desmaya a

causa de los asesinos. *Jer. 4:31*
En esta última porción del capítulo cuatro, el autor refleja una cruda y triste escena de lo que sería el desenlace de los judíos, a Juda de una forma metafórica el profeta la presentó como si fuese una mujer encinta la cual está en parto y tiene dolores como si fuese su primer vástago, lamentándose en extremo, incluso gritando por el dolor intenso, la aplicación es que así gritarían figurativamente o tal vez literal, en el momento que llegasen los babilonios y arrasaran con ellos, presentando al enemigo como "los asesinos" se dice que un asesino es todo aquel que mata con alevosía premeditación y ventaja. En su furia Nabucodonosor y sus tropas no tendrían consideración alguna hacia los que ellos catalogaron como sus enemigos, como ejemplo de su crueldad vemos la triste escena en la cual fueron degollados los hijos de Sedequías en presencia de él y después de ver muertos a sus hijos, le sacaron los ojos (ref. *Jer. 39:6-7*)

Capítulo 5
Juda, un pueblo necio y sin conocimiento

Recorred las calles de Jerusalén, y mirad ahora, e informaos; buscad en sus plazas a ver si halláis hombre, si hay alguno que haga justicia, que busque verdad; y yo la perdonaré. *Jer. 5:1*

La corrupción y apostasía del pueblo de Dios había rebasado los límites, en el contexto del versículo uno al tres, el autor se enfoca en hacerle saber a los judíos una vez mas su estatus moral, esta corrupción llegó a consecuencia de que ellos no decidieron hacer la voluntad de Jehová, tampoco acataron los estatutos que les había ordenado el Señor.

En este pasaje vemos plasmada la misericordia y paciencia del Señor ¿Por qué? Observemos la invitación que le hizo a la gente para poder perdonarlos.

- Recorran las calles
- Presten atención
- Infórmense
- Busquen por las plazas

¿Con que propósito todo esto? Para ver si existía entre ellos alguien que verdaderamente buscara la justicia y verdad que procede de Dios. A final de cuentas todo este procedimiento llevaba como meta el perdón de parte de Jehová. Este caso se asemeja a grandes rasgos a la situación de Sodoma y Gomorra cuando Abraham intercedió por esa gente pecaminosa y perversa.

Y volvió a decir: No se enoje ahora mi Señor, si hablare solamente una vez: quizá se hallarán allí diez. No la destruiré, respondió, por amor a los diez. Y Jehová se fue, luego que acabó de hablar a Abraham; y Abraham volvió a su lugar. *Génesis 18:32-33*.

La advertencia que menciona Jeremías se asemeja en el lenguaje. Porque en aquel entonces Abraham pidió por ellos y Dios concluyó en que si hubiese al menos diez justos él los perdonaría. Pero en el capítulo 19 del libro de Genesis nos damos cuenta de que ni siquiera hubo esos diez justos. Sino solamente uno por decirlo asi, Lot. (*2 Pedro 2:6-9*)

En esa exhortación el profeta inspirado por Dios les dijo que hicieran las cuatro cosas antes mencionadas. Desafortunadamente fueron muy pocos los justos encontrados en toda Jerusalén. El autor usando la hipérbole, (un lenguaje que hace uso de la exageración en el mensaje), nadie discute que la gente contemporánea de Jeremías se había vuelto perversa, mala y apostata, (*Jeremías 2:19-20*) a pesar de esa decadencia en la mayoría, aun existía un pequeño remanente que deseaba hacer el bien y obedecer a Jehová, tal fue el caso del mismo Jeremías, Baruc su amanuense, y todos aquellos pobres que anteriormente habían sido oprimidos y despojados por sus propios conciudadanos los ricos, estos quedaron exentos de ser llevados cautivos por Nabucodonosor.

Pero Nabuzaradán capitán de la guardia hizo quedar en tierra de Judá a los pobres del pueblo que no tenían nada, y les dio viñas y heredades. *Jeremías 39:10*

Al contrario, los judíos fueron por un rumbo distinto.

- No buscaron la justicia, ni el vivir según la ley de Dios.
- No buscaron la verdad de Dios sino la mentira.
- No buscaron el reconciliarse con Dios sino persistieron en ser rebeldes.

El hacer la voluntad de Dios no es fácil pero tampoco imposible. Desafortunadamente el humano en su naturaleza pecaminosa se inclina siempre por el mal en lugar de buscar el bien. Ya lo había dicho el Señor Jesucristo que la puerta a la perdición es muy ancha pero el camino a la salvación muy angosto. (*Mateo 7:13-14*) este pasaje concluye con las palabras "angosto el camino que lleva a la vida, y pocos son los que la hallan."

A manera de aplicación pregúntese a si mismo amado hermano en la fe ¿Cómo se conduce la gente a mi alrededor? ¿Son temerosos de Dios o son incrédulos? ¿hacen las cosas a su manera o como Dios pide? Pero también pregúntese ¿Cómo me conduzco yo y como es la forma de conducta de mis hermanos en la fe? ¿somos fieles o hay más infieles que fieles dentro de la iglesia? Pareciese como si la historia se repite una y otra vez. Ya que desde tiempos ancestrales vemos en las escrituras ese mismo patrón.

Aunque digan: Vive Jehová, juran falsamente. *Jer. 5:2*

Ahora el profeta les trae a la memoria ese juramento de cuantas veces habían jurado en vano, porque juraban falsamente, el mismo Jeremías los había presentado como gente injusta, Según palabras expresas por el profeta mencionan.

Con todo esto, su hermana la rebelde Judá no se volvió a mí de todo corazón, sino fingidamente, dice Jehová. *Jeremías 3:10*

Ya lo había dicho el profeta: "El pueblo se había vuelto a Jehová pero no del todo sino de una manera fingida o hipócrita" la hipocresía simplemente se resume en actuar bajo una parte fingida, manifestando algo que realmente no es, tal como el payaso que puede manifestar alegría por medio de su antifaz pero detrás del mismo hay amargura y tristeza de corazón, en este caso, los judíos actuaban como si estuviesen arrepentidos pero distaba mucho de que así fuera. Conforme a la historia bíblica observamos que el rey Josías restauró el servicio a Dios e inmediatamente se dedicó a derribar todos los lugares altos donde los judíos hacían sacrificios a los ídolos (*2 Reyes 23:4-20*) Josías tuvo que luchar contra corriente porque aunque su esfuerzo en hacer la voluntad de Jehová fue enorme, sus conciudadanos no eran del mismo pensamiento que él, muchos juraron falsamente el nombre de Jehová, pero sus pensamientos y actitudes seguían siendo de rebeldía e idolatría, resultaba algo sumamente difícil que un solo hombre pudiera cambiar la mentalidad de miles de gentes que habían decidido de todo corazón dejar a Jehová.

Ilustración practica a nuestros tiempos.

Hoy en día, aunque un dirigente de una nación sea bueno y quiera cambiar la mentalidad de todo un país, será literalmente imposible que una sola persona logre el cambio, decía alguien que el cambio comienza por uno mismo, tristemente así pasó en el tiempo de Jeremías, porque en su fingimiento los judíos juraban falsamente. Y algo falso, es algo fingido, engañoso, simulado o falto de realidad o de veracidad. A final de cuentas no se arrepintieron.

La actitud de Apostasía de Juda y Jerusalén

Oh Jehová, ¿no miran tus ojos a la verdad? Los azotaste, y no les dolió; los consumiste, y no quisieron recibir corrección; endurecieron sus rostros más que la piedra, no quisieron convertirse. *Jer. 5:3*

Oh Jehová, ¿no miran tus ojos a la verdad?
En una frase de dolor o amargura el profeta expresó "Oh Jehová" haciendo una pregunta ¿no miran tus ojos a la verdad? Esta pregunta implicaría lo siguiente ¿no busca Dios mirar fidelidad o fe en sus hijos? Porque la fidelidad es la lealtad o la observancia de la fe que alguien debe a otra persona. Así debieron conducirse los judíos porque era lo que el Señor esperaba de ellos, en contraste en lugar de ser fieles, se condujeron con una actitud de infidelidad.
Los azotaste, y no les dolió; los consumiste, y no quisieron recibir corrección;
En la versión Reina Valera se tradujo el término "los azotaste" ¿Qué aplicación le dio el profeta a esta idea? el azote fue por aque-

llos tiempos una forma de castigo, el escritor le da una aplicación fuese literal o figurativo. Conforme al estilo literario del profeta, en esta ocasión el escritor por medio de la metáfora deja ver como Dios castigó a los judíos, tomando el contexto histórico se hace alusión a los ancestros de las generaciones antes de Jeremías (*Isaías 1:5, Jeremías. 2:30, Amos 4:6-11*) para la época de Jeremías habían pasado como cien años desde que los israelitas cayeron como nación y su reino fue erradicado, después fueron llevados cautivos por los asirios, desafortunadamente los judíos iban por el mismo sendero, los profetas antes mencionados como: Isaías y Amos, también hablaron en su debido momento de castigo, destrucción y calamidad, pero aun teniendo la evidencia de lo que pasó con sus ancestros, la actitud porfiada de la gente en los tiempos de Jeremías, es que no quiso entender la advertencia, e hicieron a un lado el ejemplo del triste desenlace de sus hermanos los israelitas. Por su parte los judíos no quisieron recibir la disciplina de parte de Dios. Recordemos que la disciplina de Jehová siempre tiene un propósito tal como lo declaró el escritor a los Hebreos basándose en *Proverbios 3:11-12*

No menosprecies, hijo mío, el castigo de Jehová, Ni te fatigues de su corrección; Porque Jehová al que ama castiga, Como el padre al hijo a quien quiere. *Proverbios 3:11-12*

y habéis ya olvidado la exhortación que como a hijos se os dirige, diciendo: Hijo mío, no menosprecies la disciplina del Señor, Ni desmayes cuando eres reprendido por él; Porque el Señor al que ama, disciplina, Y azota a todo el que recibe por hijo. Si soportáis la disciplina, Dios os trata como a hijos; porque ¿qué hijo es aquel a quien el padre no disciplina? Pero si se os deja sin disciplina, de la cual todos han sido participantes, entonces sois bastardos, y no hijos. *Hebreos 12:5-8*

Esa disciplina tenía como objetivo la corrección en ellos, desafortunadamente el profeta deja ver el ejemplo de aquel hijo rebelde que se revela contra sus padre cuando lo disciplinan con vara y dice, "no me dolió" esa era la mentalidad de los judíos, como diciendo "no nos importa lo que nos hagas Dios, o lo que nos castigues, nuestra conducta seguirá siendo la misma"

Endurecieron sus rostros más que la piedra, no quisieron convertirse.

Continuando con la exhortación, el profeta deja ver por medio de sus palabras cual era la actitud de ellos hacia Dios y sus estatutos, ahora compara los rostros de los judíos con una piedra, haciendo uso de la metáfora. ¿Qué implicaba esto? Eso no significa literalmente que hallan endurecido sus rostros, lo que habían endurecido fue su corazón. Dentro del contexto el corazón es el símbolo o representa los pensamientos u el intelecto y las emociones del humano. En este caso el pueblo santo (los judíos) se habían convertido en un personas insensibles con su mente cauterizada, tomando una actitud de terquedad que los condujo a ser más duros que la roca, y como su corazón estaba tan endurecido no quisieron convertirse de sus maldades (*Jeremías 2:29*)

¿Hay una aplicación para el pueblo de Dios en el presente tomando como referencia este pasaje? Si. ¿Cuál es?

Hoy en día no pocos cristianos también endurecen sus rostros ¿de qué manera? Cuando no tienen una buena disposición ante la exhortación de Dios por medio de su Palabra santa, como resultado de esa indisposición no existe un cambio en la vida de ellos, incluso eso puede pasar en cualquiera de nosotros si llegásemos a endurecer nuestro corazón al consejo divino. Cuando esto pasa, persistimos en seguir con el mismo estilo de vida que no agrada a Dios.

Pero yo dije: Ciertamente éstos son pobres, han enloquecido, pues no conocen el camino de Jehová, el juicio de su Dios. *Jer. 5:4*

Tan tercos, faltos de sensibilidad y miserables eran los judíos de condición económica pobre según como los descifra Jeremías, se resumía que eran personas privadas del consejo divino. Según la Biblia Al Día dice: Entonces pensé: «Así es la plebe; siempre actúan como necios, porque no conocen el camino del Señor.
¿Por qué pensaba así el profeta? El concepto que tenia de la plebe, el vulgo o el pueblo común, es que estos eran necios o ignorantes a los estatutos de Dios en consecuencia de que como eran pobres eso los ponía en desventaja ante la elite de aquella sociedad judía, los pobres eran gente que no tenía ni el tiempo mucho menos los recursos económicos para la educación o el aprendizaje por medio de los maestros judíos, al contrario, la mayor parte de su tiempo la ocupaban en trabajar y ganar el pan de cada día para sobrevivir, según al criterio del profeta este era un motivo por el cual no conocían exactamente los caminos de Dios, ni sus estatutos y justicia, e igual no se daban a la tarea de escudriñar las palabras sagradas, para ellos existían otras prioridades, debido a ello se privaban de saber cómo conducirse moral y espiritualmente.
¿Sería ese un pretexto justificable ante Jehová?
 No, no podían decir "somos ignorantes en lo que concierne a los estatutos de Dios" el problema radicaba también en que ellos en su estado de carencia o simplicidad, no les importaba en lo absoluto buscar y cumplir las leyes que Dios les dejó estipuladas.
El humano siempre se ha querido justificar. Por ejemplo, en el presente muchas personas alegan que no conocen la palabra de Dios debido a que son pobres, no les alcanza para comprarse una biblia. Recuerdo que me decía un hermano de Costa Rica, "pero que no les falte el saldo en sus teléfonos celulares para pasarse metidos en el Facebook todo el día, para eso si tiene la gente, pero no para conocer el consejo de Dios"
Definitivamente la pobreza nunca ha sido un obstáculo ya que el Señor siempre pone los medios para todos aquellos que buscan hacer su voluntad puedan encontrar la manera de hacerlo, se dice

coloquialmente que la ignorancia es la madre de todos los males, y que la decadencia de un pueblo es a causa del analfabetismo, tanto secular como espiritualmente. En el caso de los judíos se les catalogó como a unos analfabetas en los estatutos de Dios, eso fue lo que los llevó a ser no solo pobres sino locos, habían perdido el juicio de lo que era hacer la voluntad de Jehová.

Iré a los grandes, y les hablaré; porque ellos conocen el camino de Jehová, el juicio de su Dios. Pero ellos también quebraron el yugo, rompieron las coyundas. *Jer. 5:5*

El profeta tuvo dos tipos de audiencias, la gente del vulgo que no quiso escuchar, pero hace un parte aguas mencionando que iría también a predicarles el mensaje a los grandes. En este caso los grandes, representaban la elite entre los judíos, personas de preeminencia como: Los reyes, sacerdotes, escribas, ancianos o aun los mismos profetas y gente de alcurnia. ¿Cuál era el propósito en mente que tenía el profeta para ellos? exhortarlos a un arrepentimiento, porque siendo estos personas importantes, deberían o tenían la responsabilidad de conocer las leyes de Dios de una manera adecuada, no como el vulgo que presenta Jeremías como gente pobre que no quería conocer ni entender de la ley de Dios. Pensando que con los ricos seria la excepción pero que decepción se llevó el profeta al ver que también estos se encontraban en la misma condición espiritual y moral

Pero ellos también quebraron el yugo, rompieron las coyundas.

El profeta se encontró con una actitud muy similar a la del pueblo común, exclamando que estos personajes importantes también quebraron el yugo y rompieron las coyundas, estos instrumentos fueron correas anchas y fuertes con las que se amarraba a los bueyes para dirigirlos y frenarlos, muy similar a la rienda que se usa en los caballos, cuando a estas bestias se le suelta la rienda se desbocan o salen huyendo, Jeremías hizo uso de un lenguaje metafórico para representar a los grandes, como si fuesen unos bueyes salvajes y rebeldes que quiebran el yugo o la yunta puesta en su cuello con el propósito de ser guiados y luego rompen las ataduras y se rebelan. Así fueron los judíos, metafóricamente hablando, ya que se rebelaron ante Dios, y mismo Jeremías menciona como esta gente importante se había corrompido (*Jeremías 2:8*) los pobres estaban en cierta desventaja en lo concerniente a aprender el mensaje de Dios, y si hubo alguien que pudo haberles ayudado a los pobres en conocer el consejo divino, estos fueron los ricos o los líderes del pueblo pero estos últimos se volvieron arrogantes y soberbios y tampoco quisieron nada con la Palabra de Dios. Lo mismo que fue ayer es lo mismo que es hoy. Los tiempos cambian, pero el corazón de las personas no evoluciona mucho.

(Las Consecuencias de la Apostasía)

Por tanto, el león de la selva los matará, los destruirá el lobo del desierto, el leopardo acechará sus ciudades; cualquiera que de ellas saliere será arrebatado; porque sus rebeliones se han multiplicado, se han aumentado sus deslealtades. *Jer. 5:6*

Pobres y ricos al igual se corrompieron, no hubo diferencia alguna en ambos, se hicieron malvados y Dios que todo lo sabe, porque escudriña corazones y mentes, fue testigo de la conducta de ellos. Con tal comportamiento no podían esperar en recompensa la aprobación y bendiciones que vienen de lo alto (*Santiago 1:17*) sino todo lo contrario, y en este mensaje metafórico el profeta Jeremías hizo mención de cómo el león de la selva los mataría, esto no quiere decir literalmente se los devorarían, o que el lobo del desierto los destruiría o el leopardo asecharía las ciudades de ellos, sino que es un mensaje figurativo en el cual el profeta, les deja claro a los judíos la advertencia de que Nabucodonosor el rey babilonio y sus tropas, asecharían Jerusalén sitiándola para después destruirla, acto seguido serían llevados cautivos, en resultado como había dicho el profeta, a causa de sus rebeliones que se habían multiplicado en gran manera, mismas que los desviaron a ser desleales quebrantando así las leyes de Dios, y su fidelidad se convirtió en infidelidad.

¿Cómo te he de perdonar por esto? Sus hijos me dejaron, y juraron por lo que no es Dios. Los sacié, y adulteraron, y en casa de rameras se juntaron en compañías. *Jer. 5:7*

¿Cómo los perdonaría por sus fechorías? Pregunta el Señor por medio del profeta. La evidencia de su apostasía era clara, en el versículo cinco y seis de este capítulo, declaró Jeremías en que condición se encontraba el pueblo judío, y no conforme con haberse vuelto necios, locos, soberbios y negligentes. Aun con todo eso se apartaron de los caminos de Dios, el escritor lo resume en la frase: "Me dejaron" Tan enfocados estaban en practicar sus maldades volviéndose apostatas al grado que su corrupción fue en escala llegando al punto que juraron por los falsos dioses de los pueblos paganos tales como: Baal o la reina del cielo llamada Astarot o Astarte (*Jeremías 7:9,18*) que ingratitud de parte de este pueblo ¿Por qué? Dios había provisto para ellos lo necesario en todo momento, pero eso les importó poco porque aún en los tiempos de Jeremías, la decadencia de ellos no solo fue en el aspecto espiritual sino que también se hicieron sumamente inmorales, ya que llevaban a la práctica actos sexuales reprobables mismos que iban de la mano con la idolatría a los dioses paganos, prostituyéndose así tanto ceremonial o sagradamente como físicamente. Según la referencia que se hace en el Tyndale Bible Dictionary en la pag. 225 en su información acerca de los cananeos, sus deidades y su religión, hace mención que el culto realizado a Baal y a Asera, por las sacerdotisas y los sacerdotes estaba centrado en la prostitución o en realizar actos sexuales, que implicaba una forma de adoración para los dioses paganos. Y por tal motivo como menciona en este pasaje Jeremías, los judíos no solo se corrompían espiritualmente adulterando con los dioses paganos, sino que desvergonzadamente y sin pudor alguno también se estaban corrompiendo ellos mismos con los actos sexuales en los cuales se prostituían literalmente.

Como caballos bien alimentados, cada cual relinchaba tras la mujer de su prójimo. *Jer. 5:8*

El Señor todavía sigue con la reprensión al reprocharles su conducta licenciosa, enfocada en libertinaje y disolución, en el éxtasis de esa conducta reprobable, no conformes con prostituirse con las mujeres paganas, llegaron al límite de ir a buscar a la mujer de su prójimo violando así uno de los mandamientos del decálogo.

No codiciarás la casa de tu prójimo, no codiciarás la mujer de tu prójimo, ni su siervo, ni su criada, ni su buey, ni su asno, ni cosa alguna de tu prójimo. *Éxodo 20:17*

El retrato que presenta el profeta de sus conciudadanos es asemejándolos como su fuesen caballos bien alimentados e insaciables que solo buscaban hembra para calmar ese fuego. Literalmente los judíos en el tiempo de Jeremías su enfoque fue el placer sexual importándoles poco o nada que las mujeres que seducían fueran esposas del prójimo.

Por ejemplo, hoy en día es muy común ver entre la gente del mundo que no pocos hombres y mujeres casados buscan aventuras fuera de su hogar, desafortunadamente la conciencia de ellos al estar sumamente cauterizada no sentían remordimiento alguno por sus acciones reprobables. Exactamente de esa forma es como estaban actuando los judíos cuando Dios les transmite este mensaje por medio de Jeremías. Con una carencia total del respeto hacia la mujer de su prójimo y lo único que primaba en sus mentes era satisfacer sus más bajos deseos carnales.

¿No había de castigar esto? dijo Jehová. De una nación como esta,

Capítulo 5

¿no se había de vengar mi alma? *Jer. 5:9*

A toda acción resulta una reacción, y el comportamiento de los judíos no era la excepción, ya que sus acciones reprobables ante los ojos del Dios Todopoderoso traerían consecuencias. En esta porción del libro el Señor hace una pregunta por medio del profeta ¿no los he de castigar por eso? Definitivamente había que aplicarles una pena por todos esos delitos, faltas, fechorías y corrupción total. La nación se había pervertido en gran manera actuando desenfrenadamente. Surge también otra pregunta en el diálogo ¿no se había de vengar mi alma? Tarde o temprano todos ellos recibirían el pago por sus acciones nefandas. Dios estaba tan indignado con su pueblo, a pesar de que el Señor es excesivamente misericordioso (*Santiago 5:11*) sin embargo los judíos abusaron del exceso de paciencia y misericordia que había tenido para con ellos, por tal motivo, en su ira contra su pueblo el castigo sería terrible, derramando así su venganza contra su pueblo rebelde, ya se les habían dado muchas oportunidades al arrepentimiento pero no las aprovecharon.

La aplicación de esta enseñanza para el pueblo de Dios en el presente es la siguiente.

El cristiano debe asimilar que si decide apartarse del camino y no conforme con ello toma también la osadía de provocar a ira a Dios, debido a una conducta reprobable, ¿Podremos esperar bendiciones y aprobación de nuestro Padre cuando actuamos asi? No, al contrario, lo que vendrá a nuestra vida en lugar de bendiciones y alegría, será calamidad y maldiciones. El mismo apóstol Pedro declaró en la primera de sus epístolas inspirado por las palabras del salmista.

Porque: El que quiere amar la vida Y ver días buenos, Refrene su lengua de mal, Y sus labios no hablen engaño; Apártese del mal, y haga el bien; Busque la paz, y sígala. Porque los ojos del Señor están sobre los justos, Y sus oídos atentos a sus oraciones; Pero el rostro del Señor está contra aquellos que hacen el mal. *1 Pedro*

3:10-12
Definitivamente el pueblo de Dios en los tiempos de Jeremías había roto estos mandamientos.

Escalad sus muros y destruid, pero no del todo; quitad las almenas de sus muros, porque no son de Jehová. *Jer. 5:10*

(La promesa de un remanente entre el pueblo apostata)

Metafóricamente el escritor presenta al pueblo judío como si fuese un viñedo, detrás de esa metáfora había un mensaje. ¿Cuál? El Señor menciona por medio del profeta que el enemigo (los babilonios) entraría por medio del viñedo (Juda) y que iría destruyendo cada una de las ramas, pero la advertencia del Señor es que no destruyeran del todo la parra, sino que dejaran solamente la raíz, pero que las ramas fueran podadas, ¿Por qué debían ser podadas o arrancadas las ramas? menciona el Señor que esas ramas ya no le pertenecían. En este caso las ramas representan a todos los judíos rebeldes de aquel tiempo que apostataron contra Dios, muchos de ellos morirían en la incursión militar de los babilonios, otros tantos serían llevados cautivos a Babilonia, pero también quedaría un resto, estos eran el remanente tal como quedó en los tiempos del profeta Isaías después de los ataques de Senaquerib rey de Asiria (*Isaías 37:32*) pero muchos fueron salvos en el tiempo del rey judío Ezequías.

¿Qué implica el remanente? El remanente tenía que ver con un grupo reducido de personas fieles que quedaría después de la refriega del enemigo. ¿Qué hubiese pasado si el Señor erradicaba del todo a Juda como lo hizo con Israel? ¿por medio de quién vendría Cristo? ¿si la raíz fuese arrancada del todo? Resulta lógico pensar que, si Dios hubiese hecho eso con Juda y Jerusalén, no permanecería una simiente y si no existiera simiente no hubiera podido venir Cristo a la tierra a redimir los pecados de todo el mundo.

Capítulo 5

Porque resueltamente se rebelaron contra mí la casa de Israel y la casa de Judá, dice Jehová. *Jer. 5:11*

¿Por qué Juda se convertiría en una viña desarraigada? El Señor nunca castiga sin motivo alguno y por medio del profeta les explica que esto sucedería a consecuencia que ellos mismos deliberadamente decidieron actuar sin fe e ir en contracorriente de los estatutos de Dios, rebelándose ante el Creador. El profeta hizo mención de ambos reinos. El del sur (Juda y Jerusalén) y el del norte (Israel) pero no solamente la casa de Israel fue rebelde en el pasado sino que también la casa de Juda se condujo de una manera muy similar a la de sus hermanos del reino del norte (Israel), cabe destacar que para el tiempo de Jeremías, los israelitas ya habían sido destruidos como nación y reino, fueron expulsados de Samaria y llevados cautivos por los asirios (*2 Reyes 17:16-18,24*) ni con este ejemplo de destrucción y castigo que Dios le mandó a los israelitas sirvió como freno para los judíos, al contrario, ellos decidieron de todas formas rebelarse contra Dios, no cambiaron su actitud, ni buscaron arrepentimiento.

Negaron a Jehová, y dijeron: Él no es, y no vendrá mal sobre nosotros, ni veremos espada ni hambre; *Jer. 5:12*

Algo sucede regularmente cuando los hijos de Dios se apartan del camino del bien, rebelándose en contra de Él, algunos desarrollan en su interior una actitud como si no fuese a haber un castigo o una represión correspondiente de parte de Dios por sus acciones nefandas. Precisamente esa fue la historia primero de los israelitas y después de los judíos, en esta porción de la Escritura, el autor (Jeremías) menciona que el pueblo de Dios constantemente estaban negando que serían castigados por sus acciones, y en su descaro declaraban públicamente sin preocupación alguna que Dios no era el Dios Todopoderoso y hasta llegaron al grado de pensar que Dios no iba a repréndeles tarde que temprano por todas sus maldades, llegaban pues a la conclusión según sus propios criterios de que ningún mal caería sobre ellos, y que tampoco les sobrevendría calamidad por medio de los ataques del enemigo, ni el hambre. Al usar el escritor la frase que fue traducida según la BRV60 "ni veremos espada" la espada, en este caso dentro de su contexto implicaba: guerra y destrucción. el hambre vendría a consecuencia del tiempo de conflicto bélico entre ellos y los babilonios, al ser invadidos sufrirían los estragos de ese ataque por esta sitiados y no poder salir de la ciudad, a consecuencia de ello vendría la desolación en la vida de muchos de los habitantes en Jerusalén.

Ilustración para el presente.

La historia en el pueblo de Dios se repite continuamente ¿Por qué? es cierto que en el presente el cristiano promedio no declarara públicamente no creer en Dios. Pero, aunque no lo declaren, con sus acciones manifiestan esa actitud. ¿Por qué? en ocasiones algunos actúan sin preocupación alguna, mostrando dudas acerca de que Dios es el Todopoderoso, y ponen en tela de juicio el hecho de que el Señor Jesucristo vendrá por segunda vez, y con su segunda venida traerá un juicio para todo el mundo, y dará a cada quien conforme a sus obras (Referencia acerca del juicio final *2 Corintios 5:10*) debemos aprender de la historia para no tomar una actitud similar a la que estaban tomando los judíos en el tiempo de Jeremías.

antes los profetas serán como viento, porque no hay en ellos palabra; así se hará a ellos. *Jer. 5:13*

Una cosa es lo que pensaban ellos acerca de Dios, o dudar en que Él no los castigaría por sus fechorías, y otra cosa era la realidad en que vivían y lo que les deparaba.

Desafortunadamente los falsos profetas comenzaron a propagar este mensaje de falsedad entre el pueblo y lo triste del caso es que la gente empezó a creer por boca de ellos. Pero, estos profetas no habían sido enviados por Dios sino que eran falsos profetas, por aquellos tiempos una de las funciones principales de los verdaderos profetas de Dios era expresarle al pueblo un mensaje, ya fuera de advertencia, arrepentimiento o exhortación, pero en este caso los profetas no inspirados por Dios como lo fue por aquel tiempo el falso profeta llamado Hananías (*Jeremías Cap. 28*) encargado de divulgar entre el pueblo un mensaje de falsedad totalmente contrario a lo dicho por Jeremías en lo que concernía al ataque evidente de los babilonios y al castigo de Dios (ref. *Jer. 28:1-4,10-11*) y por tal motivo, como menciona el Señor, por medio de Jeremías, la suerte adversa que les deparaba a todos estos falsos profetas es que serían como el viento y de igual manera sus palabras llenas de falacia, así como dice el dicho "las palabras se las lleva el viento" ya que sus mensajes estaban plasmados de falsedad y mentiras, en primer lugar Dios nunca los inspiró para que expresaran ese mensaje, sino que sus argumentos salieron de sus propias bocas, y no de la inspiración divina, pero tarde o temprano recibirían retribución por sus palabras de engaño al pueblo, así como le aconteció al falso profeta Hananías (ref. *Jer. 28:15-17*)

Por tanto, así ha dicho Jehová Dios de los ejércitos: Porque dijeron esta palabra, he aquí yo pongo mis palabras en tu boca por fuego, y a este pueblo por leña, y los consumirá. *Jer. 5:14*

¿Qué querría decir el profeta al expresar la frase "así ha dicho Jehová Dios de los ejércitos"? Con estas palabras Jeremías tenían varios propósitos, uno de ellos era manifestarles a sus compatriotas las cualidades de Dios entre ellas resaltaban su dominio y poder, según el texto hebreo traducido al español "Jehová Dios" del hebreo "Yhwh ·hîm" implica: Yahweh, o Jehová el Dios, El Señor.

Mientras que la palabra ·hîm implica: el verdadero Dios (*Génesis. 1:1*) El autor usó la palabra hebrea, que implica que Dios es el Todopoderoso y que tiene el poder absoluto, sobre todo y sobre todos, y por tal motivo es el Dios de los ejércitos. Uno de los propósitos de Jeremías al expresar estas palabras era refutar la ideología de sus conciudadanos porque a esas alturas ellos en una actitud muy despreocupada pensaban que Dios no era el Todopoderoso y por tanto no vendría castigo a ellos, pero el problema no solo radicaba en lo que estaban pensando sino que ese pensamiento se había diseminado tanto en la gente como en los falsos profetas, Dios le mencionó al profeta "he aquí yo pongo mis palabras en tu boca por fuego" ¿Qué significado tenía esta frase de parte del Altísimo? Tenía que manifestarse una diferencia entre los verdaderos y los falsos profetas, con ello el Señor dejaba ver que Jeremías había sido inspirado para predicar dicho mensaje, desafortunadamente no sería de amor, paz y prosperidad, al contrario, era de represión contra los judíos, enfocado en destrucción, calamidad, desolación y muerte. Las palabras de Jeremías se transformarían figurativamente como si fuesen fuego, mientras que al pueblo se le asemeja a la leña, misma que el fuego consumiría, denotando como las mismas palabras del profeta tarde o temprano tendrían un efecto destructor, ¿Por qué destructor? Ellos mismos habían decidido rechazar el mensaje profético de Jeremías, pero tarde o temprano esa calamidad de la cual les había expresado el profeta, se haría presente.

He aquí yo traigo sobre vosotros gente de lejos, oh casa de Israel, dice Jehová; gente robusta, gente antigua, gente cuya lengua ignorarás, y no entenderás lo que hablare. *Jer. 5:15*

He aquí yo traigo sobre vosotros gente de lejos, oh casa de Israel, dice Jehová;

El profeta enfatizó a su gente el hecho que Dios traería sobre ellos gente de lejos, o naciones de un lugar distante, en este caso esa nación tenía que ver con el pueblo babilonio al mando de Nabucodonosor. La primera de tres invasiones donde hubo deportaciones en lo concerniente a los ataques de Nabucodonosor y su ejercito, se encuentra estipulada en el libro del profeta Daniel.

En el año tercero del reinado de Joacim rey de Judá, vino Nabucodonosor rey de Babilonia a Jerusalén, y la sitió. *Daniel 1:1*

Esta deportación pudo haber acontecido por el año 606 a.c aproximadamente. Según el hermano Burton Cuffman en sus notas Coffmans's Introductions to the Books of The Bible in Jeremiah, menciona que el ministerio de Jeremías pudo haber dado inicio por el año 627 a.c. Entonces desde el inicio de su ministerio a la primera deportación por medio de Nabucodonosor pasó un lapso de aproximadamente veinte años.

Cuando Jeremías hizo pública esta advertencia posiblemente los judíos aún no habían sufrido ninguna deportación en manos de los babilonios, pero ya avecinaba la calamidad, misma, que según Jeremías vendría de Babilonia.

Gente robusta, gente antigua, gente cuya lengua ignorarás, y no entenderás lo que hablare.

Algunas características de la gente proveniente de Babilonia que atacarían a los judíos, en distintas ocasiones, son mencionadas por el profeta, primero que nada, los identifica como gente robusta, gente antigua, en algunas versiones de la Biblia como la Versión de la Biblia al Día representa a los babilonios de la siguiente manera:

Una nación lejana, una nación fuerte y antigua.

Mientras que la Biblia Versión Dios Habla Hoy caracteriza estas

palabras de la siguiente manera:
Un pueblo que viene de lejos, un pueblo fuerte y muy antiguo.

Para la época de Jeremías la nación de Babilonia se había hecho muy fuerte, derrotando en campaña militar a muchas naciones, uno de ellos fueron los egipcios comandados por el faraón Necao (*Jeremías 24:1-7*) como menciona Jeremías acerca de los babilonios, eran una nación que conforme pasaban los años se iba consolidando hasta llegar a ser una gran potencia, los babilonios conocidos también como: caldeos, eran un pueblo muy antiguo, más antiguo que la misma nación de los israelitas, los primeros vestigios acerca de Babilonia es cuando se hace mención del gran guerrero Nimrod y como este construyó la ciudad de Babel (*Génesis 10:8-10*) Entonces nos remontamos miles de años antes de Moisés para hablar de la historia de los caldeos.

Cuya lengua ignorarás, y no entenderás lo que hablare.

Según el International Standar Bible Encyclopedia en su información acerca de Babilonia en el párrafo número ocho, concerniente al lenguaje de los babilonios, menciona que la lengua oficial de los babilonios era la semítica y la sumeria. Lenguajes que como menciona Jeremías, ignoraban del todo los judíos, ya que el lenguaje oficial de los judíos hasta el tiempo presente es el hebreo y el arameo, por tal motivo ellos no entendería nada de lo que los caldeos hablaran o viceversa.

Ilustración práctica.

Cuando el ejército de los Estados Unidos invadió y derrotó a Iraq, el lenguaje de los habitantes de Irak definitivamente no era el inglés, por tal motivo cuando llegó la nación de Estados Unidos a invadirlos, posiblemente la gente iraquí no entendía para nada el lenguaje inglés, algo similar pasaría con los judíos y los babilonios. Esto vendría a ser algo estresante y desconcertante para los judíos

Capítulo 5

cautivos.
Su aljaba como sepulcro abierto, todos valientes. *Jer. 5:16*

La aljaba simplemente implica la funda donde guardaban las flechas los arqueros, en este caso eran los soldados de caballería de las tropas caldeas, Jeremías de una manera metafórica presenta a tales soldados como si fuesen un sepulcro abierto, en su incursión militar las tropas caldeas llegarían literalmente a sembrar muerte y destrucción entre los judíos, como instrumentos de justicia, los soldados caldeos eran sumamente valientes e irían dispuestos a atacar y a vencer a los judíos en su misma ciudad de Jerusalén.

Y comerá tu mies y tu pan, comerá a tus hijos y a tus hijas; comerá tus ovejas y tus vacas, comerá tus viñas y tus higueras, y a espada convertirá en nada tus ciudades fortificadas en que confías. *Jer. 5:17*

Estas palabras eran solamente un recordatorio de la profecía que había hablado Dios a Moisés en el libro de *Deuteronomio 28:49-52*, donde explícitamente menciona que esa gente de aspecto feroz no respetaría ni a los ancianos ni a los niños, ya que en este caso los babilonios como botín de guerra se comerían las ovejas, el ganado, todo el fruto de la tierra y de los arboles sembrados y así surgiría la carencia, la necesidad y el hambre extrema entre los judíos. De igual manera menciona el profeta que los soldados con espada en mano y con todos sus instrumentos de guerra literalmente desolarían a la nación de Jerusalén convirtiéndola en nada y sembrando solamente destrucción y aflicción entre la gente judía ¿ha observado usted por televisión como quedaban las ciudades que eran atacadas en la segunda guerra mundial? Literalmente devastadas, así quedaría Jerusalén. Convirtiéndose literalmente en una ciudad fantasma, como lo fue Hiroshima y Nagasaki después de que golpeó la bomba atómica dichas ciudades antes mencionadas. ¿A consecuencia de qué pasó todo esto? Por sus muchas

rebeldías y su ausencia de arrepentimiento.
No obstante, en aquellos días, dice Jehová, no os destruiré del todo. *Jer. 5:18*

En este párrafo el escritor simplote vuelve a enfatizar lo que ya se había mencionado en el versículo diez del capítulo cinco, donde el Señor hace una promesa de que no erradicaría del todo a la nación de Juda sino que dejaría un remanente, por tal motivo menciona el profeta que en aquel día cuando les sobreviniera la calamidad a los judíos, no iban a ser erradicados del todo como lo fue el caso de Israel. Con esto también vemos manifestada la misericordia de Dios, el gran problema con sus hijos es que muchas veces somos renuentes a la obediencia y eso nos lleva al sufrimiento, pero aun así nuestro Padre muestra su amor.

Y cuando dijeren: ¿Por qué Jehová el Dios nuestro hizo con nosotros todas estas cosas?, entonces les dirás: De la manera que me dejasteis a mí, y servisteis a dioses ajenos en vuestra tierra, así serviréis a extraños en tierra ajena. *Jer. 5:19*

Los judíos de aquella época estaban actuando de una manera totalmente despreocupada, como si nos les fuese a sobrevenir la calamidad por sus muchas rebeldías (*Jeremías 5:12*) en esta porción del capítulo el escritor manifestó la expresión "cuando dijeren" y la pregunta es ¿que dirían o que expresarían los judíos? la respuesta a esa pregunta la tiene el profeta Jeremías inspirado por Dios, ya que ellos se cuestionarían diciendo: ¿Por qué Jehová el Dios nuestro hizo con nosotros todas estas cosas? ¿podían alegar inocencia alguna en contra de los juicios de Dios? ¿podían reclamarle al Señor de porque la destrucción y desolación vino a ellos? El Señor mismo le había declarado a Jeremías, que cuando el pueblo le preguntara esto a él, les contestaria la razón de su calamidad, y en primer lugar les diría que Dios los castigó por el hecho de haberlo dejado (*Jeremías 2:13*) y en segundo lugar, porque se corrompieron y se fueron a adorar los dioses paganos de las regiones extranjeras de alrededor, al final también se les hace ver por medio del profeta Jeremías, que así como servían a los dioses paganos en sus mismas tierras actuando de una manera totalmente idolátrica (*Jeremías 2:28*) así irían pero no con el propósito de adorar los dioses paganos sino más que nada servirían a extraños en tierras ajenas, puestos a servidumbre en las ciudades de sus conquistadores, los babilonios, tal como lo relata el libro de Daniel con la primer deportación (*Daniel 1:1-6*)

Anunciad esto en la casa de Jacob, y haced que esto se oiga en Judá, diciendo: Oíd ahora esto, pueblo necio y sin corazón, que tiene ojos y no ve, que tiene oídos y no oye: ¿A mí no me temeréis? dice Jehová. ¿No os amedrentaréis ante mí, que puse arena por término al mar, por ordenación eterna la cual no quebrantará? Se levantarán tempestades, mas no prevalecerán; bramarán sus ondas, mas no lo pasarán. *Jer. 5:20-22*

Anunciad esto en la casa de Jacob, y haced que esto se oiga en Judá, diciendo:

Dios de una forma imperativa le ordena a Jeremías que vaya y anuncie o proclame este mensaje de exhortación en la casa de Jacob, era necesario que este mensaje fuera proclamado en toda la región de Juda, sin excepción alguna, la responsabilidad impuesta a Jeremías de llevar esa proclamación era enorme considerando la actitud y disposición de la gente. Con el ministerio de Jeremías vemos como ejemplo de que cuando Dios les ordena a sus heraldos que proclamen el mensaje a sus hijos rebeldes y corrompidos, la responsabilidad de los proclamadores del mensaje es seguir la ordenanza de Dios tal como fue la misión de Jeremías. ¿Un trabajo fácil? No, ¿imposible? Tampoco.

Oíd ahora esto, pueblo necio y sin corazón, que tiene ojos y no ve,

que tiene oídos y no oye:
¿Cuál era el mensaje dirigido hacia los judíos rebeldes y apostatas que vivían en Jerusalén? El Señor por medio del profeta exhortó imperativamente a su pueblo, a que oyeran la voz de Jehová. el verbo del oír no radicaba solamente en el mero acto de oír por mera inercia sino más bien implicaba escuchar prestando atención a lo que el profeta tenía que decir. Tal era el motivo de la exhortación para que pusieran disposición a oír el mensaje buscando entender cuál era la voluntad de Jehová para ellos. Sin embargo el profeta los calificó como un pueblo necio y sin corazón. Esto debido a su mala actitud de no querer escuchar o prestar atención a las palabras de Dios. Mas de una vez el Señor manifestó la actitud de su pueblo al declararles.

Y envió Jehová a vosotros todos sus siervos los profetas, enviándoles desde temprano y sin cesar; pero no oísteis, ni inclinasteis vuestro oído para escuchar *Jeremías 25:4*

Lección practica
Cuándo usted o yo no escuchamos con atención ¿podremos entender o poner en práctica al pie de la letra lo que se nos dijo? En definitiva, la respuesta sería un rotundo "no" pareciese que no pero posiblemente más de una vez nos ha pasado eso. Imagínese cuando Dios nos habla por medio de su palabra y no prestamos atención ¿Cuál será el resultado de ello? No surge un resultado positivo sino todo lo contrario.
En el caso del pueblo judío, los contemporáneos del profeta Jeremías, a estos Dios le habló continuamente por medio de muchos profetas, pero seguramente el pueblo no escuchó a los profetas enviados por el Altísimo, por tal motivo su corazón se endureció. ¿Qué genera esa necedad? Se dice que desarrolla una falta del sentido y la razón. En este caso la necedad afectó en ellos como hijos de Dios la falta del sentido al escuchar su palabra, al privarse de escuchar con entendimiento se constituyeron en ser un pueblo

de duro corazón.

Que tiene ojos y no ve, que tiene oídos y no oye:

Haciendo uso nuevamente de la metáfora el profeta Jeremías les declaró a sus compatriotas que eran un pueblo necio y tonto, que, aunque tenían ojos para poder observar, estaban actuando como ciegos. El profeta Isaías también inspirado por el Espíritu Santo había identificado cien años antes a sus hermanos judíos de la misma manera. (*Isaías 59:10*) y aunque tenían el sentido del oído, se convirtieron voluntariamente en sordos ante la Palabra de Dios, por eso el Señor Jesucristo constantemente les decía:

Si alguno tiene oídos para oír, oiga. *Marcos 4:23*

No es que los judíos fueran sordos, al contrario, eso denotaba que no querían escuchar el mensaje de Dios.

¿A mí no me temeréis? dice Jehová. ¿No os amedrentaréis ante mí, que puse arena por término al mar, por ordenación eterna la cual no quebrantará? Se levantarán tempestades, mas no prevalecerán; bramarán sus ondas, mas no lo pasarán.

Dios siempre hace preguntas para que sus hijos se hagan un auto análisis, en este caso la serie de preguntas dirigidas a su pueblo se resumió en dos ¿a mí no me temeréis? ¿No os amedrentaréis ante mí? Definitivamente los judíos habían perdido toda reverencia por Dios. Tal como lo había declarado el mismo Jeremías al decir de ellos. Han negado al Señor y dicen: «Dios no existe, nada malo nos va a suceder, nuestros ojos no verán guerras ni hambre. *Jeremías 5:12*, Biblia Palabra de Dios Para Todos

Hagamos énfasis en la siguiente frase traducida según los autores de la Biblia Palabra de Dios Para Todos. "Han negado al Señor, Dios no existe"

Nótese cual fue la actitud de ellos, una de total incredulidad. Pero Dios siempre tiene respuestas a nuestras dudas, aun incluso cuando manifestamos falta de fe por él tal como fue el caso de su pueblo "los judíos". Por tal motivo, tenía que manifestarle a ese pueblo incrédulo su magnificencia. Y por medio de Jeremías el profeta les dijo que él es el Dios Todopoderoso que puso los límites de la arena como símbolo de frontera o de detención entre el mar y la tierra para que el mar no se salga de su lugar y siempre permanezca allí, que aunque las olas sean enormes o furiosas aun con todo eso la arena siempre está como límite para que el mar permanezca en dicho lugar, y no pase más allá de su límites designados según la voluntad del Altísimo, ¿Cuál sería la lección dada por Dios por medio de esta ilustración? Recordemos lo que ellos dijeron "Dios no existe" sin embargo el Señor les mostró su eterno y omnipotente poder, y como aun los feroces mares están bajo la autoridad del Todopoderoso. pero ni con todos estos ejemplos del poder del Todopoderoso entró el temor en el pueblo, por eso les declaró Dios: viendo todos estos prodigios ¿no es suficiente para que me teman?

No obstante, este pueblo tiene corazón falso y rebelde; se apartaron y se fueron. Y no dijeron en su corazón: Temamos ahora a Jehová Dios nuestro, que da lluvia temprana y tardía en su tiempo, y nos guarda los tiempos establecidos de la siega. *Jeremías 5:23-24*

No solo dejaron de confiar en su Padre, sino que también traicionaron su confianza, convirtiéndose pues así en unos traidores, rebeldes e indisciplinados, ante los ojos del Altísimo, decidiendo por voluntad propia apartarse del buen camino cambiándolo por uno de falsedad y perdición. Definitivamente que triste se torna la condición de los hijos de Dios cuando deciden apartarse de los estatutos de su Padre Celestial. Aunado a todo esto también se hicieron malagradecidos e ingratos. Se dice que en la ingratitud la persona se olvida o desconoce los beneficios que ha recibido de otros, en este caso dentro del contexto tiene que ver con los beneficios y bendiciones que ha recibido su pueblo de parte del Altísimo. En el caso de los judíos ellos habían sido bendecidos en muchas formas de parte de Dios desde su salida de Egipto. Por ejemplo: El simple hecho que no los haya erradicado tal como lo hizo con los rebeldes de Israel era un acto que merecía agradecimiento de parte de ellos para con Dios, pero como se volvieron ingratos, ni siquiera tuvieron temor por él, Jeremías buscando hacer mella en sus corazones endurecidos y conciencias cauterizadas les recuerda las cosas por las cuales antes bien deberían estar agradecidos con su Padre,

Primero. Agradecerle, porque el Señor hacia posible tanto las lluvias tempranas como las tardías, esto implica que les mandaba la lluvia a su debido tiempo para que las cosechas fueran regadas, pero se necesitaba de ambas lluvias, tanto las tempranas como las tardías porque todo sembrador sabe que este es un proceso importante para el pleno desarrollo de la siembra y la cosecha. Dios en su misericordia hacia posible este proceso natural, para que el crecimiento de las siembras en la tierra fuera bueno y productivo, y providencialmente por el poder de Dios esas siembras pudieran ser cosechadas. Hablemos un poco de la lluvia temprana y tardía. Y que rol juega cada cual.

Las lluvias tempranas y tardías.
La época de lluvia en la Tierra Santa dura por lo general de octubre a abril o mayo, y es la estación fría del año (*Cantar de los Cantares 2.11*). La Biblia menciona repetidas veces "las lluvias tempranas y las tardías" (*Deuteronomio 11:14; Jeremías 5:24; Santiago 5:7*). Las "lluvias tempranas" son las que duran unos pocos días o hasta una semana, y caen alrededor de los meses de octubre o noviembre, aunque nunca son regulares y pueden retardarse hasta los primeros días de diciembre y aun más. Son ligeras y preparan el terreno para la siembra. Invariablemente las preceden días de

fuertes vientos y descenso de la temperatura. En abril o en los primeros días de mayo se precipitan las "lluvias tardías" que cierran la estación lluviosa y sirven para completar la maduración de las cosechas. Son, pues, leves y alternan con días de sol. Cuando faltan, sobreviene el desastre agrícola
Las lluvias frías y copiosas caen en diciembre y enero. El terreno las absorbe y se mantienen en el subsuelo como reservas para luego fluir en forma de manantiales. Parte de esta lluvia se guardaba en cisternas y pequeños depósitos. Según la creencia de los antiguos, las fuertes lluvias procedían de enormes depósitos de los cielos (*Génesis 711; Salmos 65.:9; 148:4*).
La falta de lluvia en la estación seca se compensaba, en parte, con el rocío que cae en las noches y que es suficiente para madurar ciertos granos, las uvas y otros frutos (*Deuteronomio 33:28; Zacarias 8:12*).
Las lluvias representan adecuadamente las bendiciones divinas (*Deuteronomio 32.2; Isaías 44.3; 55.10, 11*) La lluvia se consideraba como una bendición y un don de Dios al hombre (*Mt 5.45*) y específicamente a su pueblo (*Génesis 27.28; Dt. 28.12*) (Referencia: Diccionario Bíblico Nelson)

Si Dios no les hubiese mandado las lluvias a su debido tiempo, eso les afectaría en gran manera (*Deuteronomio 11:14, Joel 2:23*) Si se retrasaba la lluvia o los tiempos no eran los correctos, no era posible la cosecha o seria deficiente la misma, y sin cosecha surgiría hambre, necesidad y escases. Aun con todas esas bendiciones no agradecieron lo que Dios hacía por ellos, y aun con todo eso muchas veces nosotros como humanos o como cristianos que somos nos volvemos malagradecidos ante Dios y no agradecemos por las muchas bendiciones que derrama sobre cada uno de nosotros.

Vuestras iniquidades han estorbado estas cosas, y vuestros pecados apartaron de vosotros el bien. *Jer. 5:25*

Triste es la suerte de aquellos hijos rebeldes que se apartan del sendero correcto, en el caso de los judíos del tiempo de Jeremías su rebeldía causó un estorbo entre ellos y las bendiciones provenientes de lo alto, del Padre de las luces (*Santiago 1:17*) en consecuencia a esas malas acciones Dios detuvo las lluvias tempranas para que sufrieran las consecuencias por sus iniquidades tal como lo había declarado Jeremías.

Por esta causa las aguas han sido detenidas, y faltó la lluvia tardía; y has tenido frente de ramera, y no quisiste tener vergüenza. *Jeremías 3:3*

Ellos mismos pusieron los obstáculos para no recibir las bendiciones de parte de Dios. En este caso las lluvias cesaron o no llegaron a su debido tiempo.

Lección practica para nosotros en el presente.
¿Qué aprendemos de esta lección en el libro de Jeremías? Que es muy importante de cuando en cuando hacernos un auto análisis para preguntarnos.

- ¿Cómo es mi relación con Dios?
- ¿Mi relación es buena o es mala?
- ¿Cómo me estoy conduciendo ante los ojos de Dios, correcta o incorrectamente?

Depende de nuestra respuesta podemos sacar una conclusión, si nuestro comportamiento no es bueno, resumiríamos que si ha sobrevenido calamidad y sufrimiento a nuestra vida cabe la posibilidad de que esto sea en consecuencia a nuestros actos, si nuestra conducta es mala eso provocará un estorbo entre nosotros y las bendiciones que Dios nos otorga. Ya lo decía el apóstol Pedro inspirado por el Espíritu Santo, tomando referencia del salmista. (*Salmo 34:13-17*)

Porque: El que quiere amar la vida Y ver días buenos, Refrene su lengua de mal, Y sus labios no hablen engaño; Apártese del mal, y haga el bien; Busque la paz, y sígala. Porque los ojos del Señor están sobre los justos, Y sus oídos atentos a sus oraciones; Pero el rostro del Señor está contra aquellos que hacen el mal. *1 Pedro 3:10-12* Porque fueron hallados en mi pueblo impíos; acechaban como quien pone lazos, pusieron trampa para cazar hombres. Como jaula llena de pájaros, así están sus casas llenas de engaño; así se hicieron grandes y ricos. *Jer. 5:26-27*

El escritor inspirado clasificó a los judíos como "un pueblo impío" ¿tenía razón en sus palabras? Si, porque actuaron sin compasión ni miramiento hacia su prójimo, desarrollaron una conducta de rudeza y crueldad ante los demás, convirtiéndose así en gente perversa que carecía de humanidad y misericordia para con su prójimo. Por tal motivo, Jeremías después de presentarlos como un pueblo impío, les menciona cuál era su proceder, que solamente estaban asechando a su prójimo, así como el cazador asecha a una presa por medio de trampas, pero que tristemente en este caso su o sus presas no eran animales sino hombres, cabe destacar que este es un lenguaje metafórico utilizado por el profeta, no es que literalmente fueran a cazar hombres como si de una cacería de animales se tratase, de una manera figurativa el profeta presenta esto como el hecho de que los ricos o poderos oprimirían a los pobres y los convertirían en sus presas, para de esta manera dejar despojados a los pobres y ellos estar más prósperos. Posiblemente estaban actuando con la siguiente filosofía: "el rico más rico, y el pobre más pobre. Dios siempre había condenado esa conducta de parte de los más agraciados hacia los menos bendecidos en lo que se refería a lo material. Santiago el hermano del Señor Jesucristo declaró acerca de los ricos injustos.

Habéis vivido en deleites sobre la tierra, y sido disolutos; habéis engordado vuestros corazones como en día de matanza. Habéis condenado y dado muerte al justo, y él no os hace resistencia.

Capítulo 5

Santiago 5:5-6
Después de identificárseles como cazadores implacables de presas, como se mencionó las presas en si no eran animales sino sus propios hermanos judíos, en esta porción del diálogo el profeta Jeremías los confronta haciéndoles saber con qué propósito hacían todo esto, y con el uso de la metáfora declara que así como el cazador llena las jaulas de pájaros, de tal manera ellos estaban llenando el botín de sus casas, haciéndose cada vez más ricos y prósperos, por medio del engaño, la mentira y el despojo, en consecuencia dejando a muchos de sus hermanos judíos en un estado paupérrimo de miseria, el rey Salomón en el libro hizo referencia de cuál era la actitud que tomaba la gente perversa la cual por sus muchas avaricias estaban dispuestos a despojar al humilde con tal de prosperar ellos, cabe destacar que muchas veces ese despojo era por medio del robo y el asesinato. (*Proverbios 1:10-14*) seguramente así actuaban muchos judíos a los cuales Jeremías exhortó.

Se engordaron y se pusieron lustrosos, y sobrepasaron los hechos del malo; no juzgaron la causa, la causa del huérfano; con todo, se hicieron prósperos, y la causa de los pobres no juzgaron. *Jer. 5:28*

Las riquezas de muchos de esos ricos e importantes, fueron el resultado del despojo y no del trabajo honrado, por tal injusticia el profeta les reprende, mencionándoles que después de volverse ricos, a causa sus riquezas acumuladas se dieron a la disolución, entregándose a los vicios, en este caso el escritor hace mención del vicio de la gula, según como lo tradujo la Versión Reina Valera 1960 "se engordaron". Este vicio representa el exceso en el consumo de la comida o bebida, también denota un apetito desordenado de comer y beber. Y por tal motivo como se dieron a la gula esto provocó que se engordaran literalmente, y se miraban muy repuestos debido a que no existía en ellos la carencia alimenticia, cuando hay carencia en lo económico repercute en los alimentos, y al haber escases esta se refleja en nuestro físico, por el hecho de que nos vemos muy delgados, en este caso había un contraste entre ricos y pobres ¿Por qué? los judíos injustos tenían abundancia, por tanto, el hecho de pasar hambre o necesidad no les preocupaba en lo más mínimo porque ellos no estaban pasando por un problema de escases pero por otro extremo sus hermanos menos agraciados sí la estaban pasando muy mal. En la epístola de Santiago, el escritor inspirado identificó a los ricos de su tiempo de una manera muy similar como ya lo había hecho Jeremías. (*Santiago 5:4-6*)

A estos ricos injustos el escritor también los presentó como excesivamente perversos, haciéndoles ver que ellos habían sobrepasado los hechos del malo o de aquellos que no creían en Dios, por tal motivo, la conducta de ellos era totalmente malvada, a consecuencia de su perverso corazón cerraban sus oídos y ojos a las necesidades de sus hermanos que habían quedado huérfanos o pobres, y no los ayudaban.

Dios a través de sus ordenanzas les había dejado estatutos acerca del auxilio tanto para los huérfanos como los pobres. Consideremos algunos pasajes conforme a la ley de Moisés.

A ninguna viuda ni huérfano afligiréis. Porque si tú llegas a afligirles, y ellos clamaren a mí, ciertamente oiré yo su clamor; y mi furor se encenderá, y os mataré a espada, y vuestras mujeres serán viudas, y huérfanos vuestros hijos. Cuando prestares dinero a uno de mi pueblo, al pobre que está contigo, no te portarás con él como loguero, ni le impondrás usura. Si tomares en prenda el vestido de tu prójimo, a la puesta del sol se lo devolverás. Porque sólo eso es su cubierta, es su vestido para cubrir su cuerpo. ¿En qué dormirá? Y cuando él clamare a mí, yo le oiré, porque soy misericordioso. *Éxodo 22:22-27*

Porque Jehová vuestro Dios es Dios de dioses y Señor de señores, Dios grande, poderoso y temible, que no hace acepción de personas, ni toma cohecho; que hace justicia al huérfano y a la

Capítulo 5

viuda; que ama también al extranjero dándole pan y vestido. Amaréis, pues, al extranjero; porque extranjeros fuisteis en la tierra de Egipto. *Deuteronomio 10:17-19*

Los oídos que me oían me llamaban bienaventurado, Y los ojos que me veían me daban testimonio, Porque yo libraba al pobre que clamaba, Y al huérfano que carecía de ayudador. *Job. 29:11-12*

Tristemente conforme a las palabras del profeta, se observa en el contexto que los ricos en lugar de auxiliar a sus hermanos pobres, los estaban ignorando. No cumpliendo así con la voluntad del Altísimo.

¿No castigaré esto? dice Jehová; ¿y de tal gente no se vengará mi alma? *Jer. 5:29*

Surge una pregunta de parte del Señor por medio de Jeremías ¿no castigaré esto?; ¿y de tal gente no se vengará mi alma? Cabe destacar que la venganza solamente es de Jehová (*Deuteronomio 32:35*) en este caso la venganza de Dios hacia ellos en este caso consistía en retribuir con un castigo merecido a sus hijos rebeldes, dándoles el pago por sus muchas injusticias que estaban practicando para con sus hermanos menos agraciados.

Cosa espantosa y fea es hecha en la tierra; los profetas profetizaron mentira, y los sacerdotes dirigían por manos de ellos; y mi pueblo así lo quiso. ¿Qué, pues, haréis cuando llegue el fin? *Jer. 5:30-31*

¿Hasta qué extremo había llegado la maldad de los judíos? ¿Cómo los identifica el Señor mismo? Jehová tajantemente por medio del profeta les mencionó que sus obras eran basadas en actos horripilantes ya que su conducta era espantosa y terrible. A lo largo del libro podemos observar como cambiaron la verdad del Dios incorruptible por los ídolos, y su incredulidad fue creciendo gradualmente. No cabía la menor duda que el pecado del pueblo judío era grande, abarcando desde los grandes que conocían la ley, hasta el vulgo. En esta corrupción tanto espiritual como moral los dirigentes jugaron un rol muy importante, ¿Por qué? un líder siempre será seguido por las masas, en este caso la función de los profetas debió haber sido proclamar el mensaje inspirado por Dios, pero en lugar de hablar un mensaje basado en la verdad profetizaron mentira, hacían esto porque eran falsos profetas, estos pseudo profetas nunca habían recibido un llamamiento de parte de Dios porque Él jamás les había hablado, ni tampoco los envió a predicar tal como lo declaró el profeta en algunas porciones de su libro (*Jeremías 23:9-40, 28*) por otro extremo, los sacerdotes que habían sido puestos por Dios para ministrar las cosas sagradas, comenzando el sacerdocio con la familia de Aaron hermano de Moisés, ambos descendientes de los levitas (*Éxodo 29:9, Éxodo 40:15*) Por mandato de Jehová, Aaron y sus hijos habían sido separados para servir en las cosas sagradas y ministrar el tabernáculo de Dios, donde se encontraban el Lugar Santo y el Lugar Santísimo (*Éxodo 29:44*) desafortunadamente ese sacerdocio se corrompió totalmente desde mucho tiempo atrás, y en el tiempo de Jeremías no fue la excepción, los sacerdotes estaban dirigiendo de una manera totalmente irreverente y distorsionada al pueblo, por otro extremo los falsos profetas predicando puras mentiras, de una paz efímera que no existiría y mucho menos con la actitud pecaminosa del pueblo. Lo más triste de esta situación es como dijo el Señor por medio del profeta, "el pueblo así lo quiso" ¿Por qué? ellos estuvieron de acuerdo con ese tipo de adoración completamente aberrante ante los ojos de Dios. No hicieron nada al respecto. Tanto así era su decadencia espiritual que le atribuían las bendiciones a los ídolos paganos de las naciones vecinas. Como lo declararon según el profeta conforme a sus palabras redactadas en el capítulo cuarenta y cuatro de esta obra inspirada por Dios.

Capítulo 5

Entonces todos los que sabían que sus mujeres habían ofrecido incienso a dioses ajenos, y todas las mujeres que estaban presentes, una gran concurrencia, y todo el pueblo que habitaba en tierra de Egipto, en Patros, respondieron a Jeremías, diciendo: La palabra que nos has hablado en nombre de Jehová, no la oiremos de ti; sino que ciertamente pondremos por obra toda palabra que ha salido de nuestra boca, para ofrecer incienso a la reina del cielo, derramándole libaciones, como hemos hecho nosotros y nuestros padres, nuestros reyes y nuestros príncipes, en las ciudades de Judá y en las plazas de Jerusalén, y tuvimos abundancia de pan, y estuvimos alegres, y no vimos mal alguno. Mas desde que dejamos de ofrecer incienso a la reina del cielo y de derramarle libaciones, nos falta todo, y a espada y de hambre somos consumidos. Y cuando ofrecimos incienso a la reina del cielo, y le derramamos libaciones, ¿acaso le hicimos nosotras tortas para tributarle culto, y le derramamos libaciones, sin consentimiento de nuestros maridos? *Jer. 44:15-19*

Ilustración práctica.
En el presente existen algunos cristianos con características similares a los judíos del tiempo de Jeremías. ¿Por qué digo esto? Júzguelo por usted mismo, por ejemplo, son muchos los que dejan que sus predicadores, prediquen mensajes basados en mentiras, sofismas, o palabras que salen de ellos, pero no del mensaje de Dios y lo más triste es que están contentos con dicha situación y no cuestionan nada. Peor aún es el caso con las sectas y denominaciones que por doquier existen cual plaga maligna, en dichos movimientos los seguidores de esos falsos maestros están de acuerdo y no dicen nada, al contrario se dejan llevar por ese mensaje falso y por un tipo de adoración completamente distorsionada que poco o casi nada tiene en común con la voluntad de Dios y sus estatutos establecidos, desafortunadamente así lo quieren, El Señor Jesucristo dijo acerca de esos falsos seguidores lo siguiente.

No todo el que me dice: Señor, Señor, entrará en el reino de los cielos, sino el que hace la voluntad de mi Padre que está en los cielos. Muchos me dirán en aquel día: Señor, Señor, ¿no profetizamos en tu nombre, y en tu nombre echamos fuera demonios, y en tu nombre hicimos muchos milagros? Y entonces les declararé: Nunca os conocí; apartaos de mí, hacedores de maldad. *Mateo 7:21-23*

Los judíos del tiempo de Jeremías estaban conformes con ese estilo de vida corrompida, al final de este mensaje el Señor les hace una dura advertencia en forma de pregunta ¿Qué, pues, haréis cuando llegue el fin? Esto implicaría, ¿Qué van a hacer cuando venga la destrucción y calamidad a cada uno de ustedes? Los hijos que se rebelan contra Dios a veces dejan hasta el último el hecho de arrepentirse, ¿De qué sirve ese tipo de arrepentimiento cuando ya esté presente el castigo y la calamidad, por ejemplo ¿Qué hizo la gente en el tiempo de Noé, cuando comenzó a llover? (ref. *Gen. 7*) Cristo dijo acerca de la actitud de los antediluvianos.

Porque como en los días antes del diluvio estaban comiendo y bebiendo, casándose y dando en casamiento, hasta el día en que Noé entró en el arca, y no entendieron hasta que vino el diluvio y se los llevó a todos, así será también la venida del Hijo del Hombre. *Mateo 24:38-39*

En aquel acontecimiento las puertas del arca se cerraron siete días antes del diluvio, y solo entró Noé con su familia, en total ocho personas, pero ¿Qué fue de la gente que se quedó afuera al darse cuenta de que las palabras proclamadas por Noé acerca del gran diluvio eran verdad? Posiblemente muchos de ellos, tocaron la puerta para que les abrieran, pero ya era demasiado tarde, con esta ilustración práctica de la escritura aprendemos que las advertencias dadas por Dios no son de valde, ni tampoco son falsas alertas, en el caso del tiempo de Jeremías, el Señor les hizo una pregunta de auto análisis ¿Qué harían cuando viniera la calamidad? El propósito de ello es que buscaran un arrepentimiento, antes que llegara la destrucción y la cautividad a Jerusalén, por cierto, muy próxima. Era cuestión de algunos años antes que todo esto pasara. Viendo todo esto, surge una pregunta a manera de lección práctica. ¿Se ha preocupado usted en buscar a Dios? ¿Qué hará ante la advertencia que Dios le ha dado para que obedezca el evangelio y pueda ser salvo? ¿cree usted que es un juego de parte de Dios? ¿una falsa alarma? En definitiva, no lo es, lo que Dios ha dicho es lo que va pasar, y si la tierra perecerá por completo y habrá un castigo eterno para los desobedientes, usted al igual que los judíos del tiempo de Jeremías, pregúntese ¿Qué voy a hacer cuando esto suceda? ¿Seguir siendo rebelde? u ¿obedecer a Dios? La respuesta la tiene usted en sus manos.

CAPITULO 6
El juicio contra Jerusalén y Judá

Huid, hijos de Benjamín, de en medio de Jerusalén, y tocad bocina en Tecoa, y alzad por señal humo sobre Bet-haquerem; porque del norte se ha visto mal, y quebrantamiento grande. *Jer. 6:1*

¿Cuántos mensajes habría predicado el profeta Jeremías a estas alturas? Desafortunadamente la actitud rebelde y desafiante de sus conciudadanos persistía en ser la misma. Entre comillas hubo un arrepentimiento, pero el Señor les menciona que había sido de una manera fingida o con mera hipocresía según como lo declara el profeta en *Jeremías 3:10*.

Con todo esto, su hermana la rebelde Judá no se volvió a mí de todo corazón, sino fingidamente, dice Jehová. *Jer. 3:10*

Jehová nuevamente por medio de Jeremías, en esta porción del libro les envía un mensaje anunciándoles que serían atacados por los babilonios, en consecuencia, vendría la calamidad y el sufrimiento a ellos.

Huid, hijos de Benjamín, de en medio de Jerusalén, y tocad bocina en Tecoa,

Dios siempre manifiesta su grande misericordia, aun cuando somos necios, en este caso por medio del profeta les advierte a los judíos que literalmente tendrían que huir antes que llegara el enemigo para poder estar a salvo, en este caso el huir implicaba alejarse a toda prisa ya sea por miedo u otro motivo, todo esto con el fin de evitar un daño mayor o la muerte. En esta ocasión, el profeta les exhorta a los hijos de Benjamín, que literalmente eran los judíos descendientes de la tribu de Benjamín y Juda, ¿Por qué se menciona a la tribu de Benjamín? A esta tribu el Señor le había dado el territorio en el cual están asentadas Juda y Jerusalén (*Jueces 1:21*) por tal motivo se les dice que huyan de en medio de Jerusalén, y que tocaran trompeta de huida hacia Tecoa, lugar de origen del profeta Amos (ref. *Amos 1:1*) la comunidad de Tecoa se encontraba localizada aproximadamente como a diez millas o

CAPÍTULO 6

dieciséis kilómetros al sur de Jerusalén. Militarmente hablando, Tecoa era la mejor opción para aplicar la huida. Ya que los babilonios entrarían por el norte y Tecoa estaba al sur.

Y alzad por señal humo sobre Bet-haquerem; porque del norte se ha visto mal, y quebrantamiento grande.

El lugar de Bet- haquerem que significa "el lugar de la viña" geográficamente hablando era un punto intermedio entre Jerusalén y Tecoa. ¿Por qué el profeta menciona que se hiciera señal de humo y el toque de la trompeta? Esto tenía que ver con la señal de alerta, anunciando el ataque proveniente del norte en este caso de las tierras de Babilonia, y no solamente vendría el mal sino que llegaría acompañado de un quebrantamiento muy grande el cual se representaría con la destrucción, y la caída de Jerusalén.

Destruiré a la bella y delicada hija de Sion. *Jer. 6:2*

Como si de un último aviso se tratase el profeta les recalca nuevamente, que después de la señal de alerta vendría el ataque acompañado de destrucción masiva, en consecuencia, Jerusalén quedaría reducida a pedazos y cenizas. Un cambio muy drástico definitivamente, de llegar a ser una bella ciudad, pasaría a ser un lugar de desolación y destrucción.

Contra ella vendrán pastores y sus rebaños; junto a ella plantarán sus tiendas alrededor; cada uno apacentará en su lugar. *Jer. 6:3*

Haciendo uso de la metáfora en este pasaje, el profeta representa a los soldados del ejército babilonio, como si fuesen unos pastores con sus rebaños, que vendrían y se asentarían en Jerusalén para alimentar a sus ovejas, debido a la abundancia de alimento en el área, la aplicación de esa metáfora tenía que ver en como los babilonios asentarían sus tiendas de campaña con el único objetivo en mente de sitiar a la ciudad para arrasar con todo lo que estuviera a su alcance, con esta primer misión el objetivo era poder solventar sus necesidades mientras estuvieran asentados el tiempo que duraría el sitio a las afueras del muro de Jerusalén, el ataque no fue algo rápido, sino que fue un proceso de tiempo de aproximadamente un año y medio tal como lo declara el profeta Jeremías.

En el mes décimo del año noveno del reinado de Sedequías rey de Judá, el rey Nabucodonosor de Babilonia y todo su ejército vinieron a Jerusalén y la sitiaron. El día nueve del cuarto mes del año undécimo del reinado de Sedequías, abrieron una brecha en el muro de la ciudad. *Jeremías 39:1-2*, Biblia Palabra de Dios Para Todos.

Anunciad guerra contra ella; levantaos y asaltémosla a mediodía. !!Ay de nosotros! que va cayendo ya el día, que las sombras de la tarde se han extendido. *Jer. 6:4*

Jeremías presenta una imagen del ejercito babilonio listo para atacar Jerusalén, en el orden que fue traducida según la Versión Reina Valera 1960 se menciona la frase "anunciad guerra contra ella" según el hermano Burton Coffman en su comentario acerca de Jeremías, menciona que esta frase de "anunciad guerra contra ella" tenía que ver con el hecho de que comenzarían una guerra santa. Y antes de comenzar esta guerra los guerreros, en este caso, los soldados babilonios, preparaban varios ceremoniales donde conforme a sus costumbres se santificaban antes de ir a la guerra contra el enemigo, ceremoniales que constaban de hacer sacrificios a sus dioses o consultar sus oráculos sagrados y que después de pasar por todo este proceso, hacían una declaración formal de guerra contra el enemigo, en este caso el enemigo a derrotar era el pueblo judío.[1]

Según la Biblia The Hebrew Bible : Andersen-Forbes Analyzed Text; Bible. O.T. Hebrew, Biblia traducida del hebreo al inglés,

---

1 Cuffman, Burton. Commentary on Jeremiah Chapter 6:4, ACU, Press. Theopilos 3.0

CAPITULO 6

aparece en hebreo el verbo imperativo (qš): que denota: santificarse o consagrarse (ref.*Ez. 48:11*)[2]
Esta referencia sirve como alusión a lo que ya se mencionó anteriormente acerca de los soldados babilonios que se consagrarían antes de ir a la guerra en contra de los judíos.

En esta guerra declarada de parte los babilonios en contra de los judíos, los caldeos llevarían la mayor ventaja, ¿Por qué? si no eran el pueblo de Dios. Es muy cierto que ellos eran una nación pagana pero el Señor los utilizaría conforme a su justicia como a instrumentos de destrucción contra la nación perversa de Jerusalén, tal como lo había declarado el profeta Isaías cien años antes de Jeremías.

Profecía sobre Babilonia, revelada a Isaías hijo de Amoz. Levantad bandera sobre un alto monte; alzad la voz a ellos, alzad la mano, para que entren por puertas de príncipes. Yo mandé a mis consagrados, asimismo llamé a mis valientes para mi ira, a los que se alegran con mi gloria. Estruendo de multitud en los montes, como de mucho pueblo; estruendo de ruido de reinos, de naciones reunidas; Jehová de los ejércitos pasa revista a las tropas para la batalla. Vienen de lejana tierra, de lo postrero de los cielos, Jehová y los instrumentos de su ira, para destruir toda la tierra. *Isaías 13:1-5*

Jeremías expresa la ansiedad y desespero que tendrían los enemigos por atacar Jerusalén, "levantaos, y asaltémosla" el verbo imperativo de "levantarse" usado en esta porción del libro implicaba el acto de levantarse pero con una actitud hostil (*1 Samuel 22:8*) irían dispuestos a atacar no importando las inclemencias del tiempo, ya que los ataques militares regularmente no se llevaban a cabo durante el medio día, porque regularmente a esa hora las

---

2   The Hebrew Bible : Andersen-Forbes Analyzed Text; Bible. O.T. Hebrew. Andersen-Forbes. Logos Bible Software, 2006; 2006

temperaturas eran altas en tiempo de calor, pero como la ansiedad de los atacantes era mucha, no les importaría que hora del día fuera, ellos irían dispuestos a atacar a cualquier hora del día, el escritor menciona figurativamente que se lamentarían porque callera la noche, regularmente de noche las guerras se suspendían. Debido a la falta de visibilidad. Esto implica que los babilonios llegarían como unos verdaderos instrumentos de destrucción aniquilando todo lo que estuviera a su paso.

Levantaos y asaltemos de noche, y destruyamos sus palacios. Porque así dijo Jehová de los ejércitos: Cortad árboles, y levantad vallado contra Jerusalén; esta es la ciudad que ha de ser castigada; toda ella está llena de violencia. *Jer. 6:5-6*

Los ataques de noche serían intervenciones sorpresa de parte del enemigo con el objetivo principal de destruir los palacios de la ciudad de Jerusalén.

Jeremías declara a sus compatriotas en esta profecía que Dios mismo había autorizado a los babilonios para que ellos fueran utilizados como instrumentos de justicia y destrucción contra la pecaminosa Juda, a través de esta profecía el profeta hace alusión a las palabras inspiradas de Jehová:
"Cortad árboles y levantad vallado", esto implica que cortaran o talaran árboles, por supuesto que no serían árboles frutales, ya que los árboles frutales servirían como provisión para las tropas (*Deuteronomio 20:19*) pero que los árboles talados servirían como materia prima para construir los terraplenes o rampas y así poder escalar los muros de la ciudad y hacer la intervención para atacarlos, En el tiempo antiguo la mayoría de ciudades importantes estaban rodeadas de murallas que las protegían de los ataques del enemigo.
Pero Dios permitiría que literalmente la santa ciudad de Jerusalén misma que se había corrompido al pasar de los años fuera asalta-

da por medio de la incursión militar de los soldados babilonios, ejerciendo así su justicia divina al castigar a su pueblo, por toda la violencia que ellos mismos estaban generando al no seguir los estatutos de Jehová y también por la opresión e injusticia que estaban llevando a cabo unos para con los otros.

Como la fuente nunca cesa de manar sus aguas, así ella nunca cesa de manar su maldad; injusticia y robo se oyen en ella; continuamente en mi presencia, enfermedad y herida. *Jer. 6:7*

El Señor, por medio de Jeremías sigue exhortando a su pueblo, ¿Qué propósito tenía al hacer esto, si ellos eran sumamente rebeldes? El objetivo es que ellos se dieran cuenta cuál era su condición malvada y perversa, en estas frases por medio del profeta, Jehová hace una semejanza con una fuente de aguas que no cesa de manar el líquido vital o que no para de producir agua, figuradamente la aplicación era que esa la situación de los judíos, ya que no cesaban o no paraban de ser personas malintencionadas porque solamente eran inclinados a hacer el mal, por tal motivo el Señor los presenta como personas injustas, dadas al robo y al abusar en contra de su prójimo, por eso menciona El Señor a través del profeta, que ya era algo muy común que se oyera entre los habitantes de la ciudad acerca de todos los atropellos llevados a cabo los unos contra los otros, injustos contra justos que tristemente eran más los injustos que los que buscaban hacer la voluntad de Dios, el Señor que todo lo observa y lo sabe era testigo de las atrocidades que ahí se realizaban continuamente. El resultado de esas injusticias y robos solo generaba sufrimiento y dolor entre los menos agraciados mucha gente padecía diversas enfermedades y heridas provocadas por los maltratos de los injustos, que en este caso eran mayoría

Corrígete, Jerusalén, para que no se aparte mi alma de ti, para que no te convierta en desierto, en tierra inhabitada. *Jer 6:8*

El juicio contra Jerusalén y Judá

Después de la clara advertencia de un ataque inminente por medio de los babilonios hacia los judíos, por la rebeldía de estos últimos, El Señor le brinda todavía una oportunidad más a sus hijos por medio de Jeremías el profeta al exhortarlos con vistas a que se corrigieran, y a partir de ahí empezaran a enmendaran su vida que había sido contaminada por todas las maldades que estaban haciendo, pero era necesario apartarse de sus malos caminos, porque el arrepentimiento sincero era el único camino por el cual el Señor tendría misericordia de ellos, de lo contrario, si no tomaban acción en dejar sus senderos perversos, el Señor tarde que temprano tomaría la decisión de aplicar su justicia divina y convertir a Jerusalén literalmente en un desierto, tal como si fuera una ciudad fantasma en la cual antes no vivió nadie. La advertencia fue muy clara de parte de Dios, no había margen de dudas, pero como ellos habían endurecido su corazón, poco les importaba.

¿Qué lección practica rescatamos de esta porción de la Escritura? Lo que podemos aprender de este pasaje, es que si nuestro andar no es recto ante la presencia de Dios y aunado a eso decidimos por terquedad u otros motivos no apartamos de los malos caminos, lo único que vendrá a nuestra vida tarde que temprano será calamidad y sufrimiento.

Así dijo Jehová de los ejércitos: Del todo rebuscarán como a vid el resto de Israel; vuelve tu mano como vendimiador entre los sarmientos. *Jer. 6:9*

Otra vez se hace manifiesto el uso de la metáfora de parte del profeta al expresar la frase "la rebusca" ¿Qué implicaba la rebusca? ¿Y qué sentido le dio el profeta a este término? la rebusca tenía que ver con la recolección de los racimos sobrantes en las vides después de la vendimia o de la cosecha de la uva (Ref. *Jueces 8:2*) la aplicación a esta metáfora tenía que ver con el hecho de que los babilonios representaban al vendimiador, aquel que su función

CAPITULO 6

era colectar la rebusca entre las ramas de las uvas para quitar las pocas uvas restantes se aplicaría a que los babilonios harían una búsqueda muy minuciosa de la gente que quedara en Jerusalén para llevarse cautivo el mayor número posible.

¿A quién hablaré y amonestaré, para que oigan? He aquí que sus oídos son incircuncisos, y no pueden escuchar; he aquí que la palabra de Jehová les es cosa vergonzosa, no la aman. *Jer. 6:10*

¿A quién hablaré y amonestaré, para que oigan? He aquí que sus oídos son incircuncisos, y no pueden escuchar;

El Señor confronta a su pueblo a través de preguntas por medio del profeta Jeremías, la primera: ¿A quién hablaría o advertiría a través de la amonestación para que oyeran? lo único que quería él de su pueblo es que escucharan el mensaje de advertencia pero que lo hicieran prestando atención para que tomaran una decisión al respecto después de la amonestación por medio del profeta, ya que a lo largo del ministerio de Jeremías, el cual duró más de cuarenta años hasta que se llevó a cabo el cautiverio, en todo este lapso de tiempo, la actitud de los judíos fue la misma, "indiferencia" "falta de apego al consejo de Dios y un arrepentimiento fingido"

El Señor puso en evidencia por medio del profeta cual era la verdadera actitud de ellos. Los oídos de los judíos eran incircuncisos, esto implica que no querían hacer un cambio en su vida, ni tampoco tenían disponibilidad alguna de escuchar el mensaje de Dios, solo de esta manera era posible una restauración moral y espiritual la cual los llevaría a volverse de sus malos caminos, pero la actitud ellos fue acompañada totalmente de negligencia al mensaje y tajantemente no quisieron escuchar la exhortación de Dios. ¿Por qué no querían escuchar el mensaje divino? Dios mismo hace saber el motivo de ello y a través del profeta les declara.

"He aquí que la palabra de Jehová les es cosa vergonzosa, no la aman"

Este pueblo irreverente llegó al extremo de considerar las sagradas palabras de Dios como si de una burla se tratase, se les olvidó completamente o a estas alturas ni siquiera sabían lo que el Señor les había mandado desde los tiempos de Moisés.

Ahora, pues, Israel, ¿qué pide Jehová tu Dios de ti, sino que temas a Jehová tu Dios, que andes en todos sus caminos, y que lo ames, y sirvas a Jehová tu Dios con todo tu corazón y con toda tu alma; *Deuteronomio 10:12*

Porque si guardareis cuidadosamente todos estos mandamientos que yo os prescribo para que los cumpláis, y si amareis a Jehová vuestro Dios, andando en todos sus caminos, y siguiéndole a él, *Deuteronomio 11:22*

En el contexto de estos textos observaos que, aunque el autor, Moisés, no mencionó "amen la palabra" por implicación al amar a Dios tendrían que amar su palabra. Tal como nos lo recuerda el apóstol Juan en su primera epístola.

En esto conocemos que amamos a los hijos de Dios, cuando amamos a Dios, y guardamos sus mandamientos. Pues este es el amor a Dios, que guardemos sus mandamientos; y sus mandamientos no son gravosos. *1 Juan 5:2-3*.

¿Dónde se encuentran los mandamientos? En el consejo de Dios, mismo que los judíos en el tiempo de Jeremías no amaron, sino todo lo contrario, despreciaron y se avergonzaban.

Esa falta de disposición generó en ellos odio en la Palabra al grado que llegaron a detestarla, por consiguiente, no querían escucharla,

CAPITULO 6

ya que a su criterio se sentían ofendidos, pero era con razón porque su actitud era detestable ante los ojos de Dios. En el presente no estamos tan lejos de asemejarnos a esa situación, no pocos cristianos están actuando como los judíos del tiempo de Jeremías, ¿Por qué? toman los mandamientos de Jehová muy a la ligera, e incluso algunos van más allá, a tal grado de mofarse del consejo divino tal como lo hacían los judíos de aquel tiempo.

Por tanto, estoy lleno de la ira de Jehová, estoy cansado de contenerme; la derramaré sobre los niños en la calle, y sobre la reunión de los jóvenes igualmente; porque será preso tanto el marido como la mujer, tanto el viejo como el muy anciano. *Jer. 6:11*

Por tanto, estoy lleno de la ira de Jehová, estoy cansado de contenerme;
Es notorio como describe el profeta la insensatez y desvergüenza de sus compatriotas, a tal grado que habían llegado a tener como despreciable la palabra de Dios, por consiguiente el profeta inspirado por Dios expresa su enojo dirigiéndolo a los judíos, "estoy lleno de la ira de Jehová" ¿era injustificable ese enojo que sentía Jeremías? No, al contrario ya que esa ira o enojo que sentía también Jehová estaba cargada con un sentimiento de indignación y enojo, al grado que Jeremías ya no lo podía contener dentro de su pecho y tenía que sacarla fuera por medio de la exhortación, por tal motivo menciona que ya estaba cansado de contenerse o de refrenarse en decirles a sus hermanos judíos cual sería su triste destino por ser tan rebeldes y pecaminosos ante los ojos de Dios.

La derramaré sobre los niños en la calle, y sobre la reunión de los jóvenes igualmente; porque será preso tanto el marido como la mujer, tanto el viejo como el muy anciano.

Esa ira tal como lo dijo el profeta sería derramada en su mensaje, mismo que antes había contenido pero debido a la injusticia que sobreabundaba en ellos, era necesario proclamarlo con vistas a una fuerte exhortación, a tal grado que expresó Jeremías "la derramare sobre los niños en la calle y sobre las pandillas o los grupos de jóvenes". Esto tenía que ver dentro de su contexto con la predicación publica de Jeremías, buscando que todo el pueblo lo oyera, porque les iba a dejar saber a los judíos, que todos serían llevados presos en cautiverio por mano de sus enemigos los babilonios, desde el marido, como la esposa, tanto la gente avanzada en años o los viejos, como los más viejos o cargados ya de muchos años siendo unos ancianos decrépitos que al ser tan viejos ya estaban en un estado de decadencia al borde de la muerte. No habría excepciones. Y el mismo profeta dice el porqué.

Y sus casas serán traspasadas a otros, sus heredades y también sus mujeres; porque extenderé mi mano sobre los moradores de la tierra, dice Jehová. Porque desde el más chico de ellos hasta el más grande, cada uno sigue la avaricia; y desde el profeta hasta el sacerdote, todos son engañadores. *Jer. 6:12-13*

Ellos mismos estaban buscando su suerte adversa al grado que su situación a tiempo futuro sería tan triste, que claramente el Señor por medio de Jeremías les expresa que todas sus propiedades materiales pasarían a manos de alguien más, en este caso a manos de los babilonios, tanto las casas, como sus campos de siembra y aun sus mismas esposas, porque declara Jehová que extendería su mano en señal de ira en contra de los moradores de Juda y Jerusalén, tierras que quedarían completamente desoladas.

Era tanta la ira del Señor contra su pueblo y definitivamente tenía toda la razón en estar disgustado con ellos, ya que en esta porción del libro manifiesta a través del profeta que la condición moral tan corrompida de cada uno de ellos empezaba desde el más chico hasta el más grande, eran gente codiciosa, e impulsados por ese afán desordenado de obtener riquezas a cualquier precio no les importaba nada, e incluso si en esa codicia tenían que hacerle

CAPÍTULO 6

daño al prójimo, eso tampoco afectaba en lo más mínimo su corazón endurecido, por otro lado tampoco les importó apartarse de los estatutos de Dios, a consecuencia de toda esa corrupción el Señor les declaró que desde los profetas que debieron ser los encargados de expresar el mensaje de Dios, desafortunadamente en este caso a los profetas que se refería el Señor eran aquellos falsos que tanto daño hacían entre el pueblo creando una influencia totalmente negativa, misma que los impulsaba a creer que estaban bien con Dios cuando su situación era totalmente contraria, por otro se menciona también a los sacerdotes, bien sabido era que ellos eran los encargados de ministrar el servicio a Dios en el templo, pero para la época de Jeremías desafortunadamente casi todos se corrompieron al grado de convertirse en personas engañadoras y embusteras, y con sus engaños querían darle a la mentira una apariencia de verdad, valiéndose de sus parloteadas y sus obras aparentes y fingidas, con esto engañaban a la gente, dejando ver una falsa piedad que no existía en ellos, porque muy lejos estaba de hacer la voluntad del Altísimo, tal fue el caso del sacerdote Pasur que golpeó a Jeremías y luego lo puso en el cepo porque no le gustó el mensaje que proclamó Jeremías (*Jeremías 20:1-6*). Ya que los profetas proclamaron mensajes llenos de mentira mientras que por otro lado los sacerdotes estaban ministrando el servicio a Dios de una manera totalmente denigrante y negligente. Por tal motivo se les reprende su proceder a ambos (ref. *Jer. 5:31*)

Y curan la herida de mi pueblo con liviandad, diciendo: Paz, paz; y no hay paz. *Jer. 6:14*

Aquí se manifiestan claramente las acciones reprobables tanto de los profetas como de los sacerdotes, por medio de Jeremías, el Señor menciona que los profetas eran personas engañadoras, y en estas palabras menciona cuales eran las bases de sus engaños, por ejemplo estos falsos profetas curaban las heridas del pueblo con falsedad, profetizándoles un mensaje muy a la ligera lleno de mentiras declarando que habría paz y prosperidad, cuando la realidad definitivamente era otra, porque desde el tiempo de la muerte del rey Josías en la batalla de Carquemis. A partir de ahí todos sus hijos y descendientes fueron reyes malos, hasta llegar a Sedequías. Y fue a partir del rey Joacaz que el reino fue en decadencia, porque Joacaz fue llevado cautivo a Egipto y sus hermanos que le seguirían en el reinado, todos serian llevados cautivos a Babilonia. La pregunta que surge a todo esto es ¿entonces cual paz existía en Jerusalén si el ambiente era de conflictos? Pero tristemente el pueblo se consolaba con una paz ilusoria que no existía, ellos querían escuchar un mensaje falso de una paz que no tendrían por ser tan corrompidos y rebeldes ante los ojos de Dios, pero falsos profetas como el profeta Hananias alimentaban esas falsas esperanzas de ellos (*Jeremías Cap. 28*)

¿Se han avergonzado de haber hecho abominación? Ciertamente no se han avergonzado, ni aun saben tener vergüenza; por tanto, caerán entre los que caigan; cuando los castigue caerán, dice Jehová. *Jer. 6:15*

¿Se han avergonzado de haber hecho abominación? Ciertamente no se han avergonzado, ni aun saben tener vergüenza;

Falacias eran las que profetizaban esos lobos rapaces pero la gente así lo quería, ¿Por qué? estaban tan corruptos de entendimiento y eso los había conducido a perder toda sensibilidad al pecado y la maldad, el Señor los cuestiona una vez más preguntándoles ¿se han avergonzado de haber hecho abominación? Pero ellos no sentían vergüenza alguna, al contrario su conducta era desenfrenada, licenciosa y llena de actos malos y perjudiciales, por tal motivo como sus corazones y conciencias estaban cauterizados, no sentían vergüenza o pudor alguno por sus maldades realizadas, eso solo demuestra que el grado de endurecimiento de corazón y de sentimientos al que habían llegado los judíos era en extremo, así

CAPÍTULO 6

como hoy en día mucha gente endurece su corazón y no quiere absolutamente nada con Dios, al contrario, viven sumidos en las tinieblas del pecado, pero como no tienen vergüenza alguna, les da igual su condición espiritual y moral.

Así dijo Jehová: Paraos en los caminos, y mirad, y preguntad por las sendas antiguas, cuál sea el buen camino, y andad por él, y hallaréis descanso para vuestra alma. Mas dijeron: No andaremos. *Jer. 6:16*

El proverbista había dicho las siguiente palabras en *Proverbios 14:12* "Hay camino que al hombre le parece derecho; Pero su fin es camino de muerte".

En esta porción de la Escritura el profeta Jeremías le comunica a su pueblo que Jehová les exhorta a detenerse en sus caminos torcidos que habían estado siguiendo, influenciados por la idolatría de las naciones y la maldad de su corazón, esos caminos solo los llevaban a un sendero de muerte, ¿Por qué? cuando ellos decidieron apartarse del camino recto se fueron por la senda equivocada. La primera ordenanza fue que se pararan en los caminos para observar con cuidado, aquí el hecho de mirar implicaba prestar atención de una manera atenta, para que esa acción los llevara a recapacitar. Les tocaba también preguntar por las sendas antiguas. Pero ¿a qué se refería Jeremías con mencionar las sendas antiguas? Seguramente estas eran sinónimo de los estatutos que Dios había dejado estipulados por medio de la ley de Moisés. Hagamos memoria de lo que el Señor le dijo tiempo atrás a Josué que se cuidara de hacer todo conforme a la ley de Moisés, y que no se apartara ni a diestra, ni a siniestra, y que nunca se apartara el libro de la ley, y que meditara de noche y de día (ref. *Jos 1:6-7*) Conforme al contexto histórico basado en las escrituras, podemos encontrar la evidencia del tiempo antes de que comenzara a reinar Josías remontándonos hasta la época de su abuelo Manasés y su padre

Amón (*2 Reyes Capítulo 21*) los líderes religiosos en este caso los sacerdotes, se habían olvidado tanto de los senderos antiguos al grado que en su negligencia habían extraviado el libro de la ley, mismo que Dios desde tiempos memorables les otorgó con el propósito de que fueran guiados y aplicaran los estatutos de Dios en su vida para el propio bienestar moral y espiritual de cada uno de ellos. La Escritura nos manifiesta como fue ese hallazgo por obra del sacerdote Hilcias.

Entonces el sumo sacerdote Hilcías dijo al escriba Safán: He hallado el libro de la ley en la casa del Señor. E Hilcías dio el libro a Safán, y éste lo leyó. *2 Reyes 22:8*

Dios por medio de Jeremías le hace una invitación a su pueblo a la reflexión, para que analizaran meticulosamente con vistas a preguntar por las normas que Él les había dejado estipuladas, y de esta manera asimilaran que el camino que ellos optaron seguir, era un camino pero de muerte, y lo compararan con el camino recto que Dios les estaba ofreciendo, para que lo siguieran, porque al seguirlo hallarían sanación para sus almas. Pero como su entendimiento estaba tan entenebrecido simplemente optaron no seguir el buen camino, ni los estatutos de Dios.

Ilustración para el presente.

¿Qué está pasando en la actualidad con muchos hijos de Dios? ¿Será que no pocos optan por tomar rumbos torcidos que no los conducen a vivir una vida recta? ¿Lo harán deliberadamente porque así quieren andar? En el presente ¿Cuántos cristianos verdaderamente están optando por tomar los senderos correctos en el camino del consejo Divino? Hay mucho que prefieren andar conforme a su entendimiento entenebrecido, su vida vieja, sus deseos de la carne. Y un estilo de conducta en la que no existe santidad sino todo lo contrario.

CAPITULO 6

Desafortunadamente en el presente algunos cristianos andan en rebeldía, ¿pero que hay en esos caminos? solo perdición y falsas ilusiones, pero es eso lo que le agrada a la gente, muchos se olvidan de que Dios a través de su hijo Jesucristo les da opción de un camino de vida (*Juan 14:6*) así como se la dio a su pueblo en el tiempo de Jeremías.

Pero tal como los judíos cuando dijeron "no andaremos" Algunos optan por no seguir ese camino de vida, por tal motivo, se van apartando gradualmente de hacer la voluntad de Dios a tal grado que corrompen la adoración verdadera, y ellos mismos se corrompen en su vida moral y espiritual.

Debemos entender que no solo bastará el hecho de pararnos a observar los senderos antiguos, el verdadero efecto positivo resultará cuando no solo veamos los caminos, sino que caminemos y permanezcamos nuevamente en los mismos. Erradicando toda mala actitud como la de los judíos que descaradamente dijeron, "no andaremos" pero si usted o yo queremos andar en camino de rebeldía, recordemos que a toda acción hay una reacción y tarde o tempranos resultan las consecuencias de nuestras malas acciones y decisiones.

Puse también sobre vosotros atalayas, que dijesen: Escuchad al sonido de la trompeta. Y dijeron ellos: No escucharemos. *Jer. 6:17*

Dios en su infinito amor y misericordia, muchas veces nos brinda tantas oportunidades pero tristemente las tiramos a la basura, porque como se puede observar, en el versículo dieciséis del libro de Jeremías, les hace la primer invitación a los judíos para que regresaran al camino correcto, y ellos dijeron "no andaremos" pero ahora en este pasaje les dice nuevamente que les ha enviado atalayas, ya que la función de los atalayas en el tiempo antiguo eran las personas designadas para fungir como vigilantes o centinelas su misión era observar si venia algún enemigo o se aproximaba algún peligro y dieran aviso (ref. *2 Reyes 9:17-19*) pero en este caso de una manera figurada, el atalaya podía ser representado por Jeremías o por otros profetas inspirados por Dios, que avisaban al pueblo la calamidad y el peligro que les sobrevendría (ref. *Ezequiel 3:17*) en este caso el profeta menciona que los atalayas alertarían en señal de un peligro inminente que se aproximara, y así tomaran ventaja y pudieran hacer algo al respecto, pero la gente de Juda como expresa el profeta, simplemente dijeron "no escucharemos" esta es una actitud de completa indiferencia ante una advertencia clara de parte de Dios. Tal como hoy en día a mucha gente se le predica el evangelio, pero simplemente deciden no escuchar.

Por tanto, oíd, naciones, y entended, oh congregación, lo que sucederá. *Jer. 6:18*

"No andaremos, y no escucharemos" fue la respuesta de los judíos a la invitación del Señor.
Pero a tal desacato venia una advertencia de calamidad que les sobrevendría, por tanto Jehová por medio del profeta les ordena a las naciones paganas que oigan, y las otras naciones vecinas de Juda y Jerusalén se dieran cuenta de la catástrofe que avecinaba la nación rebelde de Juda, por tanto, les ordena a los gentiles que entendieran o que estuvieran enterados como espectadores para que fueran testigos y pudieran dar un testimonio verbal de las tragedias que estaban por venir en contra de los judíos que no se quisieron arrepentir y que se tendrían que atener a las consecuencias. En este caso a los ataques continuos del ejército babilonio.

Oye, tierra: He aquí yo traigo mal sobre este pueblo, el fruto de sus pensamientos; porque no escucharon mis palabras, y aborrecieron mi ley. *Jer. 6:19*
El Señor literalmente declara un juicio sobre los judíos poniendo

CAPITULO 6

como testigo a la tierra, tal como lo había hecho unos cien años atrás el profeta Isaías al declarar palabras muy similares.

Oíd, cielos, y escucha, tierra, porque el Señor habla: Hijos crié y los hice crecer, mas ellos se han rebelado contra mí. *Isaías 1:2*

El Señor por medio de Jeremías hace saber a su pueblo que Él traería mal sobre ellos ¿Por qué? , porque los frutos de su conducta perversa no eran nada agradables ante los ojos de Dios sino todo lo contrario, en primer lugar como se observa en el contexto de los versículos anteriores, los judíos no quisieron escuchar ni entender el mensaje dado por el Señor con vistas a regresar al sendero correcto, por otro lado, también detestaron y rechazaron con repugnancia la Palabra de Dios escrita en la ley. Siendo así negligentes en buscar una restauración. ¿Qué bueno podían esperar en consecuencia a su rebeldía? Nada positivo surgiría de todo ello.

¿Para qué a mí este incienso de Sabá, y la buena caña olorosa de tierra lejana? Vuestros holocaustos no son aceptables, ni vuestros sacrificios me agradan. *Jer. 6:20*

Anteriormente el Señor había reprendido a su pueblo por medio de Isaías declarándoles.

¿" Para qué me sirve, dice Jehová, la multitud de vuestros sacrificios"? *Isaías 1:11.*

Cien años después por medio de Jeremías lo vuelve a repetir, haciéndoles ver que importaba más lo interno del corazón que su actitud externa que se volvía vana porque estaba opacada por las maldades que realizaban. Los frutos internos en el corazón de los judíos no eran positivos, tampoco eran buenos.
 ¿Qué valides cobraba ante Dios el hecho que le trajesen inciensos aromáticos, cañas y canelas de tierras lejanas y extranjeras

como la tierra de Saba, esos elementos aunque fueran valiosos y caros ante los ojos de ellos, Dios los miraba vanos y sin ningún valor, ya que Él les pedía que lo escucharan y obedecieran, tal como se lo había declarado al rey Saul por medio del profeta Samuel cuando desobedeció. (*1 Samuel 15:22-23*) en conclusión, los holocaustos e inciensos que ellos presentaban a Dios no eran dignos de ser aceptados y por lo tanto el Señor no encontraba complacencia en ellos, sino al contrario solamente reprobación.

Por tanto, Jehová dice esto: He aquí yo pongo a este pueblo tropiezos, y caerán en ellos los padres y los hijos juntamente; el vecino y su compañero perecerán. *Jer. 6:21*

El Señor manifiesta que pondría tropiezos u obstáculos a su gente para que cayeran, posiblemente a los obstáculos que hace referencia es la serie de hechos desafortunados que empezaron a suceder desde la muerte del rey Josías, cuando murió en batalla por el ejército egipcio comandado por el faraón Necao. A partir de ahí cada uno de los reyes judíos desde Joacaz hasta Sedequías, todos sufrieron infortunios. Después de Josías, ningún rey fue bueno. Tomaron malas decisiones y fueron perversos en el caso del rey Joaquín
Como se observa en el contexto de este capítulo, Dios mismo les había dado la opción de que escogieran ellos el camino por el cual decidirían cambiar, si por las sendas antiguas que los llevarían por un camino correcto o si por los caminos incorrectos que los conducirían a la perdición, y como ellos decidieron tomar el camino erróneo el Señor les pondría una serie de obstáculos para que fueran tropiezos en su vida, de esta forma como menciono el profeta sería que caerían tanto los padres como los hijos, e igual manera el vecino y su compañero serian destruidos, por tal motivo no importaba que hicieran los judíos o de qué manera se quisieran proteger contra el enemigo, porque Dios ya tenía predispuesta la destrucción para su pueblo, y todos los recursos y estrategias que

CAPITULO 6

ellos tratarían de usar como medidas de protección contra el enemigo resultarían de balde, ya que el enemigo principal, este caso era el pueblo de los caldeos, llegaría como una plaga destruyendo todo a su paso.

Así ha dicho Jehová: He aquí que viene pueblo de la tierra del norte, y una nación grande se levantará de los confines de la tierra. Arco y jabalina empuñarán; crueles son, y no tendrán misericordia; su estruendo brama como el mar, y montarán a caballo como hombres dispuestos para la guerra, contra ti, oh hija de Sion. *Jer. 6:22-23*

Claramente el Señor por medio de Jeremías, expresa la procedencia de la calamidad para el pueblo judío, explícitamente menciona que vendría el mal o la invasión del norte. Según lo dicho por algunos comentaristas bíblicos como Robert Jamieson en su comentario Commentary, Critical and Explanatory, on the Old and New Testaments, particularmente en el análisis que el Sr. Robert Jamieson hizo acerca de *Jeremías 6:22* donde menciona que los judíos no estaban muy familiarizados con las naciones del norte, en este caso con los caldeos, por tal motivo no conocían casi nada de esta gente y desconocían muchas de sus costumbre o forma de vida (*Jeremías 5:15*) los babilonios comandados por Nabucodonosor, fueron identificados por el autor de este libro inspirado, como gente que se levantaría de tierras muy lejanas (*Jeremías 1:13-14*) nación que provenía de fronteras distantes con una actitud dispuesta a destruirlo todo a su paso, pero mas que nada a conquistar a los judíos.

Los instrumentos de destrucción usados por Dios en contra la rebelde Juda, vendrían muy bien preparados como todos unos guerreros profesionales listos para la batalla, ya que menciona el profeta que con arcos y con lanzas empuñadas, serian sus armas principales para la guerra, soldados inhumanos que no tendrían compasión de nadie. Se puede observar de la crueldad e impiedad de los babilonios relatada por el autor en el pasaje de Jeremías 39:6-7, de una manera metafórica el profeta menciona que el estruendo de los caballos del ejército de caballería de los caldeos se asemejaría como al estruendo de la brama del mar, y que esos hombres de a caballo vendrían con el único objetivo en mente de destruir a los judíos, presentados por el Señor como: "la hija de Sion"

Su fama oímos, y nuestras manos se descoyuntaron; se apoderó de nosotros angustia, dolor como de mujer que está de parto. *Jer. 6:24*

"Su fama oímos" Aquí claramente expresa el profeta que al darse cuenta la gente de Juda que los atacarían los babilonios, a los cuales se les representa como grandes guerreros, menciona el profeta que la gente expresaría que habían oído las noticias de ese ataque, cabe destacar que el tiempo del ministerio de Jeremías fue trascendental ¿Por qué? él fue testigo ocular de cómo un imperio, en este caso los asirios posiblemente comandados para la época del 612-609 a.C. por Ashur-uballit II último rey del imperio asirio. Fueron derrotados por mano de Nabucodonosor y sus aliados los medos, la derrota para los asirios se suscitó junto con los egipcios sus aliados, comandados por faraón Necao en la famosa batalla de Carquemis. En esa batalla el ejército de Necao mató al rey Josías.

"nuestras manos se descoyuntaron; se apoderó de nosotros angustia, dolor como de mujer que está de parto" Al estar enterados los judíos de la inminente invasión comandadas por los babilonios, literalmente dejarían caer los brazos, esta es una figura de cómo se sentían sin fuerzas ante el enemigo y que se estaban dando por vencidos incluso antes de la batalla (*Isaías 13:7*)por tanto al sentirse derrotados, a causa de ello su estado emocional se tornaría totalmente turbado, afligido y con temor, también hace mención el profeta que sentirían un dolor asemejándose a los dolores de parto.

CAPITULO 6

No salgas al campo, ni andes por el camino; porque espada de enemigo y temor hay por todas partes. Jer. 6:25

Las ciudades antiguas se caracterizaban por tener murallas que los protegieran de los ataques de los enemigos (ref. *Deut. 28:52, Isaías 62:6*) a consecuencia de ello, en este pasaje el profeta les advierte a los judíos que cuando estuviera próximo el ataque de los babilonios, primero que nada les advierte que no salgan fuera de la ciudad, ya que estar fuera de la ciudad bajo condición de ataque implicaba estar sin protección, también les advirtió que se abstuvieran de andar en los caminos, ya que como se menciona, la espada del enemigo estaría por todos lados, esta advertencia tenía que ver con la presencia militar del ejército babilonio que literalmente sitiarían los alrededores de Jerusalén antes de entrar a la cuidad y derrotarlos, el temor y el peligro estarían por todos lados y principalmente fuera de los muros de la ciudad especialmente, por lo cual se les hace esta advertencia clara.

Hija de mi pueblo, cíñete de cilicio, y revuélcate en ceniza; ponte luto como por hijo único, llanto de amarguras; porque pronto vendrá sobre nosotros el destruidor. *Jer. 6:26*

El vestirse de cilicio era una práctica que tenia que ver con el duelo en el tiempo antiguo, teniendo como propósito primordial la humillación o el arrepentimiento (ref. *1 Reyes 21:27, Jonás 3:4-9*) el cilicio meramente como vestimenta estaba hecho generalmente de pelos de cabra, por consiguiente al ser fabricado con este tipo de material era una vestimenta áspera, misma que ocasionaba dolor y malestar en el que la llevaba puesta, todo ello con el propósito de incitar a un arrepentimiento en las personas y también se usaba como un símbolo de tormento, arrepentimiento y duelo. En este caso el profeta Jeremías les encomienda a los judíos que se arrepintieran y que se revolcaran en ceniza, como una señal de arrepentimiento de parte de ellos hacia Dios.

Aparte, les menciona que hicieran luto de dolor como si hubiesen perdido a un hijo unigénito, y también añade que debían de llorar, pero no con un lloro común sino con un lamento cargado de dolor y angustia. La aflicción muchas de las veces causa una tristeza y una pesadumbre moral, los judíos debieron haber tomado esta actitud mezclada entre sufrimiento, luto y pesadumbre, debido a que el destruidor, en este caso era el ejército de los babilonios estaba próximo a venir a sembrar el terror entre los ciudadanos de Juda.

Los Judíos son probados como el metal, y se hallaron de mala calidad

Por fortaleza te he puesto en mi pueblo, por torre; conocerás, pues, y examinarás el camino de ellos. *Jer. 6:27*
Dios presenta a Jeremías como fortaleza y torre.
Con estas definiciones el Señor le recuerda nuevamente al profeta su misión, misma que consistía en predicarle a este pueblo rebelde de Juda y Jerusalén, por tal motivo, Dios le menciona al profeta que haría la función de fortaleza, ¿Qué significado tenía este término dentro del contexto hebreo? "fortaleza" del hebreo bôn implicaba: Toda aquella persona que desempeñaba la función de inspeccionar y probar los metales, y a través de ese proceso de prueba poder determinar la calidad, pureza y validez de los mismos. Figurativamente también tenía la connotación de hacer mención de alguien que juzga algo, en este caso dentro del contexto que lo usó el profeta denotaba alguien que puede distinguir el valor o la conducta moral de las personas, si es buena o mala, en este caso a Jeremías fue quien se le dio dicha responsabilidad, de ser figurativamente como un inspector, que en lugar de inspeccionar la valides y la pureza de los metales, inspeccionaría la valides y la pureza moral de la gente de Juda y Jerusalén. A su vez tendría la función de ser "torre" este término traducido según la versión Reina Valera 1960 como "torre" proviene del hebreo mir

CAPITULO 6

que implica: principalmente una fortaleza, pero también denota: un material o metal precioso que ha sido sacado de la tierra y aún está en bruto pero necesita ser procesado para que tome forma, la aplicación de estas palabras dadas por el Señor al profeta significaban que el pueblo de Juda es como si fuese ese metal precioso aun en bruto, porque está todo lleno de escoria, y tenía que pasar por un proceso minucioso de examinación así como el metal se examina para ver si es genuino, Jeremías haría esto con el pueblo para ver si eran genuinos ante Dios o si eran unos falsos. Conforme al contexto de los primeros seis capítulos nos damos cuenta de que los judíos fueron hallados reprobados por andar en malos caminos. Y así lo declara el Señor a continuación.

Todos ellos son rebeldes, porfiados, andan chismeando; son bronce y hierro; todos ellos son corruptores. *Jer. 6:28*

Siguiendo la línea del contexto en la continuidad de este pasaje el profeta claramente menciona que los judíos se hallaron rebeldes y por lo tanto no quisieron cambiar su mal comportamiento, aparte también conforme a la conclusión del profeta también se descubrió que eran personas porfiadas (necias) y chismosos o lo que es lo mismo difamadores y calumniadores, se dice que el difamador es toda aquella persona que busca desacreditar a su prójimo ya sea por medio de palabra o escrito, publicando algo en contra de la buena opinión de la persona difamada. Vemos el caso bíblico de Jezabel cuando difamó a Nabot para despojarlo de su viña. (*1 Reyes 21:1-16*)

Se concluye pues que en lugar de ser encontrados aprobados o genuinos por el examinador de metales como si fuesen metales valiosos como el oro, la conclusión fue que se encontraron sin mucho o con casi nada de valor en comparación con el oro u otros metales preciosos, más bien se les asemeja al bronce y el hierro metales sin casi nada de valor. Esto implica la decadencia moral de los judíos, estaba por los suelos.

Se quemó el fuelle, por el fuego se ha consumido el plomo; en vano fundió el fundidor, pues la escoria no se ha arrancado. *Jer. 6:29*

En el contexto de estos pasajes el autor del libro aún sigue con la metáfora del probador de metales, y menciona que aunque el fuelle o el instrumento que se usa para soplar aire y hacer posible que la lumbre prenda para que se funda el metal, soplara tan fuerte que incluso casi el mismo fuelle se quemaba, aun con todo eso no era posible purificar el metal del todo, ya que no se le quitaba la escoria, ¿Qué aplicación tenían estas palabras? eso implicaba que en vano se trataba de fundir esos metales, ya que no estaban siendo purificados por el fuego, la aplicación dada por el profeta de Dios tenía que ver con el hecho de que aunque el Señor tratara a toda costa de hacer posible la purificación de su pueblo, ellos seguían estando llenos de escoria y suciedad, por tanto como un metal con mucha escoria no tiene validez o no puede llegar a ser purificado, así los judíos con toda su suciedad moral no eran aceptos ante los ojos de Dios porque no se encontraban purificados y este proceso no podía ser posible porque ellos no querían quitar la escoria (suciedad moral y espiritual) de su vida.

Plata desechada los llamarán, porque Jehová los desechó. Jer. 6:30

Como el metal que trataba de ser fundido pero no se lograba del todo el proceso, ni se podían quitar las escorias, en conclusión dice el profeta que ese metal ya después de todo esfuerzo, el resultado final fue que se halló como una plata de muy baja calidad y como se encontró de una calidad muy mediocre fue desechado, así se les presenta a los judíos en esta figura como si fueran plata desechada, tal como en los tiempos de Salomón cuando la plata era considerada sin ningún valor ya que se les asemejaba a las piedras comunes (ref. *1 Reyes 10:27*) así los judíos serian desechados por Dios, ya que ante Dios no tendrían ningún valor, esto debido a que se volvieron hijos necios y rebeldes.

Capítulo 7
Jeremías predica en el templo de Jerusalén

Jeremías predica en el templo de Jerusalén

Palabra de Jehová que vino a Jeremías, diciendo: Ponte a la puerta de la casa de Jehová, y proclama allí esta palabra, y di: Oíd palabra de Jehová, todo Judá, los que entráis por estas puertas para adorar a Jehová. *Jer 7:1-2*

Una de las responsabilidades que se le encomendó al profeta es que había sido enviado por Dios a predicar públicamente en la entrada del Templo de Jerusalén, e inmediatamente en esta porción del libro Jeremías deja ver al pueblo que su mensaje no era similar al de los falsos profetas que los alimentaban con una armonía y paz efímera, sino todo lo contrario las palabras de Jeremías si venían directamente inspiradas por Dios, por ello la frase "palabra de Jehová que vino a Jeremías" es repetida continuamente por el profeta a través de todo el libro, de hecho hizo uso de dos "Palabra de Jehová" o "así dice Jehová" Según como se tradujo la Versión Reina Valera 1960. La época que le tocó vivir a Jeremías fue muy difícil, ¿Por qué? en más de una ocasión el autor de este libro había mencionado la decadencia espiritual y moral de sus compatriotas, nadie estaba exento, era algo generalizado desde los gobernantes hasta los jóvenes, se habían corrompido en gran manera, la gente no quería nada con las cosas de Dios y por ende, eso los llevó a la apostasía cambiando al Dios verdadero por los ídolos, en esa época surgieron muchos falsos profetas que en lugar de predicar la verdad, estaban profetizando mentira y paz, cuando lo último que tendrían sería paz, si no se arrepentían. Tal como lo declaro Jeremías en su mismo libro unos capítulos mas delante, cuando hizo alusión de los falsos profetas y como estos por medio de sofismas y falacias engañaban al pueblo y lo mas triste de la situación es que la gente se prestaba a ser engañada.

Así ha dicho Jehová de los ejércitos: No escuchéis las palabras de los profetas que os profetizan; os alimentan con vanas esperanzas; hablan visión de su propio corazón, no de la boca de Jehová. Dicen atrevidamente a los que me irritan: Jehová dijo: Paz tendréis; y a cualquiera que anda tras la obstinación de su corazón, dicen: No vendrá mal sobre vosotros. Porque ¿quién estuvo en el secreto de Jehová, y vio, y oyó su palabra? ¿Quién estuvo atento a su palabra, y la oyó? He aquí que la tempestad de Jehová saldrá con furor; y la tempestad que está preparada caerá sobre la cabeza de los malos. No se apartará el furor de Jehová hasta que lo haya hecho, y hasta que haya cumplido los pensamientos de su corazón; en los postreros días lo entenderéis cumplidamente. No envié yo aquellos profetas, pero ellos corrían; yo no les hablé, mas ellos profetizaban. Pero si ellos hubieran estado en mi secreto, habrían hecho oír mis palabras a mi pueblo, y lo habrían hecho volver de su mal camino, y de la maldad de sus obras. *Jer. 23:16-22*

Según algunos eruditos y comentaristas de la Biblia hacen mención que cuando Jeremías predicó estas palabras en las puertas del templo, pudo haber sido en los inicios del reinado del rey Joacim, hijo del rey Josías, ¿si así fue? cabe destacar que este rey se caracterizó por ser malvado en gran manera, igual que su pueblo, él no quiso aceptar un mensaje de arrepentimiento, ni mucho menos escuchar que Jerusalén sería destruida (ref. *Jer. 36:10-24*) este rey perverso desechó todos los esfuerzos de su padre Josías y la reforma que había hecho con tanto esfuerzo años atrás, para el tiempo del reinado de Joacim las cosas se corrompieron nuevamente, y especialmente como lo representa Jeremías, el servicio a Dios en el templo no fue la excepción.

Ponte a la puerta de la casa de Jehová, y proclama allí esta palabra, y di: Oíd palabra de Jehová, todo Judá, los que entráis por estas puertas para adorar a Jehová. *Jer. 7:2*

La orden de Dios fue clara para el profeta, su misión era predicarle a cuanto judío acudiera al templo, el propósito de esta encomienda fue con el propósito que ellos escucharan las palabras de Jehová, no era algo opcional sino una ordenanza en lo concerniente a prestar atención al mensaje del profeta, porque Jeremías era un heraldo de la Palabra inspirada, como se mencionó, el profeta se dirigiría a todo Juda y a todos los que acudiesen al templo con el propósito de adorar. Sin embargo la triste situación que imperaba en esos tiempos es que la adoración en el templo de Jehová había sido totalmente corrompida por los judíos tal como lo declaró el contemporáneo de Jeremías, el profeta Ezequiel(*Ezequiel 8:1-18*) era enorme la responsabilidad de predicar el consejo de Dios ante un pueblo perverso que había cambiado la verdad de Dios por la mentira, y que hacían todo tipo de adoraciones paganas y pervertidas en el templo de Jehová, corrompiendo de esta manera el servicio de adoración a Dios.

Así ha dicho Jehová de los ejércitos, Dios de Israel: Mejorad vuestros caminos y vuestras obras, y os haré morar en este lugar. *Jer. 7:3*

"Mejorad vuestros caminos y vuestras obras" esa fue la invitación de parte de Dios por medio del profeta. El Señor no escatimaba en oportunidades para reprender a sus hijos y que estos buscaran hacer el bien retractándose de sus idolatrías, desafortunadamente para este tiempo los senderos de los judíos eran totalmente errados a tal grado que se habían apartado del camino del bien, por seguir la senda del mal, donde reinaba la anarquía, el caos y la rebeldía de parte del pueblo, también llegaron a la cúspide de sus idolatrías, la exhortación de parte de Dios tenía como único objetivo el hecho que ellos alcanzaran misericordia del Altísimo evitando así el castigo por medio del cautiverio, igual se les hizo una promesa de que si hacían el bien y cambiaban sus obras, Jehová permitiría su estadía en Jerusalén, de lo contrario, pasarían a ser cautivos.

Para esa época la ideología en la mente de la genera era que el templo jamás sería destruido, esto alimentaba s confianza al grado que no buscaban un arrepentimiento por sus malas obras.

Según el punto de vista de algunos eruditos como el Sr. Robinson argumentan que el pueblo de Juda alimentaban sus esperanzas en una falsa ilusión pensando en el hecho de que como en el templo de Jehová habitaba su presencia, por tanto Dios nunca se apartaría de ellos ni los destruiría como lo hizo con los israelitas más de cien años atrás antes de esa época, a estos los destruyó por mano de los asirios y mandó a la cautividad al remanente restante, estos acontecimientos se dieron en el año setecientos veintitrés o veintidós por medio del rey asirio Salmanasar y sus tropas, gente que Dios utilizó como instrumentos de destrucción (referencia *1 Reyes cap. 17*) igual argumenta Robinson en su Comentario al Libro de Jeremías, que los judíos se habían creado la ilusión de que Dios no destruiría ni el templo ni la ciudad de Jerusalén, porque pasaría igual que como cuando se dio la invasión que tuvieron por medio del rey asirio Senaquerib, por el año 710 o 701 aproximadamente, en la cual el rey iba dispuesto a invadir a Jerusalén, pero por aquel tiempo el rey Ezequías llegó a un acuerdo con Senaquerib y mas delante el Rey Senaquerib fue humillado por el Señor cuando en batalla el ángel del Señor elimino a ciento ochenta y cinco mil soldados asirios, luego que el rey regresara derrotado y avergonzado sus hijos le dieron muerte. En todos estos acontecimientos tuvo que ver la providencia divina. (*2 Reyes 19:1-37*)

Posiblemente confiados los judíos del tiempo de Jeremías en que la presencia de Dios estaba en el templo, y eso los hacía pensar que tanto la ciudad como el templo nunca serian destruidos, porque ahí habitaba la presencia de Dios, pero lo que más bien ellos no querían ni saber, ni entender, es que todas sus maldades y perversidades habían provocado a ira a Jehová y la presencia de Dios se alejaría de ellos, si no se arrepentían, serian destruidos, pero que si lo hacían aun continuaría Jehová con ellos.

No fiéis en palabras de mentira, diciendo: Templo de Jehová, templo de Jehová, templo de Jehová es este. *Jer. 7:4*

Ellos estaban tan confiados en que Dios habitaba en el templo (ref. *Isaías 48:2*) con esta falsa ilusión de parte de ellos, pensaban que jamás serian destruidos, algo que también tuvo que ver en la alimentación de esa falsa esperanza fueron definitivamente las palabras mentirosas proclamadas por los falsos profetas que profetizaban un falso mensaje de paz (ref. *Jer. 6:13-14*) palabras en las cuales los falsos profetas, constantemente ponían su confianza, por tal motivo se expresa la frase "Templo de Jehová, templo de Jehová"
Los judíos basaban su fe en algo exterior, en este caso era el templo, pero se olvidaron de tener confianza en Dios y de hacer su voluntad, a tal grado como ya se observó en los capítulos anteriores, ponían más su confianza en los ídolos paganos de las naciones vecinas.

¿Qué ilustración podemos darle a esta situación en el presente?

En la actualidad muchos que se dicen ser hijos de Dios se asemejan a los judíos del tiempo de Jeremías. ¿Por qué? creen que apoyando monetariamente o con obras humanas, a un movimiento religioso, o a la iglesia del Señor, eso les traerá la protección y salvación de Dios, enfocándose más en lo exterior que en lo interior. Mera falsa esperanza creada por el padre de la mentira y creída por aquellos que se engañan a sí mismos.
Por ejemplo. En el caso de los judíos del tiempo del profeta Jeremías, ellos pensaban que con el hecho de ir a realizar sus adoraciones monótonas y banales al templo, esas ceremonias y ordenanzas que Dios les había dejado estipuladas, al realizar tales actos consideraban que era una especie de sustituto a la santidad con la cual ellos se deberían de conducir, misma que Dios les había pedido en reiteradas ocasiones desde tiempo atrás (*Levítico 20:7-8*) Definitivamente habían perdido todo concepto de lo que era la verdadera santidad, ya que santidad es consagración ante Dios, cosa que no tenían los judíos en el tiempo de Jeremías, ellos se

había consagrado pero tristemente por un camino errado pues servían a los ídolos antes que a su Padre eterno. Por tal motivo Jeremías les expresa que no se confiaran tanto en el templo de Jehová, porque este llegaría a su fin tarde que temprano.

Pero si mejorareis cumplidamente vuestros caminos y vuestras obras; si con verdad hiciereis justicia entre el hombre y su prójimo, y no oprimiereis al extranjero, al huérfano y a la viuda, ni en este lugar derramareis la sangre inocente, ni anduviereis en pos de dioses ajenos para mal vuestro, os haré morar en este lugar, en la tierra que di a vuestros padres para siempre. *Jer. 7:5-7*

El mensaje de parte del profeta hacia su pueblo era claro, "No confiar en el templo porque era algo material" el templo no era ninguna garantía o protección para que ellos no fueran atacados y su nación fuera destruida por los babilonios, al contrario, en las palabras del profeta se les presenta una opción de salvación o auxilio a su futura situación pero existían condiciones ¿Cómo cuáles?

1. La primera. Que mejoraran o que aprendieran a hacer el bien.
2. La segunda. Que buscaran caminar por un sendero correcto llenos de justicia y de buenas obras.

Estos cambios deberían proceder de un corazón arrepentido y con una actitud sincera y no fingida, como lo habían venido haciendo en reiteradas ocasiones. (*Jeremías 3:10*)

El profeta les recalca que si en verdad practicaban la justicia hacia su prójimo, esto implicaba toda aquella persona que los rodeaba, entonces Dios podría habitar entre ellos todo el tiempo

A los judíos se les pidió erradicar al menos cinco conductas perversas e injustas según como lo menciona el profeta.

- El abuso contra los extranjeros.
- La opresión contra los huérfanos.
- La falta de consideración contra las viudas.
- Los asesinatos cometidos a gente inocente
- La idolatría realizada a ídolos paganos de las naciones vecinas.

Tan grande era la corrupción del pueblo judío que habían dejado de practicar la justica hacia los extranjeros que habitaban entre ellos, este era un estatuto ordenado por Dios mismo, incluso estaba estipulado en la ley de Moisés.

Cuando el extranjero morare con vosotros en vuestra tierra, no le oprimiréis. Como a un natural de vosotros tendréis al extranjero que more entre vosotros, y lo amarás como a ti mismo; porque extranjeros fuisteis en la tierra de Egipto. Yo Jehová vuestro Dios. *Levítico 19:33-34*

Bajo esta ordenanza claramente el Señor les especificó que no oprimieran a los extranjeros, y que los amaran y los trataran como si fueran uno de ellos, trayéndoles a la memoria cuando ellos mismos fueron extranjeros en tierras de Egipto. Y de principio fueron recibidos con bondad y hospitalidad por parte de los egipcios (*Génesis 47:1-29*)

Otro mandamiento de parte del Señor para con su pueblo tenía que ver con la manutención y provisión de lo elemental para los huérfanos como las viudas (*Deuteronomio 14:28-29*)

Por otro lado, entre los estatutos estaba el de practicar la justicia y evitar a toda costa ser personas derramadoras de sangre inocente, en particular el Señor detesta a los que derraman sangre de inocentes tal como lo dijo el rey Salomón en el libro de los *Proverbios 6:16-17*, en la lista de siete cosas que aborrece el Señor.

Capítulo 7

Uno de los mandamientos dentro del decálogo dado por Jehová a Moisés tenía que ver explícitamente con la prohibición de no adorar bajo ninguna circunstancia a dioses extraños, mucho menos que les rindieran culto y se inclinaran ante ellos, tampoco que hicieran imágenes de lo que está arriba en los cielos, en la tierra o en el mar (ref. *Éxodo 20:3-5*)
Pero desafortunadamente a los judíos todo eso les importó poco, al contrario lo pasaron por alto, a consecuencia de ello Dios por medio de Jeremías les exhorta a erradicar toda su maldad antes mencionada.

os haré morar en este lugar, en la tierra que di a vuestros padres para siempre. *Jer. 7:7*

El Señor derramaría bendiciones sobre su pueblo, pero siempre y cuando ellos tomaran una actitud de arrepentimiento en sus vidas.

La primer bendición: Dios evitaría que fueran llevados cautivos a naciones extranjeras, en particular a Babilonia, al contrario, al existir un arrepentimiento sincero de parte de ellos, él los dejaría en su nación, en la tierra que como menciona Jeremías, el Señor había otorgado a sus padres o a sus ancestros, para siempre. Cabe aclarar que esa bendición solo se cumpliría si ellos estaban dispuestos en hacer un cambio verdadero, de lo contrario, no recibirían nada de parte del Señor sino solo castigo a su debido tiempo.

He aquí, vosotros confiáis en palabras de mentira, que no aprovechan. *Jer. 7:8*

El arrepentimiento distaba mucho se ser una realidad en los judíos, al contrario, la actitud que ellos estaban tomando era de terquedad, tal como lo declaró el profeta, porque ellos seguían confiando y estaban muy seguros en las palabras que les predicaban los falsos profetas, pero esas palabras de boca de los tales, eran solo mentiras, ya que dichos profetas eran falsos y no estaban hablando conforme al consejo de Dios, al contrario, actuaban bajo las artimañas del engaño, profetizando al pueblo paz y prosperidad, cuando la realidad era contraria a ese mensaje. Jeremías les aclara mencionándoles que dichas palabras de mentira no serían útiles ni tendrían beneficio alguno, mucho menos cambiarían la suerte adversa que les sobrevendría si no se arrepentían. Según la versión Dios Habla Hoy declara: 'Ustedes confían en palabras engañosas que no les sirven de nada. Si prestamos atención según tal traducción deduce "no les sirven de nada" y es que a la verdad. Cuando uno está sumido en la mentira y quiere seguir en tal condición, de nada aprovecha que se nos predique la verdad, y la mentira no traerá absolutamente beneficio alguno a nuestra vida.

Hurtando, matando, adulterando, jurando en falso, e incensando a Baal, y andando tras dioses extraños que no conocisteis, *Jer. 7:9*

Dentro del contexto en este capítulo Jeremías el profeta ya les había exhortado para que tomaran una resolución en lo referente a su conducta perversa, pero en contraste a quitar esa actitud pecaminosa de la vida de ellos, los judíos más bien rechazaron el consejo de Dios por medio de Jeremías, manifestando una conducta llena de rebeldía: Robando, matando, cometiendo adulterio tanto espiritual como literal, jurando en falsedad, adorando a los ídolos paganas como a Baal, Astarot, etc. Y como menciona también el profeta, dioses vanos y extraños que no conocían en tiempo atrás.

Conductas que se les ordenó que quitaran *(Jeremías 7:5-6)*
El abuso a los extranjeros
La opresión a los huérfanos y pobres
La falta de piedad a las viudas
Los asesinatos de gente inocente
La idolatría a ídolos paganos

Conductas que ellos estaban llevando a cabo. Jeremías *Capítulo 7 versículo 9*

Robaban, juraban en falso, adulteraban, mataban y adoraban ídolos paganos.

Al observar la referencia anterior notamos que el cambio concerniente a la conducta de los judíos no había sido ninguno, ya que no se arrepintieron, al contrario, estaban poniendo en práctica todas las cosas que Jeremías les había dicho en el verso seis, que desecharan.

La profanación del Templo de Jerusalén

¿vendréis y os pondréis delante de mí en esta casa sobre la cual es invocado mi nombre, y diréis: Librados somos; para seguir haciendo todas estas abominaciones? *Jer. 7:10*

¿Cómo es posible que, con esa conducta totalmente reprobable, venían a presentarse ante el Señor en el templo? El templo de Jerusalén era el lugar donde deberían adorar a Dios con una actitud total de reverencia por ser un lugar tan sagrado, pero con sus maldades, se concluye en que ellos no estaban manifestando ni temor, ni santidad sino todo lo contrario, lo peor del caso en esta situación es que se presentaban ante los ojos de Dios siendo totalmente depravados y malvados, tomando una actitud desvergonzada, anidando en sus corazones la esperanza de ser libres de culpa alguna, usando el templo como justificación pensando que estarían seguros y que nadie los reprendería por todas sus fechorías comentadas, pero muy lejos era la realidad de lo que ellos pensaban, porque claramente el Señor ya tenía deparado un castigo por sus muchas maldades y eso sería inminente si no se arrepentían.

¿Es cueva de ladrones delante de vuestros ojos esta casa sobre la cual es invocado mi nombre? He aquí que también yo lo veo, dice Jehová. *Jer. 7:11*

El profeta hizo mención del al menos seis pecados acerca de la conducta de sus compatriotas, tales como: El robo, adulterio, las fornicaciones, el jurar en falso, el asesinato e idolatría. Aun con todas estas imputaciones ellos pensaban que no les vendría mal, por tal motivo, Dios por medio del profeta Jeremías los cuestiona: ¿es cueva de ladrones mi casa? ¿Por qué esta pregunta? Fue utilizada esta frase en referencia a como en el pasado los ladrones del tiempo antiguo después de haber cometido sus fechorías inmediatamente iban y se escondían en cuevas para sentirse seguros y a salvo, la aplicación que dio el profeta en referencia a esos hechos es que en este caso los judíos malvados cuando llevaban a cabo sus maldades como las ya mencionadas en el versículo nueve, iban y se metían al templo, a ese lugar tan sagrado donde se invocaba el nombre de Dios, pensando que por el hecho de estar ahí permanecerían seguros, ya que el Templo de Dios era el lugar donde habitaba la presencia de Dios, pero como dice el Señor, ustedes vienen y lo hacen su guarida para sentirse a salvo de sus fechorías cometidas, "yo lo veo, dice Jehová" esta frase implica Palabra de Dios. La conducta irreverente de ellos no era ajena a los ojos del Señor que conoce los pensamientos y los corazones, tal como se lo declaró a Jeremías:
"Nada hay tan engañoso y perverso como el corazón humano. ¿Quién es capaz de comprenderlo? yo, el Señor, que investigo el corazón y conozco a fondo los sentimientos; que doy a cada cual lo que se merece, de acuerdo con sus acciones." *Jeremías 17:9-10*, Biblia Dios Habla Hoy.
Por tanto, ninguna de sus acciones era oculta ante de los ojos del Creador y cada una de sus fechorías es reprobada severamente porque estaban haciendo del Templo su guarida personal. Observando el contexto se deduce que ellos se sentían seguros que la

Capítulo 7

justicia del pueblo no los alcanzaría aun cuando habían cometido actos atroces, y esa seguridad la obtenían por el simple hecho de estar en el templo. Pero Dios que miraba sus actitudes de ninguna manera dejaría que pasaran desapercibidas ni sin castigo, tarde que temprano el Señor pagaría a cada uno de ellos conforme a sus obras según su justicia. El Señor Jesucristo seiscientos años después volvió a reprender a este pueblo duro de cerviz haciendo uso de las palabras del profeta Jeremías.

y les dijo: Escrito está: Mi casa, casa de oración será llamada; mas vosotros la habéis hecho cueva de ladrones. *Mateo 21:13*

Y les enseñaba, diciendo: ¿No está escrito: Mi casa será llamada casa de oración para todas las naciones? Mas vosotros la habéis hecho cueva de ladrones. *Marcos 11:17*

diciéndoles: Escrito está: Mi casa es casa de oración; mas vosotros la habéis hecho cueva de ladrones. *Lucas 19:46*

Andad ahora a mi lugar en Silo, donde hice morar mi nombre al principio, y ved lo que le hice por la maldad de mi pueblo Israel. *Jer. 7:12*

Andad ahora a mi lugar en Silo, donde hice morar mi nombre al principio,

Una vez más el Señor cuestiona a su pueblo ¿es mi casa, cueva de ladrones? Para ilustrar esta pregunta trae a la memoria de ellos un evento pasado, en este caso el acontecimiento de Silo en los tiempos del profeta Samuel, según el Nuevo Diccionario Bíblico Certeza, relata acerca de Silo, que esta región se encontraba aproximadamente situada "al norte de Bet-el, y al lado oriental del camino que sube de Bet-el a Siquem, y al sur de Lebona". Esto la identifica como la moderna Seilún, unos 14 kilómetros al norte de Bet-el (Beitín), y 5 kilómetros al sudeste de el-Lubban. (ref. de Silo, *Jueces 21:19*) también cabe destacar que Silo significa "pacífico" o "lugar de descanso", y era una ciudad importante y centro israelita cerca de 38 Kms. al norte de Jerusalén y 16 Kms. al sur de Siquem. ¿Por qué era tan significativo este lugar para los judíos? el territorio de Silo representaba algo muy importante dentro de la vida de los judíos ya que precisamente en dicho lugar fue donde se levantó el tabernáculo de reunión, en tiempos de Josué, época donde se llevó a cabo la conquista de la tierra prometida.

Toda la congregación de los hijos de Israel se reunió en Silo, y erigieron allí el tabernáculo de reunión, después que la tierra les fue sometida. *Josué 18:1*

Este tabernáculo establecido en Silo representó por muchos años el santuario principal para los judíos antes de que construyeran oficialmente el Templo de Jerusalén.

Y los hijos de Dan levantaron para sí la imagen de talla; y Jonatán hijo de Gersón, hijo de Moisés, él y sus hijos fueron sacerdotes en la tribu de Dan, hasta el día del cautiverio de la tierra. Así tuvieron levantada entre ellos la imagen de talla que Micaía había hecho, todo el tiempo que la casa de Dios estuvo en Silo. *Jueces 18:30-31*

Y ved lo que le hice por la maldad de mi pueblo Israel.

La pregunta que surge es ¿Qué pasó en Silo? Conforme al contexto histórico observamos que Silo fue un lugar muy importante para el pueblo judío, en esta porción del pasaje, el Señor, les trae a la memoria a los judíos el ejemplo de lo que pasó con Silo, seguramente se refiere al caso de la destrucción de dicha región, la cual estuvo a cargo de los filisteos, cuando estos pelearon con los ju-

Capítulo 7

díos en el tiempo del profeta Samuel (ref. *1 Samuel 4:1-11*) aunque no se encuentra evidencia directa de que Silo haya sido destruida, lo que se menciona conforme al contexto histórico en el pasaje de *1 Samuel 4:11*, es acerca de la batalla que tuvieron los filisteos contra los judíos, y tristemente en esa ocasión el pueblo de Dios perdió el Arca del Pacto, y los filisteos la tomaron como botín de guerra, también relata el autor del libro de Samuel que hubo una gran mortandad entre los judíos derrotados, ya que el número de bajas llegó a treinta mil soldados de infantería, este descalabro en batalla fue a consecuencia de su rebeldía. En consecuencia, Dios les pone este ejemplo de que así como destruyó a Silo, de ninguna manera dudaría en poner en ruinas a la gran Jerusalén debido a la continua rebeldía de la gente.

Ahora, pues, por cuanto vosotros habéis hecho todas estas obras, dice Jehová, y aunque os hablé desde temprano y sin cesar, no oísteis, y os llamé, y no respondisteis; *Jer. 7:13*

Ahora, pues, por cuanto vosotros habéis hecho todas estas obras, dice Jehová,

Después de haber usado el ejemplo de Silo, ahora el Señor les envía una exhortación, mencionándoles que hicieron todas estas obras ¿a cuáles obras se refiere el profeta? Definitivamente tenía que ver con las obras perversas, mencionadas en el versículo nueve al once, donde claramente se especifica, que robaban, mataban, practicaban el adulterio, mentían, juraban en falso, eran idolatras y corrompían con sus acciones la casa de Jehová (El Templo) utilizando el mismo como escondite o refugio. A consecuencia del exceso de maldades habían provocado a ira al Señor de los Ejércitos.

Y aunque os hablé desde temprano y sin cesar, no oísteis, y os llamé, y no respondisteis;

Jeremías predica en el templo de Jerusalén

¿Qué significado tenía el hecho de que Dios les había hablado temprano y sin cesar? Esto implicaba que el Señor de una manera constante por medio de sus profetas en distintas épocas les había exhortado a que anduviesen por el buen camino, y en el tiempo de Jeremías no fue la excepción ya que mismo Jeremías había sido comisionado por Dios para proclamar el mensaje, se dice que algo constante es todo aquello persistente o durable, con eso se concluye, que el mensaje inspirado había sido insistente por medio de los profetas inspirados, Jehová les había hablado a los judíos de muchas manera, pero la actitud del pueblo fue de indiferencia, ya que decidieron no escuchar el consejo inspirado, e igual manera el Señor les menciona que los llamó, pero tristemente no respondieron al llamado, actuaron asemejando a todo aquel hijo rebelde que cuando es llamado por su padre en lugar de acudir al llamado se dan la media vuelta ignorándole y se alejan, ese era el proceder de los judíos ya que Dios los llamó pero ellos decidieron alejarse del llamado, al contrario actuaron indiferentes. Observemos algunos pasajes de referencia acerca del llamado que Dios le hizo al pueblo y ellos constantemente lo rechazaron.

Pero vosotros los que dejáis a Jehová, que olvidáis mi santo monte, que ponéis mesa para la Fortuna, y suministráis libaciones para el Destino; yo también os destinaré a la espada, y todos vosotros os arrodillaréis al degolladero, por cuanto llamé, y no respondisteis; hablé, y no oísteis, sino que hicisteis lo malo delante de mis ojos, y escogisteis lo que me desagrada. *Isaías 65:11-12*

también yo escogeré para ellos escarnios, y traeré sobre ellos lo que temieron; porque llamé, y nadie respondió; hablé, y no oyeron, sino que hicieron lo malo delante de mis ojos, y escogieron lo que me desagrada. *Isaías 66:4,*

Cuanto más yo los llamaba, tanto más se alejaban de mí; a los baales sacrificaban, y a los ídolos ofrecían sahumerios. *Oseas 11:2,*

Capítulo 7

Entre tanto, mi pueblo está adherido a la rebelión contra mí; aunque me llaman el Altísimo, ninguno absolutamente me quiere enaltecer. *Oseas 11:7*

Ilustración: En el presente como hijos de Dios no somos exentos de caer en una situación similar a la del pueblo judío en el tiempo de Jeremías ¿Por qué? No pocos hijos de Dios son rebeldes, ya que su andar es por senderos donde no existe la santidad, y a pesar de que el Señor día con día nos exhorta de una manera u otra, en ocasiones optamos por actuar como sordos, pero recordemos que lo que sembramos es lo que cosechamos, Dios quiere bendecirnos tal como lo dijo el apóstol Pedro en su primer epístola acerca de nuestra relación con Dios.

Porque: El que quiere amar la vida Y ver días buenos, Refrene su lengua de mal, Y sus labios no hablen engaño; Apártese del mal, y haga el bien; Busque la paz, y sígala. Porque los ojos del Señor están sobre los justos, Y sus oídos atentos a sus oraciones; Pero el rostro del Señor está contra aquellos que hacen el mal. *1 Pedro 3:10-12*

Concluimos pues que, si somos renuentes a oír el consejo de Dios, no esperemos en retribución bendiciones sino todo lo contrario. Tal como pasó con el pueblo judío en el tiempo de Jeremías.

haré también a esta casa sobre la cual es invocado mi nombre, en la que vosotros confiáis, y a este lugar que di a vosotros y a vuestros padres, como hice a Silo. *Jer. 7:14*

Lo que el pueblo judío había sembrado era lo que cosecharían en un futuro no muy distante, a partir del momento que ellos decidieron profanar el Templo de Jehová convirtiéndolo en casa de ladrones, siendo este un lugar tan sagrado y especial para Dios, y al desechar tajantemente el consejo y la exhortación que venían

Jeremías predica en el templo de Jerusalén

de parte del Altísimo usando a sus profetas como heraldos, en este caso a través de Jeremías, el Señor les dice que la casa en la cual ellos invocaban su nombre, y confiaban demasiado pensando que nunca seria destruida, por eso expresaban frases tales como: "Templo de Jehová, Templo de Jehová es este," aunque en su interior ellos pensaran que Dios nunca les iba a quitar la heredad que les había otorgado desde sus ancestros cuando tomaron la tierra prometida, aun con todo eso, les menciona el Señor que les haría como lo que hizo en Silo, y cabe destacar que Silo fue hecha ruinas en el tiempo del profeta Samuel (ref. *1 Samuel 4:1-11*) y el arca fue despojada de ellos y pasó a manos de sus conquistadores los filisteos, así sería destruido el templo de Jehová conforme a la profecía de Jeremías y los judíos pasarían a ser cautivos en manos de Nabucodonosor y sus tropas.

Os echaré de mi presencia, como eché a todos vuestros hermanos, a toda la generación de Efraín. *Jer. 7:15*

Por la corrupción de ellos no quedaba otra opción ni otro remedio que Dios les pudiera dar, sino que como menciona el profeta, en retribución a la rebeldía de ellos el pago de parte del Señor es que los arrojaría de su presencia tal como cuando se arroja o se lanza a una persona fuera de la presencia de alguien, en este caso los judíos serian arrojados fuera o lejos de la presencia de Dios, declarándoles que lo haría tal como lo hizo con toda la generación de Efraín. El escritor inspirado usó este nombre para identificar a sus hermanos los israelitas conocidos como el Reino del Norte, mismo que desde muchos años atrás se había apartado de Dios, influenciados por la apostasía de Jeroboam, siendo este varón el precursor de la división de las doce tribus, también fue el innovador que llevó a Israel a la apostasía total(*1 Reyes 12:25-33*) este siervo del rey Salomón fue pieza clave en el rompimiento de las doce tribus como reino, quien después de la revuelta en contra de Roboam se llevó consigo a las diez tribus a las cuales a partir de ahí se les identificó como el reino del norte, Jeroboam era efrateo de decendencia (ref. *1 Reyes 11:26*) por tal motivo se conocía a los israelitas de las tribus del norte como la generación de Efraín, después de la división en los tiempos de Roboam y Jeroboam fue a partir de ahí que los israelitas fueron en declive en lo que concernía a su relación con Dios, al punto que ese reino tuvo que ser destruido y muchos de ellos fueron llevados cautivos, usando el Señor en contra de Israel a los asirios como instrumento de justicia comandados por su rey Salmasar, estos llevaron cautivos a los israelitas aproximadamente por el año 722 a.C. el escritor tenía que usar este drástico ejemplo porque lamentablemente a los hijos de Juda les esperaba una suerte muy similar a la que padecieron sus hermanos los israelitas por no caminar en los senderos correctos de Dios. Con esto también el Señor les quería enseñar que aunque ellos se escudaran mucho en el templo y en su ideología de que no serían castigados, tarde que temprano llegaría la justicia divina a ellos.

A toda acción hay una reacción: Dios le ordena a Jeremías para que no ore por el Pueblo

Tú, pues, no ores por este pueblo, ni levantes por ellos clamor ni oración, ni me ruegues; porque no te oiré. *Jer. 7:16*

Observando la conducta rebelde de los judíos junto con su necedad, su corazón corrompido y su indiferencia, no habría más terribles consecuencias, que las expresadas aquí por el profeta, en represalia a todo esto el Señor por medio de su justicia perfecta y divina le ordena a Jeremías que no orara por el pueblo, una de las características que tenía el profeta era la misericordia y compasión hacia sus conciudadanos porque aunque ellos fueran rebeldes y necios e incluso muchos de ellos se habían convertido en sus enemigos, él los amaba porque eran sus hermanos, posiblemente Jeremías al tener la posibilidad como profeta inspirado de ver las visiones concernientes a la destrucción venidera, conocía lo que les deparaba el futuro a sus hermanos, él en varias ocasiones quiso actuar como mediador entre el pueblo y Dios, tal como lo vemos en otros pasajes de este mismo libro.

Tú, pues, no ores por este pueblo, ni levantes por ellos clamor ni oración; porque yo no oiré en el día que en su aflicción clamen a mí. *Jer. 11:14*

Así ha dicho Jehová acerca de este pueblo: Se deleitaron en vagar, y no dieron reposo a sus pies; por tanto, Jehová no se agrada de ellos; se acordará ahora de su maldad, y castigará sus pecados. Me dijo Jehová: No ruegues por este pueblo para bien. Cuando ayunen, yo no oiré su clamor, y cuando ofrezcan holocausto y ofrenda no lo aceptaré, sino que los consumiré con espada, con hambre y con pestilencia. *Jer. 14:10-12*

La ordenanza de parte de Dios fue clara "no orar por el pueblo" ¿injusticia de parte de Dios? ¿Qué provecho se obtendría al orar por ellos? si ellos mismos estaban totalmente indispuestos en hacer un cambio para bien concerniente a sus conductas nefastas que afectaban su santidad, y si no querían salir de esa inmundicia moral y espiritual, tampoco de su pecaminosidad deliberada y presuntuosa en la cual vivían, ¿Cómo podían esperar que Dios escuchara las oraciones de Jeremías quien abogaba por el bien de ellos ? La palabra utilizada por el escritor tal como lo tradujeron los autores de la versión Reina Valera 1960 con el término "clamor" proviene del hebreo (rin·n) y significa: una actitud de lloro por medio de la cual se le pide algo a alguien, en este caso al que se le pide es a Dios (ref. *1 Reyes 8:28*) por tal motivo en respuesta a Jeremías se le dijo que ni orara, ni llorara, ni tampoco aunque la petición por el pueblo de Juda viniera cargada de humildad y sumisión, en conclusión, el Señor simplemente no escucharía las oraciones de su siervo, porque a final de cuentas era una humildad y arrepentimiento fingidos.

Capítulo 7

Ilustración práctica.
Analicemos la respuesta del Señor a Jeremías y tratemos de asimilar al menos dos principios prácticos de enseñanza detrás de ello.

1. Por ejemplo: Si usted ora continuamente por alguien que vive en el pecado y esa persona no quiere cambiar, sus oraciones ante los ojos de Dios son en vano ¿Por qué? Dios no las escucha. Y esto acontece porque la persona misma por la cual se está orando, en él o ella mismo no hay ninguna disposición de cambio. Entonces estamos orando en contra de la voluntad de esa persona.

2. Si nos apartamos de los estatutos de Dios, no pensemos que él estará con nosotros, recordemos que el Señor nos pide santidad y fidelidad, y cuando carecemos de ambas características por nuestra conducta, en respuesta el Señor no nos escucha mientras no exista en nosotros una actitud verdadera de arrepentimiento. Recordemos que Dios conoce hasta lo más íntimo de nuestros pensamientos y acciones y el verdaderamente sabe cuándo hay en nosotros una actitud de cambio o si es meramente un arrepentimiento fingido.

¿No ves lo que éstos hacen en las ciudades de Judá y en las calles de Jerusalén? Los hijos recogen la leña, los padres encienden el fuego, y las mujeres amasan la masa, para hacer tortas a la reina del cielo y para hacer ofrendas a dioses ajenos, para provocarme a ira. *Jer. 7:17-18*

La respuesta a las peticiones de Jeremías, fue con una pregunta de parte del Señor ¿no vez o no alcanzas a percibir las maldades y todas las idolatrías que hace la gente de las regiones de Juda y Jerusalén? Una corrupción moral que abarcaba desde los pequeños hasta los grandes. ¿Estaría exagerando el profeta al mencionar que desde los niños hasta los adultos todos estaban corrompidos? Definitivamente no, ya que es cierto que siempre se argumenta que los niños no tienen pecado por no saber discernir lo bueno y lo malo, pero hay niños que desde una temprana edad son encaminados a seguir caminos de perversidad porque es lo que les enseñan sus padres con el ejemplo. Seguramente la enseñanza que recibían por medio de sus padres no era buena sino todo lo contrario como acabamos de ver en lo referente a la conducta de ellos. Con claridad se le expresa al profeta acerca de cómo todos se habían corrompido y andaban en una idolatría colectiva, por ejemplo: los hijos ordenados por sus padres, cumplían con la tarea de recolectar la leña, por otro lado los padres eran los encargados de encender el fuego, mientras que las madres tenían la tarea de amasar y preparar la masa para posteriormente ponerla a coser, y hacer tortas de pan, ¿era en honor al Dios verdadero todo este festejo? No, al contrario, la labor realizada con tanto esmero era pero en honor o para rendirle culto a la reina del cielo, tal como la describió el profeta Jeremías, acerca de esta diosa pagana. No se conoce a ciencia cierta qué tipo de diosa era, ya que comentaristas como Robert Jamieson y A.R. Fausset y David Brown, argumentan en su comentario acerca de Jeremías 7: 18, que posiblemente esta deidad pagana era una diosa que adoraban los fenicios, la cual tenía por nombre Astarot también conocida como Astarte, o la mujer de Baal o Moloc el dios de los cielos, esta deidad también es mencionada en *Jeremías 44:17*, cabe destacar que dentro de los escritores inspirados solamente el profeta Jeremías la presenta como la diosa del cielo, de ahí en más, ningún otro de los profetas o escritores inspirados hace mención de esta manera de dicha deidad pagana. Cabe destacar que los judíos no solamente ofrecían ofrendas de alimentos a la diosa de los cielos, sino que también lo hacían en honor a un sinnúmero de dioses paganos, con todo este comportamiento de idolatría lo único que estaban atesorando era provocar la ira del Dios de los Ejércitos, el cual desde antaño, les había ordenado dentro del decálogo dado a Moisés en las dos piedras, que no adoraran ninguna clase de ídolos, ni de figuras hechas a imagen de cosas de la tierra o del cielo (ref. *Ex. 20:2-5*) mandamiento que ellos pasaron por alto en tiempo de Jeremías.

Capítulo 7

¿Me provocarán ellos a ira? dice Jehová. ¿No obran más bien ellos mismos su propia confusión? *Jer. 7:19*

Al Señor no le perjudicaba en lo absoluto que sus hijos, los judíos fueran idolatras por eso cuestiona al profeta ¿Me provocaran ellos a ira? esta pregunta retórica, la contesta con otra pregunta, haciéndoles ver a ellos que de ninguna manera lo afectaban con sus actitudes basadas en el paganismo, al contrario, más bien lo que estaban provocando era destrucción para sí mismos, por haber dejado al Dios de los ejércitos, ¿Por qué? habían cambiado la luz de vida que Dios les ofrecía por las tinieblas de la idolatría, influenciados por la rebeldía en que estaban sumidos, a final de cuentas al dejar las grandes bendiciones que provenían de parte del Altísimo, ellos serían los afectados, ¿en qué sentido? Anulando las bendiciones provenientes de lo Alto que desde mucho tiempo atrás hasta ese tiempo el Señor les otorgó por mero amor y misericordia, porque ¿Qué extraordinario habían hecho como personas para recibir tantas bendiciones, incluso antes de la salida a Egipto?, a causa de ello el Señor les declara que ellos mismos obraban para su propia vergüenza y desgracia, en consecuencia debido a su terquedad, en su determinado momento llegaría la destrucción acompañada de calamidad (ref. *Jeremías 2:26, Esdras 9:7*)

¿Qué ilustración podemos sacar nosotros para el presente acerca de esa enseñanza?

Acerca de esto aprendemos que el humano no ha evolucionado mucho en lo que se refiere a sus sentimientos, emociones y decisiones ¿Por qué declaramos esto? Porque como pasó en los tiempos de Jeremías igual acontece en el siglo veintiuno, todos aquellos judíos rebeldes sufrieron las consecuencias de su desacato mezclado con rebeldía, en el presente hay hijos de Dios que osadamente optan por ser infieles y el o los pecados se hacen manifiestos en su vida. A final de cuentas de una u otra forma sus acciones los alcanzaran y vendrán a ser afectados en varios aspectos en el campo emocional, espiritual, familiar, matrimonial, económico, etc.

¿A consecuencia de que? De haber decidido voluntariamente apartarse de los estatutos de Dios, optando por vivir en el pecado antes que buscar la santidad. Sabemos conforme lo enseñado por el apóstol Pablo en la epístola a los Romanos que el pecado solo conduce a una muerte espiritual, mientras la promesa de Dios hacia la vida eterna.

Porque la paga del pecado es muerte, mas la dádiva de Dios es vida eterna en Cristo Jesús Señor nuestro. *Romanos 6:23*

Por tanto, así ha dicho Jehová el Señor: He aquí que mi furor y mi ira se derramarán sobre este lugar, sobre los hombres, sobre los animales, sobre los árboles del campo y sobre los frutos de la tierra; se encenderán, y no se apagarán. *Jer. 7:20*

Por tanto, así ha dicho Jehová el Señor:

El Señor a través del profeta lanza una clara advertencia acerca de lo que sucedería con su pueblo que se había convertido en incircuncisos de corazón. El castigo seria aplicado al menos en cinco cosas muy importantes y vitales para ellos.

1. Sobre este lugar:
Encabezando la lista el Señor se refiere a "este lugar" seguramente el lugar tenía que ver con el territorio de Juda y Jerusalén junto con sus alrededores, que de ninguna manera quedarían inmunes ante los ataques de sus enemigos, a manera de referencia histórica basta con leer el capítulo treintainueve del libro de Jeremías para observar cómo fue dejada en ruinas literalmente la ciudad de Jerusalén después que fue abierta la brecha en el muro por el ejército del rey Nabucodonosor, tal como lo declaró el Señor así

fue, porque primeramente cayó la calamidad sobre la ciudad, y sus alrededores. Acerca de esta destrucción el autor de este libro redactó en Lamentaciones lo siguiente.

Cortó con el ardor de su ira todo el poderío de Israel; Retiró de él su diestra frente al enemigo, Y se encendió en Jacob como llama de fuego que ha devorado alrededor. Entesó su arco como enemigo, afirmó su mano derecha como adversario, Y destruyó cuanto era hermoso. En la tienda de la hija de Sion derramó como fuego su enojo. El Señor llegó a ser como enemigo, destruyó a Israel; Destruyó todos sus palacios, derribó sus fortalezas, Y multiplicó en la hija de Judá la tristeza y el lamento. *Lamentaciones 2:3-5*

2. Sobre los hombres.

El populacho o el vulgo de Juda y Jerusalén no quedaría sin castigo ya que desde el más chico al más avanzado en años nadie recibiría ningún tipo de consideración de parte de Dios, al contrario, obtendrían en retribución castigo como pago de parte de Dios por las muchas rebeldías realizadas por cada uno de ellos (ref. *Jer. 6:11*) de hecho fueron pocos los que se liberaron del castigo de Dios, podemos observarlo en el contexto de *Jeremías capítulo 40*

3. Sobre los animales,

la maldición también caería sobre los animales que les pertenecían a los judíos ya que evidentemente los animales jugaban un papel sumamente primordial en su sustento del diario vivir, muchos de ellos eran utilizados como instrumentos de trabajo en los campos, siendo usados para la siembra, tal era el caso particular de los bueyes, usados como herramientas comunes para el arado de los campos, en el caso de los animales domésticos estos se usaban para el consumo y producción de lácteos u otros derivados que jugaban un rol importante en la dieta de los judíos, al ser dañados los animales se afectaría la provisión alimenticia para la gente, porque al no tener para arar los campos resultaría literalmente imposible sembrar en campos áridos y en conclusión no habría cosechas, y al no tener animales domésticos para el consumo, tendrían escases, haciéndose manifiesta la hambruna.

Sobre los árboles del campo,
los arboles del campo también jugaban un rol muy importante en la vida cotidiana de los judíos ya que era por medio estos árboles frutales al igual que los animales domésticos servían de provisión para los alimentos de los ciudadanos de Jerusalén y sus alrededores. De antaño el Señor les había advertido a los judíos que, si entraban en guerra con otra nación que no destruyeran los árboles frutales, porque de los tales se abastecerían de alimento en tiempo de guerra y así no habría escases (ref. *Deuteronomio. 20:19-20*) y la región de Jerusalén era rica en diversidad de árboles frutales (*Habacuc 3:17-18*) pero al consecuencia de la invasión, Dios permitiría que los enemigos literalmente destruyeran o se proveyeran de los árboles frutales que pertenecían a los judíos. A consecuencia de esto quedarían desabastecidos, y el hambre empezaría a hacer estragos en ellos. Algo que no debe escasear en tiempo de guerra es el alimento, porque si las tropas están desprovistas eso merma física y emocionalmente al grado de llevarlos a una derrota.

Sobre los frutos de la tierra; se encenderán, y no se apagarán.
Al final de esta frase, el Señor advierte que la calamidad se haría presente incluso sobre los mismos frutos de la tierra, o sease de todo lo que dá la tierra y se cosecha. Por tal manera quedarian totalmente desabastecidos de toda comida o de todo medio para producir el alimento cotidiano y como les exclama el Señor, la grande ira se encenderia contra ellos y contra todo su territorio a tal grado que se manifestaría la justicia de Dios como una ira que no se extinguiría hasta consumirlo todo dejando sumidos a los habitantes de Jerusalén en una situación desoladora.

Capítulo 7

Varios aspectos de las calamidades antes mencionadas provocarían hambruna en la gente. [1]El profesor de nutrición internacional de la Universidad de Cornell en Ithaca, Nueva York, Estados Unidos, Michael C. Latham en su libro Nutrición Humana en el Mundo en Desarrollo, dijo lo siguiente en un artículo concerniente a cómo afecta la hambruna.

se considera hambruna a la carencia grave de alimentos, que casi siempre afecta un área geográfica grande o un grupo significativo de personas. La consecuencia, generalmente, es la muerte por inanición de la población afectada, precedida por una grave desnutrición o malnutrición. La inanición es una condición patológica en la que la falta de consumo de alimentos amenaza o causa la muerte. Los refugiados son personas que han sido desalojadas de sus propios hogares, cruzando las fronteras hacia otros países; las personas desplazadas son aquéllas que han sido desalojadas de sus casas, pero que todavía permanecen dentro de las fronteras de su propio país. Los seres humanos pueden morir por frío extremo después de seis a 12 horas de exposición o por sed después de unos cuantos días sin consumir agua o líquidos; pero de hambre solamente después de algunas semanas si estaban en buen estado de salud cuando se los privó de alimentos por primera vez. Un hombre sano que pesa 70 kg tiene aproximadamente 15 kg de tejido adiposo o de grasa. Esta grasa es principal reserva de energía que utiliza cuando tiene un equilibrio energético negativo, o cuando recibe una cantidad inadecuada de alimentos o cuando sufre de inanición. Los 15 kg de grasa teóricamente rendirán alrededor de 135 000 kcal. Esta no es exactamente la cantidad de energía que un hombre con inanición obtiene de su grasa; sin embargo, 15 kg de grasa suministran aproximadamente 1 350 kcal por día durante 100 días, o 2 700 kcal por día durante 50 días. Las personas con inanición también pueden quemar algo de proteína, principalmente de sus músculos.

1 http://www.fao.org/3/w0073s/w0073s0s.htm

Viendo toda esta información deducimos que debió haber sido sumamente difícil la situación de sitio cuando los caldeos atacaron y saquearon Jerusalén.

Dios rechaza los sacrificios que ofrece el Pueblo

Así ha dicho Jehová de los ejércitos, Dios de Israel: Añadid vuestros holocaustos sobre vuestros sacrificios, y comed la carne. Porque no hablé yo con vuestros padres, ni nada les mandé acerca de holocaustos y de víctimas el día que los saqué de la tierra de Egipto. *Jer. 7:21-22*

La maldad de la gente era tan evidentes a la presencia de Dios a tal grado que él los reprobó totalmente, el profeta Jeremías ordenado por el Señor les enfatiza a los judíos en esta porción del libro que aunque hicieran holocaustos, que implicaba todos aquellos sacrificios en los cuales se quemaba a la víctima (ref. *Levítico 3:1-17, 4:1-35*) según conforme a los estatutos que Dios les estipuló concerniente a los holocaustos y sacrificios, estos se hacían en ofrenda como sacrificio de reconciliación o de paz, o sacrificio para expiación de los pecados, de esta manera dichos sacrificios eran aceptos ante los ojos del Señor, sin embargo en los tiempos de Jeremías, Jehová de los Ejércitos no se estaba agradando de ninguna manera de los sacrificios u holocaustos ofrecidos por sus porque detrás de la actitud de cada uno de ellos estaban anidados un sinnúmero de pecados de los cuales evidentemente no se habían arrepentido, ese fue uno de los muchos motivos que fueron reprendidos por el Señor, expresándoles que dichos holocaustos con animales ofrecidos en sacrificio, era mejor que se los comieran ellos mismos, con estas palabras el Señor les manifestó su reprobación total al considerarlos como inmundos ante su presencia, esto debido a sus conductas pecaminosas e irreverentes. Tal como lo había hecho ya con su pueblo en el tiempo del profeta Isaías cuando les dijo por medio de este siervo.

¿Para qué me sirve, dice Jehová, la multitud de vuestros sacrificios? Hastiado estoy de holocaustos de carneros y de sebo de animales gordos; no quiero sangre de bueyes, ni de ovejas, ni de machos cabríos. ¿Quién demanda esto de vuestras manos, cuando venís a presentaros delante de mí para hollar mis atrios? No me traigáis más vana ofrenda; el incienso me es abominación; luna nueva y día de reposo, el convocar asambleas, no lo puedo sufrir; son iniquidad vuestras fiestas solemnes. Vuestras lunas nuevas y vuestras fiestas solemnes las tiene aborrecidas mi alma; me son gravosas; cansado estoy de soportarlas. Cuando extendáis vuestras manos, yo esconderé de vosotros mis ojos; asimismo cuando multipliquéis la oración, yo no oiré; llenas están de sangre vuestras manos. *Isaías 1:11-1*

Ilustración para el presente.
Hagámonos un auto análisis. ¿De qué sirve si yo vengo todo lustroso externamente ante la presencia del Señor y ofrezco buenas ofrendas monetarias, si mi corazón y mis hechos están muy distantes de hacer la voluntad de mi Padre celestial? ¿Estaré aprobado? ¿Dios me mirará con agrado? Seamos sinceros a estas preguntas y resumamos una respuesta concreta. Dios no se agradará de nuestra presencia, ni tampoco de lo que le estamos ofreciendo, mientras no exista un cambio en lo interno (el corazón y la mente) Pasa con los hijos de Dios que a veces queremos abusar de su misericordia. Pero recuerde que, aunque el Señor es excesivamente misericordiosos también es justo. Y en su justicia imparte castigo tarde que temprano.

Retomando el caso de los judíos en lo que concierne al pecado, precisamente eso era lo que les estaba pasando en el tiempo de Jeremías. Solo de apariencias vivían, pero su corazón estaba muy lejos de hacer la voluntad del Creador.

Porque no hablé yo con vuestros padres, ni nada les mandé acerca de holocaustos y de víctimas el día que los saqué de la tierra de Egipto.

Jeremías predica en el templo de Jerusalén

Con las siguientes palabras el Señor no está manifestando una idea o concepto como si nunca le hubiese dado a su pueblo estatutos y ordenanzas en lo que se refería al compromiso que ellos tenían en ofrecer sacrificios u holocaustos como una forma de sacrificios legales bajo los estatutos de Dios dentro de su Ley, el problema existente consistía en que los sacrificios u holocaustos que ellos presentaban ante el Altísimo, particularmente dentro del contexto histórico en el tiempo de Jeremías estaban muy lejos de ser lo que el Señor había pedido de ellos conforme a su ley divina, los judíos fueron tan banales al ofrecer sus sacrificios porque solo tenían un significado externo ¿Por qué? con sus acciones cumplían a medias lo estipulado bajo la ley de Moisés. Generalmente cuando se hablaba de holocaustos y sacrificios, era algo que se debía llevar a cabo con un sentido profundo de reverencia y humildad ¿Por qué? era una acción que debería reflejarse desde el interior del corazón de cada uno de ellos pero fusionado con una actitud compungida o dolida por el o los pecados cometidos, también tenía que ver con la misericordia hacia los demás y con la obediencia a Dios, tal como lo declaró el rey David en uno de sus Salmos al expresar.

Abre mis labios, oh Señor, para que mi boca anuncie tu alabanza. Porque no te deleitas en sacrificio, de lo contrario yo lo ofrecería; no te agrada el holocausto. Los sacrificios de Dios son el espíritu contrito; al corazón contrito y humillado, oh Dios, no despreciarás. *Salmo 51:15-17/* La Biblia de las Américas.

Sin embargo el pueblo judío estaba haciendo de este tan simbólico y sagrado acto, solo un mero hecho de realizarlo como si fuese algo meramente rutinario, tal como le había dicho el Señor a su pueblo en el tiempo de Isaías el profeta y como habían cambiado la palabra de Dios por meras enseñanzas de hombres.

Toda visión se ha convertido para ustedes en algo así como lo escrito en un pliego enrollado y sellado. Si alguien se lo da a uno que

sabe leer y le dice: "Lee esto", él responderá: "No puedo, porque está sellado." y si se lo da a uno que no sabe leer y le dice: "Lee esto", él responderá: "No sé leer." El Señor me dijo: "Este pueblo me sirve de palabra y me honra con la boca, pero su corazón está lejos de mí, y el culto que me rinde
son cosas inventadas por los hombres y aprendidas de memoria. *Isaías 29:11-13*

El Señor le comunica al pueblo por medio del profeta que desde tiempo atrás Él les había demandado sacrificios u holocaustos pero que fueran complementados con una actitud de humildad de corazón pero también con obediencia y reverencia, a final de cuentas estos eran los sacrificios y holocausto aprobados ante su presencia ya que no caerían en ser algo externo como era el caso del pueblo judío, si ellos desarrollaban la actitud correcta en lo referente a los sacrificios entonces a partir de ahí se convertirían en sacrificios agradables a la presencia del Altísimo porque venían de lo interno, desde el corazón, de donde se anidan las emociones del humano, no serían holocaustos meramente vanos, llenos y rodeados de hipocresía, desobediencia e indiferencia. La Biblia está plasmada de lo que debiera ser un verdadero sacrificio interno, mostraremos al menos tres pasajes en lo referente a este tema.

Y Samuel dijo: ¿Se complace Jehová tanto en los holocaustos y víctimas, como en que se obedezca a las palabras de Jehová? Ciertamente el obedecer es mejor que los sacrificios, y el prestar atención que la grosura de los carneros. *1 Samuel 15:22*

Porque misericordia quiero, y no sacrificio, y conocimiento de Dios más que holocaustos. *Oseas 6:6*

y el amarle con todo el corazón, con todo el entendimiento, con toda el alma, y con todas las fuerzas, y amar al prójimo como a uno mismo, es más que todos los holocaustos y sacrificios. *Marcos 12:33*

Jeremías predica en el templo de Jerusalén

En todos estos pasajes resalta un aspecto: La obediencia a Dios, a final de cuentas importa más que los sacrificios. Y eso es lo que pedía el Señor de su pueblo en el tiempo del profeta Jeremías.

Mas esto les mandé, diciendo: Escuchad mi voz, y seré a vosotros por Dios, y vosotros me seréis por pueblo; y andad en todo camino que os mande, para que os vaya bien. *Jer. 7:23*

"Escuchad mi voz" ahí radicaba la aprobación de parte de Dios, eso era en lo que Él se agradaba. El hecho de escuchar implica lo siguiente:

Escuchar:1. tr. Prestar atención a lo que se oye o atender a un aviso, consejo o sugerencia.

No era nada extraordinario lo que se le estaba pidiendo a los judíos, simplemente tenían que prestar atención al consejo que el Señor les había estipulado por medio de los profetas a través de su Ley, y que si tenían el suficiente entendimiento y disposición en escuchar la ley de Dios para ponerla en práctica ¿Qué lograrían con ello? Si hubiesen sido obedientes, en recompensa obtendrían las bendiciones y protección de Dios en todo momento y seguirían siendo su pueblo elegido.

Otra de las peticiones del Señor por medio del profeta estaba relacionada no solo con el oír con atención, sino que aunado a eso era también muy importante llevar a la practica el mensaje escuchado. El Señor les pidió que anduvieran en todos sus caminos, por implicación esto significaba que debían conducirse conforme a los estatutos de Dios y no conforme a la rebeldía de sus corazones, tal como se lo había declarado el Señor a Josué unos cientos años atrás antes de Jeremías, cuando le dijo a este siervo.

Solamente esfuérzate y sé muy valiente, para cuidar de hacer conforme a toda la ley que mi siervo Moisés te mandó; no te apartes de ella ni a diestra ni a siniestra, para que seas prosperado en todas las cosas que emprendas. *Josué 1:7*

Y no oyeron ni inclinaron su oído; antes caminaron en sus propios consejos, en la dureza de su corazón malvado, y fueron hacia atrás y no hacia adelante, *Jer. 7:24*

El amor, misericordia y piedad de Dios hacia su pueblo poco les importó a ellos ya que rechazaron la invitación a la corrección. Tal como se tradujo en la Versión Reina Valera 1960 "no oyeron ni inclinaron su oído; antes caminaron en sus propios consejos" Con estas palabras el Señor manifiesta como ellos rechazaron sus palabras inspiradas y predicadas por medio de los profetas, en este caso por voz del profeta Jeremías, y por otro lado aparte de que no quisieron recibir las palabras de Dios, tampoco se inclinaron para escuchar lo dicho por Jehová, esto implica a resumidas cuentas que ignoraron completamente el consejo de Dios, en contraste siguieron con su postura de rebeldía, optando así por seguir caminando en los senderos de perdición por los cuales se conducían desde hace tiempo atrás, Por esto el profeta los define como personas de duro corazón y gente terca y obstinada, que solamente estaban pensando en iniquidades, en lugar de ir hacia adelante o de tomar un cambio de rumbo, cada vez se conducían más a la perdición. Tal fue el caso del rey Joacim y sus líderes, cuando se les proclamo públicamente por boca de Baruc el consejo de Dios y después leído personalmente al rey por medio de su secretario Jehudí.

Y entraron a donde estaba el rey, al atrio, habiendo depositado el rollo en el aposento de Elisama secretario; y contaron a oídos del rey todas estas palabras. Y envió el rey a Jehudí a que tomase el rollo, el cual lo tomó del aposento de Elisama secretario, y leyó en él Jehudí a oídos del rey, y a oídos de todos los príncipes que junto al rey estaban. Y el rey estaba en la casa de invierno en el mes noveno, y había un brasero ardiendo delante de él. Cuando Jehudí había leído tres o cuatro planas, lo rasgó el rey con un cortaplumas de escriba, y lo echó en el fuego que había en el brasero, hasta que todo el rollo se consumió sobre el fuego que en el brasero había. Y no tuvieron temor ni rasgaron sus vestidos el rey y todos sus siervos que oyeron todas estas palabras. *Jeremías 36:20-24*

desde el día que vuestros padres salieron de la tierra de Egipto hasta hoy. Y os envié todos los profetas mis siervos, enviándolos desde temprano y sin cesar; *Jer. 7:25*

Desde el día que vuestros padres salieron de la tierra de Egipto hasta hoy.

Este lapso del cual hizo mención el profeta, tomando como referencia el día que los judíos salieron de Egipto lidereados por Moisés hasta "hoy" como dijo Jeremías, habían pasado casi ochocientos años. Algunos eruditos e historiadores de la Biblia calculan que la salida de Egipto al éxodo fue aproximadamente en el 1400 a.C. aunque otros ponen fechas más tempranas como 1250 a.C. haya sido entre los 1400 o 1250, a final de cuentas fue un lapso de setecientos años hasta llegar al tiempo de Jeremías.

Y os envié todos los profetas mis siervos, enviándolos desde temprano y sin cesar;

Lo maravilloso del caso es que en todo ese tiempo la palabra de Dios nunca escaseó, Él les declaró que tuvieron profetas en todo tiempo, los tales jugaron un rol muy importante, gracias a estos siervos de Dios el mensaje divino fue predicado, ya fuera para acontecimientos futuros o del presente, pero lo más destacado de todo esto era que estos profetas no hablaron meramente sus palabras, sino que Dios los inspiraba para luego usarlos como sus heraldos tal como fue el caso de Samuel el profeta.

Capítulo 7

Y todo Israel, desde Dan hasta Beerseba, conoció que Samuel era fiel profeta de Jehová. *1 Samuel 3:20*

Y Samuel respondió a Saúl, diciendo: Yo soy el vidente; sube delante de mí al lugar alto, y come hoy conmigo, y por la mañana te despacharé, y te descubriré todo lo que está en tu corazón. Y de las asnas que se te perdieron hace ya tres días, pierde cuidado de ellas, porque se han hallado. Mas ¿para quién es todo lo que hay de codiciable en Israel, sino para ti y para toda la casa de tu padre? *1 Samuel 9:19-20*

Los judíos no podían argumentar que ignoraban cual era la voluntad de Dios, o ¿qué es lo que tenían que hacer en lo concerniente a su voluntad? porque hasta el tiempo de Jeremías aún estaba vigente tan noble función de que realizaban los verdaderos profetas de Dios porque es bien sabido que también existían falsos profetas que el Señor jamás les había hablado sino que ellos hablaban de su propio corazón (*Jeremías 23:9-40*) cabe destacar que este nombramientos y cualidades venían directamente de Dios. Hablemos un poco de los profetas y sus funciones.
Según el término "profeta" del hebreo nâbî, "llamado por Dios" o "quien tiene una vocación de Dios"; probablemente del ac. nabû , "llamar"; aram. nebî; gr. profet's). El o los profetas eran siervos que primero recibía instrucciones de Dios y luego las transmitía a la gente. Estos dos aspectos de su obra se reflejaban en los nombres con que se los conocía: vidente (jôzeh o rô'eh) y profeta (nâbî). El 1º fue más común en el período temprano de la historia hebrea (*1Samuel 9:9*). El término que se usa con mayor frecuencia es nâbî, pues lo designa como vocero de Dios. Como "vidente" discernía la voluntad de Dios, y como "profeta" la trasmitía a otros.

El profeta y su obra.
El profeta es una persona llamada y calificada en forma sobrenatural como portavoz de Dios. Mientras que en los tiempos del

Antiguo Testamento los sacerdotes eran los representantes del pueblo ante Dios -sus portavoces y mediadores-, el profeta, en un sentido especial, era el representante oficial de Dios entre su pueblo sobre la tierra. Mientras el oficio sacerdotal era hereditario, la designación de un profeta provenía del llamado divino. Por otro extremo, el sacerdote, como mediador en el sistema de sacrificios, conducía a Israel en la adoración, aunque sus deberes secundarios incluían dedicar una parte de su tiempo a instruir al pueblo acerca de la voluntad de Dios como ya había sido revelada por los profetas, Moisés en particular. En cambio, la instrucción religiosa era tarea primordial del profeta. El sacerdote se ocupaba mayormente de la ceremonia y los ritos del santuario (que se centraban en la adoración pública), en la mediación para el perdón de los pecados, y en el mantenimiento ritual de las relaciones correctas entre Dios y su pueblo. El profeta era principalmente un maestro de justicia, de espiritualidad y de conducta ética, un reformador moral con mensajes de instrucción, consejo, amonestación y advertencia, y su obra a menudo incluía la predicción de eventos futuros. En el caso de Moisés, uno de los mayores profetas (*Deuteronomio 18:15*), la profecía fue una función comparativamente menor. En un sentido más amplio del vocablo, profetas hubo desde los primeros días del mundo. Tanto Abrahán (*Génesis 20:7*) como Moisés (*Deuteronomio 18:15*) fueron llamados profetas. Durante el período de los jueces el oficio profético languideció, y "la palabra de Jehová escaseaba en aquellos días; no había visión con frecuencia" (*1 Samuel 3:1*). El llamado de Samuel hacia el final de ese período fue trascendental. Fue el 1er "profeta" en el sentido más estricto de la palabra, y se lo puede considerar como fundador del oficio profético; iba de lugar en lugar como maestro de Israel (*1 Samuel 10:10-13; cf 7:16, 17*). Después de él y hasta el fin del tiempo del AT, diversos hombres escogidos hablaron a la nación en nombre de Dios, interpretando el pasado y el presente, exhortando a la justicia, y siempre dirigiendo su vista al futuro glorioso que Dios les había señalado como pueblo. Samuel habría fundado lo que se conoce como "las escuelas de los profetas". Los jóvenes que recibían su educación en estas escuelas (*1 Samuel 19:20*) eran conocidos como los "hijos de los profetas" (*2 Reyes 2:3-5*). La 1ª de tales escuelas que se mencionan estuvo en Ramá *(1Samuel 19:18, 20)*, la sede de *Samuel (7:17)*. Los hijos de los profetas no eran necesariamente recipientes directos del don profético como lo eran sus padres. De hecho, se mencionan pocos profetas que sus hijos hayan seguido su oficio, primordialmente inspirados por Dios.

pero no me oyeron ni inclinaron su oído, sino que endurecieron su cerviz, e hicieron peor que sus padres. *Jer. 7:26*

A pesar de que Dios por más de setecientos años les había enviado profetas inspirados con el propósito de guiar y exhortar al pueblo, aun con todo eso, nuevamente, el Señor, les recalca a los judíos que no quisieron escuchar, ni tampoco decidieron prestar atención al consejo, y de una manera figurativa el profeta les menciona que con esa actitud lo único que provocaron fue endurecer su cerviz. regularmente cuando aparece la frase "endurecieron su cerviz" esto implica que se volvieron obstinados y necios (*Éxodo 32:9,33:10*, *Deuteronomio 10:16, 31:27*) debido a que eran de corazón terco, se endurecieron al mensaje y eso trajo como consecuencia que fueran peor que sus ancestros, los cuales también habían andado en camino de rebeldía, ya que observando el contexto histórico de Israel como nación, es evidente a partir de la división del Reino unido de las doce tribus, tanto los israelitas como los judíos conforme pasaba el tiempo y cambiaban de reyes, en lugar de evolucionar para bien lo hicieron para ir encaminados a su propia decadencia, y cada vez se apartaban más de los estatutos de Dios. Y muy en particular el reino del norte (los israelitas) donde todos sus reyes a partir de Jeroboam fueron malos. Cabe destacar que el reino del sur tuvo varios reyes buenos, pero muchos fueron similares a sus hermanos los israelitas.

Jeremías predica en el templo de Jerusalén

Tú, pues, les dirás todas estas palabras, pero no te oirán; los llamarás, y no te responderán. *Jer. 7:27*

La misión encomendada al profeta Jeremías era complicada, no fue tarea facil predicarle a gente de corazón endurecido como los judíos de esa época, Dios le declaró al profeta "tú, les diras todas estas palabras" dicha frase estaba relacionada con la responsabilidad que tenía el profeta de predicarles todo el mensaje, pero como sus compatriotas eran tercos, pondrían oidos sordos a las palabras del profeta, ignorando su mensaje, aunque cada dia el profeta se esforzara para predicarles, casi gritandoles tal como lo declaró él mismo.

Porque cada vez que hablo, grito; proclamo: ¡Violencia, destrucción! Pues la palabra del Señor ha venido a ser para mí oprobio y escarnio cada día. *Jeremías 20:8*

En conclusión: no responderían al mensaje. Por aquella época el Senor también había encomendado una responsabilidad muy similar a otro profeta el cual fue Ezequiel (ref. *Ez. 3:2-11*) el cual fue deportado a Babilonia en el segundo cautiverio que acontecio con el rey Joaquin. Cabe destacar que Ezequiel les predico a los deportados en Babilonia, pero igual eran necios al mensaje. Tanto asi que el Señor le declaró a Ezequiel.

Entonces me dijo: Hijo de hombre, yo te envío a los hijos de Israel, a una nación de rebeldes que se ha rebelado contra mí; ellos y sus padres se han levantado contra mí hasta este mismo día. A los hijos de duro semblante y corazón empedernido, a quienes te envío, les dirás: Así dice el Señor DIOS. Y ellos, escuchen o dejen de escuchar, porque son una casa rebelde, sabrán que un profeta ha estado entre ellos. *Ezequiel 2:3-5*

"No te responderán" Esto implica que no tendrían disposición alguna al mensaje. Y por su desacato serian castigados.

Capítulo 7

Les dirás, por tanto: Esta es la nación que no escuchó la voz de Jehová su Dios, ni admitió corrección; pereció la verdad, y de la boca de ellos fue cortada. *Jer. 7:28*

Los judíos son identificados por el profeta como una nación que no quiso escuchar el consejo de Dios. Y como ignoraron el mensaje no quisieron ser corregidos. Al contrario, se volvieron infieles, desleales y mentirosos, al declarar el profeta que la verdad feneció en ellos esto demuestra como tomaron la actitud de andar detrás de la falacia, manifestando así una conducta corrompida, siendo cada vez más desleales a Dios. Jeremías con su mensaje haría ver al pueblo como el Señor los estaba observando con mucho cuidado a tal grado de identificarlos como un pueblo infiel, que no buscó la sabiduría en Dios, sino que se volvieron insensatos al practicar el pecado. Tal como ellos mismos lo declararon incluso después de haber sido llevados cautivos. Y cuando el remanente rehusó el consejo de Dios dirigiéndose a su propia destrucción en Egipto.

Entonces todos los que sabían que sus mujeres habían ofrecido incienso a dioses ajenos, y todas las mujeres que estaban presentes, una gran concurrencia, y todo el pueblo que habitaba en tierra de Egipto, en Patros, respondieron a Jeremías, diciendo: La palabra que nos has hablado en nombre de Jehová, no la oiremos de ti; sino que ciertamente pondremos por obra toda palabra que ha salido de nuestra boca, para ofrecer incienso a la reina del cielo, derramándole libaciones, como hemos hecho nosotros y nuestros padres, nuestros reyes y nuestros príncipes, en las ciudades de Judá y en las plazas de Jerusalén, y tuvimos abundancia de pan, y estuvimos alegres, y no vimos mal alguno. *Jeremías 44:15-17*
Corta tu cabello, y arrójalo, y levanta llanto sobre las alturas; porque Jehová ha aborrecido y dejado la generación objeto de su ira. *Jer. 7:29*

El profeta Jeremías debía proclamar a sus conciudadanos un mensaje de luto: Ya que el Señor les dice que se pusieran en señal de luto por las calamidades que les sobrevendrían. Al utilizar el escritor la frase metafórica "corta tu cabello y arrójalo" con ello estaba ordenando figurativamente que se raparan la cabellera, esta acción, en este caso dirigida la orden al pueblo de Jerusalén, era una figura en representación del duelo o luto que les sobrevendría por haber sido rebeldes (la señal de cortarse la cabellera tuvo una connotación en el tiempo antiguo como señal de duelo tal cual fue relatada en *Job 1:20* y *Micaias.1:16*. Las ordenanzas del duelo que deberían realizar los judíos no solo acababan ahí sino que después de raparse el cabello en señal de luto deberían lanzarlo en todas direcciones, ordenándoles que era necesario lamentarse y llorar sobre las alturas. ¿Qué significado tenían las alturas o los valles? Estos lugares altos jugaron un rol muy importante en la vida común de los judíos ¿Por qué? era ahí donde ellos ofrecían sus cultos a todos los dioses paganos, los valles desde tiempos remotos implicaron idolatría pagana, incluso fueron lugares donde se sacrificaron niños en honor a los dioses paganos, existe un lugar de estos en particular que se le conoce dentro de las Sagradas Escrituras como el Valle de los hijos de Hinom. Lugar donde el mismo rey judío de nombre Acaz, hizo pasar a sus hijos por fuego imitando así las prácticas de los cananeos y fenicios que llevaban a cabo estas costumbres atroces y otras muchas más.

Ahaz tenía veinte años cuando comenzó a reinar, y reinó en Jerusalén dieciséis años; pero sus hechos no fueron rectos a los ojos del Señor, como los de su antepasado David, sino que siguió los pasos de los reyes de Israel, y también hizo estatuas de metal fundido que representaban a Baal, quemó incienso en el valle de Ben-hinom e hizo quemar a sus hijos en sacrificio, conforme a las prácticas infames de las naciones que el Señor había arrojado de la presencia de los israelitas. Además ofreció sacrificios y quemó incienso en los santuarios paganos, en las colinas y bajo todo árbol frondoso. *2 Crónicas 28:1-4*/ Biblia Dios Habla Hoy.

Capítulo 7

El rey judío Manases también fue dado a estas prácticas. La Escritura dice de sus idolatrías lo siguiente.

Levantó otros altares en los dos atrios del templo del Señor, y los dedicó a todos los astros del cielo. Además hizo quemar a sus hijos en sacrificio en el valle de Ben-hinom, practicó la invocación de los espíritus, la adivinación y la magia, y estableció el espiritismo y la hechicería. Tan malos fueron sus hechos a los ojos del Señor, que acabó por provocar su indignación. *2 Crónicas 33:5-6/* Biblia Dios Habla Hoy

Los judíos cayeron en todo este tipo de aberraciones ante los ojos de Dios, a consecuencia de esas nefandas acciones Jehová aborreció dicha actitud rebelde e idolátrica de parte de ellos, mirando sus acciones con rechazo y repugnancia, al grado de provocarlo a ira y tarde o temprano tendría que castigarlos por sus muchas maldades.

Porque los hijos de Judá han hecho lo malo ante mis ojos, dice Jehová; pusieron sus abominaciones en la casa sobre la cual fue invocado mi nombre, amancillándola. *Jer. 7:30*

El pueblo de Dios decidió alejarse voluntariamente de Él al grado de practicar todo tipo de perversiones habidas y por haber, en segundo lugar profanaron con sus idolatrías el lugar santo, o séase el templo de Jehová, en el cual debió haber sido invocado el nombre de Jehová, con una actitud total de reverencia y respeto, desafortunadamente ellos a esas alturas ya no entendían o no querían entender y mucho menos llevar a la practica el hecho de reverenciar y respetar a Dios, perdieron toda sensibilidad y pervirtieron la Casa de Dios, llevando sus inmundas idolatrias ante la presencia del Altísimo profanando así tan sagrado lugar haciéndolo impuro con sus acciones. El profeta Ezequiel redactó en su libro, por el capítulo ocho acerca de las visiones que el Señor le mostró en lo concerniente a todas estas idolatrías y corrupciones que practicaban los judíos en el templo.

Y han edificado los lugares altos de Tofet, que está en el valle del hijo de Hinom, para quemar al fuego a sus hijos y a sus hijas, cosa que yo no les mandé, ni subió en mi corazón. *Jer. 7:31*

El lugar de Tofet se encontraba establecido en el valle de los hijos de Hinom muy cercano a la ciudad de Jerusalén, se podía decir que ese santuario pagano era una especie de centro de idolatría, los judíos influenciados desde muchos años atrás por las naciones paganas y en tal paroxismo llegaron al grado de sacrificar a sus hijos en el fuego, ofreciéndolos como ofrenda a los aberrantes ídolos paganos, por ejemplo ya vimos el caso de los reyes Acaz y Manases aunque Dios nunca les mandó a los judíos que hicieran tales barbaridades llenas de actos irracionales, e igual jamás les ordenaría realizar semejante barbarie en donde implicaba el sacrificio humano de personas y específicamente de niños, sino todo lo contrario, antes Dios desde tiempo antiguo bajo la ley de Moisés había advertido a su pueblo que no hiciera ese tipo de acciones aberrantes como las que practicaban los paganos (ref. *Levítico 18: 21*) pero como los judíos estaban tan sumidos en sus idolatrías, para ellos dichos sacrificios eran algo común, al criterio de ellos no tenía nada de malo sino todo lo contrario ya que eran en honor a los dioses paganos como Moloch, Astarot, Asera, Baal, Quemos, etc.

Por tanto, he aquí vendrán días, ha dicho Jehová, en que no se diga más, Tofet, ni valle del hijo de Hinom, sino Valle de la Matanza; y serán enterrados en Tofet, por no haber lugar. *Jer. 7:32*

Lo que siembra uno es lo que cosecha tarde o temprano, esa idea la entendió el rey Adoni bezec en *Jueces 1:7*, cuando mencionó que lo que había hecho el con los reyes de cortarles los dedos de los

pies y de las manos, fue esa misma suerte adversa que le tocó pasar a él cuando fue tomado preso, esta referencia histórica es para enfatizar en como Dios le dice a su pueblo, que llegarían días, en que el Valle identificado como Tofet o el Valle de los hijos de Hinom, ya no tendría más ese nombre, sino que sería llamado el Valle de la Matanza, porque precisamente serviría de sepulcro a los judíos cuando llegaran los babilonios a destruirlos, y al no existir espacio para sepultarlos en las periferias de Jerusalén, tendrían que usar como último recurso el Valle de Hinom, como cementerio para enterrar a los que perecerían después de la intervención militar de parte de Nabucodonosor y sus tropas, cambiándosele el nombre al Valle de Tofet por el Valle de la Matanza. Se dice que una matanza o una masacre implica: 1. f. Matanza de personas, por lo general indefensas, producida por ataque armado o causa parecida. (Diccionario de la Real Academia Española Vigésima Segunda Edición)
Esto fue en retribución porque ellos sacrificaban a sus hijos, por tanto, ellos serían sacrificados y enterrados en el Valle que se iba a conocer como el Valle de la Masacre o Matanza.

Y serán los cuerpos muertos de este pueblo para comida de las aves del cielo y de las bestias de la tierra; y no habrá quien las espante. *Jer. 7:33*

La escena que le precedería a la invasión del ejército caldeo, se convertiría en algo grotesco ¿Por qué? el mismo profeta menciona que los cuerpos de los muertos quedarían literalmente tendidos entre las calles uno tras otro y servirían de alimento para las aves de carroña que se comen a los cadáveres, también las bestias salvajes se comerían esos cuerpos, y como menciona el escritor, no habría nadie que espantara a esos animales para que no se comieran los cuerpos, algo terrible definitivamente, estas eran las secuelas de una guerra espantosa que destruiría todo a su paso, pero eso es lo que estaban sembrando los judíos desde hace muchos años

Jeremías predica en el templo de Jerusalén

atrás y eso cosecharían. Por tal motivo nosotros como hijos de Dios, tenemos que observar ¿Qué es lo que estamos sembrando y que es lo que queremos cosechar?

Y haré cesar de las ciudades de Judá, y de las calles de Jerusalén, la voz de gozo y la voz de alegría, la voz del esposo y la voz de la esposa; porque la tierra será desolada. *Jer. 7:3*

De la alegría pasaría al dolor y la desolación, ya que El Señor por medio del profeta Jeremías les menciona que el gozo terminaría abruptamente, la alegría de sus corazones se apagaría, utilizando como figura al esposo y a la esposa cuando viven felices, pero como esta felicidad seria opacada debido a todo el sufrimiento y calamidad estaban por llegar cuando la tierra de Jerusalén literalmente quedaría destruida.

Ilustración.
Recuerdo que transcurría el año del 2010 cuando a mediados del mes de enero sucedió un terremoto en Haití, País Caribeño que está situado en el territorio de América, vecino con Republica Dominicana, el terremoto afectó específicamente a Puerto Príncipe, Ciudad Capital, debido a la pobreza en la que estaba sumido ese país desde tiempo atrás, la desolación en esa ocasión fue total, más de un millón de personas quedaron sin hogar, miles de niños huérfanos, pero lo más crudo era ver las imágenes de la televisión de cómo los cadáveres literalmente eran dejados a la intemperie en las calles debido a la insuficiencia de lugares para que fueran sepultados dignamente, las bajas fueron entre treinta y seis mil a cincuenta mil personas, fue una escena desoladora ver cuerpos en las calles sin vida, y un país derrumbado. ¿Por qué uso esta ilustración de nuestra época? ¿Qué tiene que ver esto con la situación de los judíos en el tiempo de Jeremías? Recordemos las palabras del profeta:

Capítulo 7

"Y serán los cuerpos muertos de este pueblo para comida de las aves del cielo y de las bestias de la tierra; y no habrá quien las espante"

Aunque miles de años pasaron entre la situación de Jerusalén y Haití, y nada de conexión tiene una con la otra. Solo es a manera de ilustración para que nos hagamos una imagen mental de lo que fue la desolación en Jerusalén en consecuencia a los vestigios que dejó la invasión y cautividad de los caldeos comandados por Nabucodonosor. Tristemente no tomaron consejo de la predicación de Jeremías, antes bien lo ignoraron y caro tuvieron que pagar su desacato.

A manera de aplicación para nosotros: Que esto no nos acontezca, al contrario, luchemos por ser obedientes a los mandamientos de Dios. Tal como dijo el apóstol Juan en lo concerniente a los mandamientos de Dios.

En esto sabemos que amamos a los hijos de Dios: cuando amamos a Dios y guardamos sus mandamientos. Porque este es el amor de Dios: que guardemos sus mandamientos, y sus mandamientos no son gravosos. *1 Juan 5:2-3*

Capítulo 8
El pueblo de Dios consultó a todo el cielo antes que a Jehová.

El pueblo de Dios consultó a todo el cielo antes que a Jehová.

En aquel tiempo, dice Jehová, sacarán los huesos de los reyes de Judá, y los huesos de sus príncipes, y los huesos de los sacerdotes, y los huesos de los profetas, y los huesos de los moradores de Jerusalén, fuera de sus sepulcros; *Jeremías 8:1*

En aquel tiempo, dice Jehová,

¿Que querría decir el Señor con la frase "en aquel tiempo"? ¿A qué tiempo en particular se refería? Seguramente el profeta inspirado por el Espíritu de Dios mencionaba que ese tiempo se avecinaba, ya que las calamidades antes mencionadas estaban próximas a sobrevenirles, todo esto en consecuencia a la decadencia político, militar y religiosa de los judíos la cual iba continuamente en picada. En esta porción del libro el profeta una vez más enfatiza en que la profecía venia directamente de parte de Jehová. Como ya se mencionó en reiteradas ocasiones, era muy importante dejar en claro que las palabras del profeta no eran meramente palabras de él, sino que Dios le había dotado de inspiración y autoridad para declarar el mensaje.

Cuando hace referencia de "aquel tiempo" el escritor inspirado no proporciona fecha alguna acerca de estos acontecimientos pero podemos verificar conforme al contexto histórico y mencionar a manera de referencia que el primer cautiverio aconteció aproximadamente alrededor del año 598 a.C. En dicha ocasión las tropas del rey Nabucodonosor se llevaron cautivo al rey judío Joacim *(2 Reyes 23:34-24:7)* Cuando Jeremías escribe este capítulo, los acontecimientos por suceder antes mencionados estaban muy próximos y solo era cuestión de algunos años.

Sacarán los huesos de los reyes de Judá, y los huesos de sus príncipes,

El tiempo en que el profeta Jeremías ejerció su ministerio fue por la época de Nabucodonosor y otros reyes babilonios que le precedieron a este. Como mencionó Jeremías, cada rey babilonio junto

Capítulo 8

con sus tropas después de sus conquistas sobre los judíos llevarían a cabo una acción de sacrilegio en contra de las tumbas de sus reyes y príncipes ancestros. Se dice que el sacrilegio implica una lesión, o profanación de un lugar, cosa o persona, deshonrando lo sagrado o lo que merece respeto, en particular como en este caso las tumbas reales. El profeta Jeremías hizo mención que los huesos de tales reyes y príncipes serian sacados y literalmente desterrados de sus sepulcros. Para esa época muchos reyes judíos ya habían muerto, desafortunadamente gran parte de ellos perecieron siendo infieles al Señor viviendo en idolatrías y siendo rebeldes a los estatutos de Jehová, para el tiempo de Jeremías la situación no había cambiado mucho en lo concerniente a la actitud de los reyes ¿Por qué? no pocos judíos y sus gobernantes continuaban practicando la idolatría rindiéndole culto a los dioses paganos, persistiendo también en ser desobedientes a los mandatos divinos, dentro de ese grupo de gobernantes el único rey que marcó la diferencia fue Josías ya que este siervo de Dios buscó hacer las cosas conforme a la voluntad del Altísimo, tal como lo declaran los escritores inspirados.

Y Josías quitó todas las abominaciones de todas las tierras que pertenecían a los hijos de Israel, e hizo que todos los que se encontraban en Israel sirvieran al Señor su Dios. Mientras él vivió no se apartaron de seguir al Señor, Dios de sus padres. *2 Crónicas 34:33*

Pero al precederle en su reinado sus hijos Joacaz, Joacim, su nieto Jeconias o Joaquín, y Sedequías, todos ellos fueron reyes idolatras, ni siquiera se preocuparon por quitar la idolatría del pueblo por el contrario, más bien estuvieron de acuerdo con estas prácticas perversas que llevaba a cabo la gente. Ya que contando la monarquía del reino del sur (Juda) desde el tiempo de Roboam por el año 930 a.C cuando el reino se dividió en dos partes (Sur y Norte) hasta el reinado de Joacas (hijo de Josías) 609 a.C. de todos estos reyes que en total fueron diecisiete, muy pocos habían sido buenos. Tristemente la mayoría fueron reyes malos por ser idolatras, debido a esto en señal de castigo y advertencia según la voluntad y justicia de Dios aun muertos estos reyes recibirían la retribución a todas sus maldades sirviendo como ejemplo para los reyes que gobernarían en el tiempo de Jeremías.

Y los huesos de los sacerdotes, y los huesos de los profetas, y los huesos de los moradores de Jerusalén, fuera de sus sepulcros;

Analizando toda esta evidencia se observa la corrupción del pueblo judío y como había pasado a ser algo colectivo, empezando desde las más altas esferas como los reyes, pasando por los sacerdotes y profetas que eran encargados de impartir las leyes morales que provenían de lo Alto y concluyendo con los moradores o el pueblo de Jerusalén mismos que eran regidos por estos reyes corruptos de entendimiento, además debiendo haber sido guiados por sus sacerdotes y profetas por un sendero correcto, pasó todo lo contrario. A partir de esa forma de conducta todo el pueblo se olvidó de haber sido santos y así poder servir de una manera agradable y aprobada ante los ojos de Dios, observamos en el capítulo siete por ejemplo como una de las responsabilidades básicas de ellos era servir en el templo de Jehová pero desafortunadamente por su desacato a los mandatos divinos no lo hicieron. Por otro extremo los profetas, que para esa fecha lejos de ser verdaderos profetas del Señor la gran mayoría eran meramente charlatanes y habladores de falacias tal como los presentó el mismo profeta Jeremías (*Jeremías 23:25-40*) si estos hombres hubieran sido verdaderos profetas enviados por Dios como lo fueron Jeremías y Urías el profeta, expresarían un mensaje de veracidad, pero no fue así, al contrario se encargaban de transmitir mentiras y falacias inventadas para rascarle el oído a la gente y con sus falsos mensajes provocar una paz efímera en ellos, todos estos mensajes eran el derivado del engaño y una realidad ficticia de que todo estaba y estaría bien, cuando sabemos históricamente que el resultado fue todo lo contrario, nada estaba bien, al contrario, muchas cosas estaban mal y había que buscarles remedio. Esos falsos profetas no quedarían sin castigo, al contrario, recibirían retribución a sus malas acciones por haber diseminado mentiras entre el pueblo, su castigo se asemejaría al de sus reyes, no solo serían profanadas sus tumbas sino que también sus restos estarían expuestos a la intemperie a vista de todo el pueblo corrompido de Juda ¿Qué propósito tenía esto? Serviría como evidencia para que los judíos entendieran que eso les pasaría a ellos si no cambiaban sus actitudes corrompidas y pecaminosas que los estaban separando de Jehová.

y los esparcirán al sol y a la luna y a todo el ejército del cielo, a quienes amaron y a quienes sirvieron, en pos de quienes anduvieron, a quienes preguntaron, y ante quienes se postraron. No serán recogidos ni enterrados; serán como estiércol sobre la faz de la tierra. *Jer. 8:2*

Y los esparcirán al sol y a la luna y a todo el ejército del cielo, a quienes amaron y a quienes sirvieron,

El profeta les declara como sus tumbas serian profanadas exponiendo los cadáveres a la intemperie a vista de todos, Jeremías menciona en esta frase que quedarían dispersos y expuestos al sol y a la luna y a todos los astros, ¿con que propósito ello? Porque sus reyes amaron y sirvieron a los astros en lugar de amar y servir al verdadero Dios. Por ejemplo en el Libro de Jeremías se menciona como los judíos le rendían culto a la reina de los cielos (*Jeremías 7:18, Jeremías 44:17-18*) o se les había olvidado o habían ignorado que desde tiempos muy remotos bajo la ley de Moisés, Dios les había ordenado enfáticamente a través de los estatutos dados en el desierto que no adoraran bajo ninguna circunstancia a los astros, ni al sol o a la luna (*Deuteronomio 4:15-19*) Desafortunadamente esa advertencia dada años atrás de poco les sirvió, ya que a través del tiempo las quebrantaron continuamente aun a sabiendas de que la voluntad de Dios fue que no lo hicieran. La escritura dice de su idolatría como nación lo siguiente.

Y abandonaron todos los mandamientos del Señor su Dios, y se hicieron imágenes fundidas de dos becerros; hicieron una Asera, adoraron a todo el ejército de los cielos y sirvieron a Baal. *2 Reyes 17:16*

Porque reedificó los lugares altos que su padre Ezequías había destruido; levantó también altares a Baal e hizo una Asera, como había hecho Acab, rey de Israel, y adoró a todo el ejército de los cielos y los sirvió. Edificó además altares en la casa del SEÑOR, de la cual el Señor había dicho: En Jerusalén pondré mi nombre. Edificó altares a todo el ejército de los cielos en los dos atrios de la casa del Señor. *2 Reyes 21:3-5*

A los que se postran en las terrazas ante el ejército del cielo, a los que se postran y juran por el Señor y juran también por Milcom, *Sofonías 1:5*

Con esta evidencia plasmada por diferentes escritores nos damos cuenta de la triste situación de decadencia moral y espiritual en la que estaba sumido el pueblo de Dios, tristemente como declara Jeremías amaron más a los astros y a todo el ejército del cielo que al Creador de todo el universo incluyendo los cielos y los astros (*Génesis 1:16*)

Su adoración al ejército del cielo consistía en que los servían llevándoles ofrendas, mientras que por otro extremo dejaron de amar a Dios y ya no lo sirvieron como Él lo merecía por ser el creador de todas las cosas. (*Jeremías 5:12*)

Capítulo 8

En pos de quienes anduvieron, a quienes preguntaron, y ante quienes se postraron. No serán recogidos ni enterrados; serán como estiércol sobre la faz de la tierra.

Era tanto el abandono a Dios y decadencia espiritual en la que estaban sumidos los judíos que en lugar de acudir al auxilio de Jehová le preguntaban y les pedían consejo a los astros, incluso llegaban al grado de arrodillárseles para pedirles en suplicas. Por otro extremo, al Dios verdadero ya lo habían olvidado. Según los estudios, y las referencias históricas mencionan que la astrología era una pseudo ciencia que estudiaba los supuestos acontecimientos que tenían que ver con la influencia de los astros, basados en un movimiento aparente del sol y las estrellas, los cuales influenciaban en el destino de las personas, o en el comportamiento de las mismas, de ahí se desprende el zodiaco, el cual está dividido en doce segmentos, identificados con las doce mayores constelaciones como: Piscis, Virgo, Leo, Libra. Etc. Según la historia esta pseudo ciencia o esta creencia fue muy difundida entre los babilonios de antaño, los cuales a su vez influenciaron a los egipcios, y estos mismos influenciaron a los griegos[1] y como se puede observar, también el pueblo judío fue muy influenciado por este tipo de creencia. En estos pasajes vemos lo siguiente:

Los	En Contraste los
Amaron a los astros	No amaron a Dios
Sirvieron a los astros	No
Siguieron a los astros	No siguieron el camino del Se
Pidieron consejo a los astros	No buscaron el consejo de Dios
Reverenciaron a los astros	No se postraron ante Dios

---

1 Elwell, Walter A. ; Comfort, Philip Wesley: Tyndale Bible Dictionary. Wheaton, Ill. : Tyndale House Publishers, 2001 (Tyndale Reference Library), S. 124

El pueblo de Dios consultó a todo el cielo antes que a Jehová.

A consecuencia de todo esto no solo los huesos de sus ancestros quedarían profanados a la intemperie, sino que no habría nadie entre el pueblo que tuviera la oportunidad de enterrarlos y que esos huesos o cuerpos muertos puestos a la intemperie serían muy similares al estiércol de los animales regado por doquier.

Y escogerá la muerte antes que la vida todo el resto que quede de esta mala generación, en todos los lugares adonde arroje yo a los que queden, dice Jehová de los ejércitos. *Jer. 8:3*

El juicio divino estaba cerca de ejecutarse sobre el pueblo judío y definitivamente no quedarían impunes a ese castigo, el profeta declaró que la generación que quedaré o que tuviera la desdicha de vivir esos acontecimientos refiriéndose a las invasiones de Nabucodonosor, sus tropas y sus aliados. Toda la gente de Juda que estaría expuesta a eso desearía mejor la muerte, que la vida ¿Por qué? Dios mismo por medio de Jeremías expresa el porqué, ya que menciona que esa generación del tiempo de Jeremías, era una mala generación, y no importa a donde fueran dispersos los judíos restantes, igual desearían mejor la muerte que la vida, cabe destacar que aun después de que fueron llevados cautivos y que había quedado un remanente, tristemente no siguieron fielmente las instrucciones que les dio el Señor para su propio bien y tuvieron que sufrir las consecuencias a su desacato, por ejemplo, cuando el Señor les dijo que no se fueran a Egipto y ellos hicieron todo lo contrario. Esto aconteció después del cautiverio cuando fue muerto el Rey Sedequías. (*Jeremías Capítulo 42-44*)

"Les dirás asimismo que así ha dicho Jehová: "El que cae, ¿no se levanta? El que se desvía, ¿no vuelve al camino? ¿Por qué es este pueblo de Jerusalén rebelde con rebeldía sin fin? Abrazaron el engaño y no han querido volverse. Escuché con atención: no hablan rectamente, no hay hombre que se arrepientade su mal, diciendo: "¿Qué he hecho?" Cada cual se volvió a su propia carrera, como caballo que se lanza con ímpetu a la batalla. *Jeremías 8:4-6*

El escritor utiliza dos preguntas lógicas que hace el Señor a esta gente de duro de corazón, el objetivo de las mismas era sin dudas que ellos buscaran meditar en estas simples preguntas para que hicieran un autoanálisis de su estado con vistas a tomar una actitud de cambio.
El que cae, ¿no se levanta?
El que se desvía, ¿no vuelve al camino?

Ciertamente estas eran dos preguntas muy fáciles de contestar aplicando la lógica. Porque si uno se cae busca inmediatamente levantarse o al extraviarnos nos esforzamos en regresar al camino correcto que nos lleva hacia el punto donde queremos llegar. Si eran preguntas tan fáciles, entonces ¿Cuál era el propósito detrás de estas preguntas?
El propósito consistía en cuestionar al pueblo judío ¿Por qué es este pueblo de Jerusalén rebelde con rebeldía sin fin? El Señor no solo definió la condición de su pueblo que había dejado de ser santo, esto fue el resultado de su obstinación a no hacer la voluntad de Dios, aunado a ello el escritor inspirado enfatiza en que esa rebeldía no tenía fin, El Señor conoce lo más íntimo de los pensamientos y sabía que no se veía en el corazón de ellos una actitud de arrepentimiento, recordemos que Dios ve hasta lo profundo del corazón y sabe todas las cosas tal como lo declaró el mismo profeta.

"Nada hay tan engañoso y perverso como el corazón humano. ¿Quién es capaz de comprenderlo? yo, el Señor, que investigo el corazón y conozco a fondo los sentimientos; que doy a cada cual lo que se merece, de acuerdo con sus acciones." *Jeremías 17:9-10/* Biblia Dios Habla Hoy.

Según como lo tradujeron los autores de Biblia Reina Valera 1960 se hace mención que el profeta enfatiza en que los judíos abrazaron el engaño. Esto implica que ellos se dejaban llevar más por sus propios pensamientos influenciados por la mentira, producto del padre de esta, el cual es Satanás. A consecuencia de sus pensamientos distorsionados se auto engañaban pensando que estaban bien y que sus acciones no eran malas. Se dice que el engaño es una mentira con apariencia de verdad. Para esa época la realidad inminente del pueblo es que estaban siendo asechados por los babilonios, al paso de los años desde la caída de los asirios el imperio babilónico iba tomando mucha fuerza a su vez iban conquistando las naciones a su alrededor, entre ellos estaban los judíos en Palestina y sus alrededores, desafortunadamente los judíos no contaban con el apoyo ni la bendición de Jehová debido a su apostasía, aunado a eso no estaban preparados ni política ni militarmente para confrontar a un enemigo tan fuerte como lo era Nabucodonosor y vencerlo, su gobierno estaba muy débil ya que habían dejado de confiar en Jehová. Por todas estas cosas no tenían esperanza alguna de salir bien librados, pero ellos mismos se dejaban engañar por sus falsos profetas y por la falsa esperanza de que Dios no los castigaría, esa mentira creada en sus corazones los llevaba a confiar en ellos mismos y no en lo que Dios les advertía por medio de los profetas en el caso de Jeremías, con esa actitud egoísta y soberbia de auto suficiencia era muy difícil que ellos buscaran un arrepentimiento.

¿Qué ilustración podemos rescatar para nuestro tiempo?

Hoy en día sucede algo muy común con el pueblo de Dios del siglo veintiuno ya que el proceder de algunos cristianos al ver que Dios no los castiga inmediatamente por sus muchas rebeldías continúan conduciéndose en una vida de pecado, donde no existe santidad ni compromiso sino todo lo contrario y en lugar de ser humildes y buscar un arrepentimiento combinado con una actitud de santidad, hacen todo lo contrario pensando muy en lo interior de su ser "Dios es muy bueno y misericordioso, no creo que me vaya a mandar al infierno cuando yo muera o que me castigue por mis pecados cometidos cualesquiera que sean" sin embargo recordemos que Dios siempre ha pedido de su pueblo santidad y que sin santidad no podremos entrar al cielo tal como lo declaró el escritor a los hebreos.

Seguid la paz con todos, y la santidad, sin la cual nadie verá al Señor. *Hebreos 12:14*

Por tanto, será necesario que usted y yo continuamente hagamos en nuestro interior un auto análisis sincero de conciencia y si hay algo que debemos cambiar para acercarnos más a Dios la pregunta que surge es ¿Qué estamos esperando para realizar ese o esos cambios debidos? ¿estamos esperando la llegada del día del juicio final? ¿La muerte? O ¿La represión disciplinaria por medio de la justicia de Dios? ¿Por qué no querían regresar al buen sendero los judíos en el tiempo de Jeremías? Por que como enseña la Escritura a ellos les fue más cómodo vivir en un mundo de mentiras y pecado que en corregirse y seguir la senda correcta que los llevaría por un buen camino ¿será acaso que nosotros tenemos el mismo problema cuando andamos mal y no queremos corregirnos?
Ya el Señor había declarado la actitud de este pueblo terco en donde vemos que les fue más fácil andar por el mal camino que corregirse y hacer las cosas bien.
Porque mi pueblo es necio, no me conocieron; son hijos ignorantes y faltos de entendimiento; son sabios para hacer el mal, pero no saben hacer el bien. *Jeremías 4:22*

Escuché con atención: no hablan rectamente, no hay hombre que se arrepienta de su mal, diciendo: "¿Qué he hecho?" Cada cual se volvió a su propia carrera, como caballo que se lanzacon ímpetu a la batalla. *Jeremías 8:6*

¿Por qué no se arrepentían los judíos? Porque confiaban en su propio mundo de mentiras, en esta porción de la Escritura el Señor sigue calificando la actitud del pueblo judío desde los reyes hasta el vulgo. Y menciona que Él escuchó con atención. Esto implica que había prestado especial cuidado en ver muy meticulosamente como ellos se comportaban y una de las actitudes que resaltan de las cuales hace mención el profeta es que "no hablaban rectamente" en el Nuevo Testamento, Santiago, el hermano del Señor Jesucristo habló en su epístola del gran problema que podemos desarrollar por el mal uso de nuestra lengua y de cómo nos expresamos.

"De la misma manera, la lengua es una pequeña parte del cuerpo, pero presume de grandes cosas. Hasta un gran bosque puede incendiarse con una pequeña y débil llama de fuego." "La lengua es como la chispa que prende el fuego. De todas las partes del cuerpo, la lengua es todo un mundo de maldad, contamina todo el cuerpo. La lengua incendia todo el curso de nuestra vida y sus llamas vienen del mismo infierno." *Santiago 3:5-6*, Biblia Palabra de Dios Para Todos, 2005.

Aprendemos pues que nuestra lengua puede ser utilizada ya sea para expresar cosas positivas o negativas a su vez que para decir mentiras o verdades. En este caso el pueblo judío no se estaba expresando con humildad sino más bien con una actitud desafiante y altanera acompañada de mentiras, calumnias, blasfemias y demás formas negativas de expresarse y contrario a ello no estaban expresando palabras de arrepentimiento con una actitud de humildad. El Señor mencionó que cada uno de ellos individualmente tomaron una actitud como la de los caballos desbocados en batalla que van a todo galope. En este caso la aplicación metafórica es que esta gente estaba toda arrebatada, pero para correr una carrera al pecado y la disolución.

Capítulo 8

Aun la cigüeña en el cielo conoce su tiempo, y la tórtola, la grulla y la golondrina guardan el tiempo de su venida; pero mi pueblo no conoce el juicio de Jehová.

Estas cuatro aves de las cuales hace mención el autor resaltan en una particularidad. ¿Cuál es? Todas están dotadas de la misma característica. Cuando el autor mencionó la frase que la versión Reina Valera 1960 tradujo como "conoce su tiempo" o "Guardan el tiempo de su venida" esto implica que estas aves fueron dotadas con la inteligencia de saber el tiempo adecuado de cuando era necesario emigrar a tierras cálidas en tiempo de invierno. Por ejemplo, según una investigación del tiempo moderno que se llevó a cabo con unas grullas americanas se concluyó en que las mismas emigran en tiempo de invierno de Canadá a las costas del Golfo en Texas y que algunas de Wisconsin emigran a las costas de Florida. ¿Para qué? Para salir de climas más fríos y buscar climas templados. ¿Quién dotaría con este sentido de orientación a dichas aves? Dios. Lo interesante es que en cada uno de estos animales siempre hay algunos en el caso de las grullas, que se dice que las grullas de más edad son las guías para el grupo joven y de esta manera en el tiempo de su migración vayan en grupo a un camino correcto y no se pierdan. ¿Por qué el escritor utilizaría este ejemplo de las aves? Ya otro profeta como Isaías había usado el ejemplo del buey y el asno (*Isaías 1:3*) y como ambas bestias, aunque eran animales semi domésticos con muy poca inteligencia aun con ello podían saber quién era su dueño y donde estaba su pesebre para descansar. En este caso las aves fueron dotadas para seguir un camino correcto cuando se vieran en la necesidad de emigrar, pero desafortunadamente el pueblo judío que Dios había dotado con raciocinio para discernir la voluntad de Dios escrita tiempo atrás por medio de Moisés. Con todo ello actuaron como si no tuvieran conocimiento en cuál era la voluntad de Jehová para con ellos. Desde hace mucho tiempo atrás el Señor les había ordenado que fuesen un pueblo santo, pero por su falta de atención y

| 269

rebeldía dejaron de serlo y de tal manera se convirtieron en necios y empedernidos que no quisieron conocer la voluntad de Dios, incluso hasta se les olvidó. Recordemos las palabras dadas por Dios en lo referente a la santidad. Santificaos, pues, y sed santos, porque yo Jehová soy vuestro Dios. Y guardad mis estatutos, y ponedlos por obra. Yo Jehová que os santifico. *Levítico 20:7-8*

"¿Cómo decís: "Nosotros somos sabios, y la ley de Jehová está con nosotros"? Ciertamente la ha cambiado en mentira la pluma mentirosa de los escribas. Los sabios se avergonzaron, se espantaron y fueron consternados; aborrecieron la palabra de Jehová; ¿dónde, pues, está su sabiduría? *Jeremías 8:8-9*

El Señor vuelve a resaltar esa actitud rebelde de parte de ellos al dejarles ver cuál era su actitud.

Creían ser sabios
A criterio de ellos decían que la ley de Jehová estaba con ellos.

El proverbista había escrito en *Proverbios 1:7* que el principio de la sabiduría radicaba en el temor a Jehová e igual menciona que la insensatez es el derivado de despreciar la sabiduría y enseñanza que proviene de Jehová y sus santas palabras. Precisamente esa actitud de insensatez es la que habían tomado los judíos en el tiempo de Jeremías ya que ellos se auto denominaban como sabios o personas con conocimiento en el consejo divino y esto los hacia divagar en sus pensamientos, pensando que aunque fueran desobedientes a la ley de Dios y aun con todas las irregularidades que tenían y las idolatrías que practicaban Dios todavía estaría derramando sus bendiciones sobre ellos. Desafortunadamente se estaban engañando a ellos mismos. Según el Diccionario Bíblico Certeza menciona acerca de los escribas la siguiente información.

Capítulo 8

Los escribas eran expertos en el estudio de la ley de Moisés (Torá). Al principio esta ocupación pertenecía a los sacerdotes. Esdras era sacerdote y escriba (*Nehemías 8.9*); estas ocupaciones no eran necesariamente independientes una de otra. La principal actividad del escriba era el estudio que nada debía distraer. (Nuevo Diccionario Bíblico Certeza)

Como podemos observar la función de un escriba no era la de un simple secretario, al contrario, iba más allá de esa responsabilidad, por ejemplo, cuando se habla de las características de Esdras se dice de ese siervo de Dios que era un erudito en las Escrituras (*Esdras 7:12*) este varón de Dios no solo fue escriba sino que también fungía como sacerdote. No cabe duda de que para haber llegado al grado de ser un erudito tuvo que haber pasado por un largo periodo de intensa preparación. Pero el gran problema con los escribas del tiempo del profeta Jeremías es que el Señor los condena y reprende por haber tergiversado la palabra escrita y a su vez corromperla, no se sabe si cambiaban el significado de la Ley de Jehová en varios aspectos y en otros ignoraban enseñanzas primordiales que eran necesarias para el bienestar moral y espiritual del pueblo.

Desafortunadamente cuando se busca corromper la voluntad de Dios esto es un proceso que se va dando poco a poco recíprocamente tal como lo vemos en la situación de los judíos ya que tanto la gente que estudiaba el consejo Divino como los encargados de administrarlo se habían corrompido, unos por enseñar mal y otros por aceptar esas enseñanzas y no cuestionar sino conformarse con esas falsedades para su propio beneficio. Tal como lo había declarado ya el profeta acerca de la condición espiritual de los sacerdotes.

Los profetas profetizaron mentira, y los sacerdotes dirigían por manos de ellos; y mi pueblo así lo quiso. ¿Qué, pues, haréis cuando llegue el fin? *Jeremías 5:31*

Ilustración para el Presente

En la actualidad pasa algo muy similar con el pueblo de Dios ¿Por qué?, dentro de la misma iglesia del Señor han surgido pseudo eruditos que corrompen la Palabra creyéndose sabios pero lejos están de serlo, y triste es decirlo pero hay siervos del cuerpo de Cristo que reciben mensajes distorsionados de estos pseudo eruditos y se conforman con ello, no cuestionando las enseñanzas llenas de falacias y sofismas que los tales presentan, ese tipo de cristianos que no escudriñan son aquellos que han caído en un conformismo y viven vidas espirituales con tibieza dejándose más bien influenciar por lo carnal y pecaminoso antes por lo espiritual que da vida y paz tal como lo declaró el apóstol Pablo en su epístola a los Romanos (*Romanos 8:5-10*)

El Señor por medio de Jeremías cuestiona tanto a los pseudo sabios como a los escribas mentirosos y les dice ¿Dónde está vuestra sabiduría? Si la verdadera sabiduría implica un temor reverente a Jehová, esto deduce que tanto unos como otros habían dejado de tenerlo.

Por tanto, daré a otros sus mujeres, y sus campos a quienes los conquisten; porque desde el más pequeño hasta el más grande, cada uno sigue la avaricia; desde el profeta hasta el sacerdote todos practican el engaño. Y curan la herida de la hija de mi pueblo con liviandad, diciendo: "Paz, paz", ¡y no hay paz! ¿Se han avergonzado de haber hecho abominación? Ciertamente no se han avergonzado en lo más mínimo, ¡ni saben lo que es la vergüenza! Caerán, por tanto, entre los que caigan; cuando los castigue caerán, dice Jehová"."Los eliminaré del todo, dice Jehová. No quedarán uvas en la vid ni higos en la higuera, y se caerá la hoja, y lo que les he dado pasará de ellos" *Jeremías 8:10-13*

A continuación, se observa como Dios por medio del profeta Jeremías nuevamente sigue exhortando de una manera rígida a su pueblo rebelde dejándoles ver cuales serían algunas de las consecuencias debido a su extravió. En particular al inicio se encuentran dos que sobresaltan.

Serian privados de sus esposas
Sus territorios pasarían a ser sus conquistadores.

La versión Reina Valera lo tradujo como "daré a otros sus mujeres" ¿Qué significaba esto? Que literalmente serian despojados de sus esposas debido a que el enemigo se las llevaría cautivas. ¿Algo cruel? Esta es una advertencia clara que el Señor les había hecho hace muchos años atrás en lo concerniente tanto a las bendiciones como las maldiciones que les vendrían dependiendo de su obediencia o desobediencia, todo estaba en las decisiones que ellos tomaran. Por ejemplo. Las bendiciones serian derramadas sobre ellos siempre y cuando fueran un pueblo fiel a Dios.

Las bendiciones de Jehová por ser un pueblo obediente.

"Acontecerá que si oyes atentamente la voz de Jehová, tu Dios, para guardar y poner por obra todos sus mandamientos que yo te prescribo hoy, también Jehová, tu Dios, te exaltará sobre todas las naciones de la tierra. (*Deuteronomio 28:1*)

Las maldiciones de Jehová por convertirse en hijos rebeldes que optaron por hacer a un lado la voluntad de Dios y convertirse en rebeldes a su ley.

"Pero acontecerá, si no oyes la voz de Jehová, tu Dios, y no procuras cumplir todos sus mandamientos y sus estatutos que yo te ordeno hoy, vendrán sobre ti y te alcanzarán todas estas maldiciones. *Deuteronomio 28:15*

En particular en el pasaje de *Deuteronomio 28:30-45* se puede observar esa clara advertencia de todas las calamidades que les sobrevendrían debido a su apostasía ya que Jehová era el sustentador de las bendiciones y el buen camino, pero al momento que optaran ellos voluntariamente en apartarse de ese sendero sería como privarse de todas las bendiciones que provenían de Dios cambiándolas así por las calamidades antes mencionadas.

El Señor no fue injusto, más bien ellos lo fueron porque optaron en seguir un mal camino tal como lo expresa el profeta.

Desde el joven hasta el adulto se habían convertido en personas avariciosas. La Biblia de las Américas tradujo "todos ellos codician ganancias" recordemos que el codiciar es desear malamente y la avaricia es sinónimo de codicia, se dice que cuando hay un deseo de avaricia en el corazón existe aquel deseo o afán desmedido de querer poseer y adquirir riquezas para atesorarlas. El gran problema con ello es que en ocasiones se recurre a cometer injusticias o actos ilícitos para lograr ese objetivo. El hecho de tener dinero no es pecado, pero se convierte en pecado cuando esos bienes han sido obtenidos de formas injustas o ilegales. Conforme al contexto de este capítulo se observa que la avaricia no era algo que existía solamente en la gente del pueblo, desafortunadamente vino a ser una conducta generalizada entre ellos ya que los pseudo profetas se prestaban a engañar a la gente a través de mensajes de esperanza, paz y prosperidad pero todo esto era falso, mientras que los sacerdotes fueron cómplices en aprobar las conductas pecaminosas del pueblo dando cierta permisión posiblemente a manera de indulgencias, como dicen vulgarmente se hacían de la vista gorda para no reprender las acciones nefandas de la gente o simplemente ellos mismos ya habían llegado a perder la santidad y dignidad que debió caracterizarlos como siervos de Dios en el ámbito espiritual y sagrado.

El escritor dice de los pseudo profetas que curaban la herida con liviandad ¿Qué significa esto? Que eran negligentes al gran problema que enfrentaba todo el pueblo, el cual era que por su rebeldía no alcanzaban a ver su situación moral y espiritual la cual estaba toda deteriorada a consecuencia de haber abandonado las normas y estatutos divinos. La paz que profetizaban los profetas como lo hizo Hananías (*Jeremías 28*) estaba muy lejos de ellos. Por otro lado debido a esa corrupción generada por la avaricia, negligencia y falta de santidad tanto del pueblo como de los sacerdotes y los que osaron decir que eran profetas de Dios, a causa de ello cayeron en una profunda decadencia moral en donde sus conciencias se habían cauterizado por el pecado y no les daba pena o compunción sus acciones. Por eso dice el escritor que no se habían avergonzado de sus malas obras. Cuando hay vergüenza por las malas obras que uno hace, nuestra conciencia nos reprende dejándonos ver que obramos mal y eso muchas veces da pie ya sea a una compunción o a una actitud de humildad en donde reconocemos que hemos obrado mal, todo esto con vistas a buscar un arrepentimiento, pero en este caso vemos que era tanto el endurecimiento de corazón del pueblo que aun cuando Dios los reprendió por medio del profeta en lugar de buscar un cambio para bien hacían todo lo contrario. Por tanto, el Señor aplicaría su justicia divina castigándolos por sus tropiezos y con un lenguaje poético el escritor utiliza dos ejemplos.

La vid no daría más uvas
La higuera no daría más su fruto
Las hojas de ambos árboles frutales se secaría en señal que no darían más su fruto
Las bendiciones que estos frutos dieron pasarían a sus conquistadores

Tanto la uva como el higo formaban parte importante de la dieta del pueblo judío ya que de la uva hacían el jugo de la vid o el vino y el higo era un alimento importante y muy necesario entre ellos. Por tanto, Dios los privaría de dichas bendiciones ¿Todo por qué? Por su rebeldía. Meditemos en lo siguiente. Si usted es cristiano

¿Cuantas bendiciones ha derramado Dios en su vida? Sin lugar a duda ha puesto en usted y su familia tanto bendiciones materiales como espirituales ¿Qué tanto apreciamos esas bendiciones?] ¿qué tanto las estamos cuidando? Para cuidarlas debemos vivir una vida recta porque el apartarnos de Dios y vivir sin santidad solo traerá calamidad a nuestra vida tarde o temprano. Recordemos lo que menciona el apóstol Pedro acerca de esas bendiciones y la condición que pone Dios para que las mismas permanezcan. *(1 Pedro 3:10-13)*

¿Por qué permanecemos sentados? ¡Reuníos! ¡Entremos en las ciudades fortificadas y perezcamos allí! Porque Jehová, nuestro Dios, nos ha destinado a perecer, y nos ha dado a beber aguas envenenadas, porque hemos pecado contra Jehová. Esperamos paz, y no hubo nada bueno; día de curación, y hubo turbación. *Jeremías 8:14-15*

A continuación, el escritor presenta la situación tan desoladora en la que caerían los judíos debido a su extravió. Y como no les quedaría mas remedio que ser llevados cautivos, en este caso serian conducidos a la región de Babilonia, al menos en tres ocasiones surgieron deportaciones a Babilonia (Referencia 2 Libro de *Crónicas 36:19-22*) en esa porción de la escritura se menciona como fueron llevados cautivos por los caldeos y ahí permanecieron hasta que el rey Ciro dio el decreto de su regreso a Jerusalén.

¿Por qué Dios los destinó a perecer? ¿Por qué figurativamente se expresa que el pueblo de Dios bebería aguas amargas? Ellos mismos tenían la respuesta a esos dos asuntos y esto fue debido a que pecaron contra Dios. No es que el Señor fuera cruel, sino todo lo contrario, fue excesivamente misericordioso, pero lamentablemente las rebeldías de ellos los alcanzarían y aquí vemos como el escritor relata que aunque ellos esperarían tiempos de paz, estos no vendrían por muchos años sino todo lo contrario.

Capítulo 8

Desde Dan se oyó el resoplar de sus caballos; al sonido de los relinchos de sus corceles tembló toda la tierra. Vinieron y devoraron la tierra y todo lo que en ella había, la ciudad y a los que moraban en ella. *Jeremías 8:16*

En Jeremías 4:15 ya se había hecho mención acerca de la invasión por medio de los babilonios, iniciaría su despliegue militar por el norte, por eso el escritor hizo una referencia geográfica acerca de Dan. También se menciona como esta incursión de parte de los caldeos seria arrasadora. Con estas palabras se buscaba que el pueblo reflexionara antes de que viniera la destrucción.

"Yo envío sobre vosotros serpientes, víboras contra las cuales no hay encantamiento, y os morderán, dice Jehová". *Jeremías 8:17*

Es interesante observar como el Señor por medio del profeta Jeremías hace alusión de la frase "serpientes venenosas" según como fue traducida en la versión Reina Valera, acerca de estas serpientes se dice que no habría antídoto para su picadura. Poéticamente el escritor buscaba hacer reflexionar a su pueblo en lo doloroso y mortal que sería el ataque el cual ellos recibirían, mismo donde según en palabras del profeta, no habría remedio de salir bien librados. Por eso se menciona la palabra clave "no hay encantamiento" sabemos que entre los orientales era costumbre encantar a serpientes venenosas como las cobras o áspides para que no muerdan con su picadura mortal. Pero aquí figurativamente se menciona como si a dichas áspides se les diera la facultad de morder con el propósito de hacer daño al grado de que no habría cura alguna.

A causa de mi intenso dolor, mi corazón desfallece. Se oye la voz del clamor de la hija de mi pueblo, que viene de la tierra lejana: "¿No está Jehová en Sión? ¿No está en ella su Rey?" "¿Por qué me hicieron airar con sus imágenes de talla, con vanidades ajenas?" ¡Pasó la siega, se acabó el verano, pero nosotros no hemos sido salvos! ¡Quebrantado estoy por el quebrantamiento de la hija de mi pueblo; abrumado estoy, el espanto se ha apoderado de mí! *Jeremías 8:18-21*

"A causa de mi intenso dolor, mi corazón desfallece"

Con estas palabras de profundo dolor y tristeza expresadas por medio del profeta, se puede percibir el amor que Jeremías tenía por su gente. Ya que, al ser un profeta, el Señor le había dado la capacidad de ver las visiones acerca de la inminente destrucción que les deparaba a los judíos a causa de sus muchas rebeldías. Definitivamente eran situaciones desoladoras que ellos no percibían porque no podían ver lo que acontecería a tiempo futuro. Tal como fue el caso de la gente impía del tiempo de Noé que no entendieron la exhortación hasta que vino el diluvio y fueron erradicados. Pero el apóstol Pedro menciona claramente que Noé hizo su función de pregonero de justicia. Esto implica que les proclamó un mensaje de arrepentimiento así como lo hizo Jeremías. Estas fueron las palabras de Pedro inspirado por el Espíritu Santo.

si no perdonó al mundo antiguo, sino que guardó a Noé, un predicador de justicia, con otros siete, cuando trajo el diluvio sobre el mundo de los impíos; *1 Pedro 2:5*, Biblia de las Américas.

En la Versión Reina Valera los traductores usaron palabras como "desfallece" esta acción de desfallecer tiene una connotación en el idioma español como: Sentirse abatido o perder el ánimo. A grandes rasgos sería como entrar en cierta forma en un estado de depresión o tristeza profunda. Por eso mencionaba el profeta que su corazón sentía dolor no tanto físico sino más que nada era un dolor emocional por la profunda preocupación que pasaría con la gente debido a sus muchas rebeldías. El escritor también menciona como esa gente clamaría o gritaría en señal de desconcierto o pavor al ver que el enemigo se acercaba. ¿Qué se podría hacer a esas alturas? Ya nada. La oportunidad se les acabaría en ese instante.

El escritor hace dos preguntas.
: "¿No está Jehová en Sión? ¿No está en ella su Rey?" Que mensaje querría transmitir Jeremías al pueblo judío con estas dos preguntas. Recordemos que a la región de Sión en el pasado se le conoció como la ciudad de David (*2 Crónicas 5:2*) y precisamente fue en Sión donde se construyó el Templo de Jehová, ahí estaba el Arca del pacto (*1 Reyes 8:1*) a grandes rasgos esta región representaba la ciudad base del Reino, ya que ahí también habitaba el rey en turno. Pero el escritor hace un contraste con otras dos preguntas. "¿Por qué me hicieron airar con sus imágenes de talla, con vanidades ajenas?"
Con estos cuestionamientos el escritor a manera de exhortación reprende al pueblo preguntándoles que ¿Por qué habían provocado a ira al Dios de los ejércitos con sus muchas idolatrías? Tristemente todas esas costumbres las aprendieron de las regiones paganas que estaban a sus alrededores. Con esto nos damos cuenta de que el pueblo judío en lugar de haberse hecho un compromiso de santidad y pureza para estar solamente consagrados a su Dios sucedió todo lo contrario ya que se volvieron negligentes y duros de corazón, por tanto, esas actitudes los sumieron en idolatría imitando así las costumbres llenas de vanidad de sus vecinos los paganos. Ya desde mucho tiempo atrás el Señor por medio del Decálogo les había dejado un mandamiento acerca de no adorar ídolos paganos que no eran nada. (*Éxodo 20:1-5*)"?

¡Pasó la siega, se acabó el verano, pero nosotros no hemos sido salvos!

El erudito Adam Clarke, menciona en su comentario acerca de Jeremías que esta referencia tiene que ver con el tiempo que duraba la siega, desde que cosechaban hasta que llegaba otra vez el tiempo de la siega, todo el proceso tomaba un lapso de no más de un año.

El enfoque de las palabras del escritor inspirado era hacerles saber a los judíos con un mensaje a través de figuras y metáforas, que cuando les sobreviniera la calamidad mencionada en este mismo pasaje, concerniente al ataque de los babilonios comandados por Nabucodonosor, nada los liberaría del sitio que en este caso duró más de un año. Este acontecimiento fue llevado a cabo en el noveno año siendo el décimo mes del reinado de Sedequías tal como se encuentra relatado en el *1 Libro de Reyes 25:1-3*, pero que hasta después de tener más de un año sitiada a la ciudad pudieron abrir brechas en los muros para poder entrar y destruirlos. El sitio a la ciudad duró aproximadamente un año y medio y después de eso vino la catástrofe donde muchos judíos fueron llevados cautivos a Babilonia por orden del rey Nabucodonosor. (Jeremías 39:8-9)

Al final del pasaje el escritor vuelve a expresar su sentir emocional con palabras tales como: Quebrantado, abrumado, el espanto se ha apoderado de mí. De esta manera manifestaba su tristeza por ese pueblo rebelde que inminentemente seria destruido en retribución a su falta de arrepentimiento.

"¿Es que no hay medicina en Galaad? ¿Acaso no hay allí algún médico? ¿Por qué, entonces, no han sido sanadas las heridas de mi pueblo?" *Jeremías 8:22.*

El escrito en esta frase utiliza un mensaje metafórico al mencionar Galaad. Y al preguntar ¿Acaso no hay medicina en Galaad? O ¿No hay médicos que puedan sanar? a manera de evidencia es importante mencionar que esta región se caracterizaba por ser una tierra de montes muy fértiles y por lo tanto literalmente había muchas variedades de hiervas medicinales que podían usarse para curar varias heridas o enfermedades (*Jeremías 22:6,46:11,50:19, Za-*

Capítulo 8

carias 10:10, Cantar de los *Cantares 4:1*) todos estos pasajes antes mencionados tienen que ver con la región de Galaad como una zona rica en medicina natural.

El enfoque del mensaje en forma de metáfora era. Si Dios tenía la sanación para la herida de su pueblo, ya que él es el proveedor de todo, entonces ¿Porque el pueblo no fue sanado de las heridas que le infringió el enemigo? La respuesta a esa pregunta es que el Señor mismo por medio de su misericordia en reiteradas ocasiones les advirtió que por dejarlo a Él la fuente de agua viva, les llegaría la calamidad en gran manera si es que no se arrepentían a tiempo, desafortunadamente no lo hicieron y en retribución tuvieron que sufrir las consecuencias de sus actos.

La lección práctica que podemos sacar de toda esta enseñanza es. Si Dios tiene tantas bendiciones para nuestra vida ¿Por qué alejarnos de Él? ¿Cuál es el beneficio que encontramos al apartarnos? ¿En que nos aprovecha ser necios y desleales al consejo de vida que nos da Dios? Si estamos viviendo erradamente y no conforme a las sendas de rectitud ¿Qué estamos esperando para tomar el rumbo correcto?

Capítulo 9
El Lamento de Jeremías

¡Ay, si mi cabeza se hiciera agua y mis ojos fuentes de lágrimas, para llorar día y noche a los muertos de la hija de mi pueblo! ¡Ay, quién me diera en el desierto un albergue de caminantes, para abandonar a mi pueblo y apartarme de ellos!, porque todos ellos son adúlteros, una congregación de traidores. Hicieron que su lengua lanzara mentira como un arco, y no se fortalecieron para la verdad en la tierra, porque de mal en mal procedieron. "Me han desconocido", dice Jehová. *Jeremías 9:1-3*

El Profeta nuevamente hace manifiesta su tristeza profunda al hacer alarde de cómo se sentía emocionalmente, esto en consecuencia a la actitud tomada por sus compatriotas. Algunos eruditos de la Biblia llaman despectivamente a Jeremías "el profeta llorón". Menciono que lo hacen despectivamente porque si meditásemos en el porqué de sus lágrimas entenderíamos mejor el sentir del profeta y no fuéramos tan prontos en juzgar a la ligera. Cuando leemos todo el capítulo nueve y varias porciones del libro, se puede observar la calidad moral del pueblo en aquel tiempo. A su vez el lector observará por medio de las profecías la calamidad que le sobrevendría al pueblo.

Jeremías expresa el siguiente deseo. ¡Si mi cabeza se hiciera agua y mis ojos fuentes de lágrimas, para llorar día y noche a los muertos de la hija de mi pueblo!

Aquí resalta el escritor lo siguiente acerca de ese advenimiento desolador "Los muertos de la hija de mi pueblo"
Haciendo alusión a la gran mortandad que surgiría cuando fueran invadidos por el enemigo. Definitivamente serian miles los muertos que quedarían tendidos en toda la ciudad de Jerusalén.
En esta porción de la Escritura el profeta cataloga a los judíos con diferentes conductas pecaminosas.

- Adúlteros: A grandes rasgos esto implica que habían adulterado con los ídolos ¿En qué sentido? Al momento de que ellos dejaron a Jehová por ir tras una fe ciega en los ídolos de las naciones paganas (Referencia *Jeremías 8:2*)
- Congregación de traidores.
- Gente habituada a la mentira y el engaño.
- Perversos
- Se olvidaron de Dios
- Sus caminos fueron hacia la perdición y la decadencia moral.

Desafortunadamente toda esta corrupción surgió a consecuencia del desacato que tuvieron hacia el consejo divino. ¡Oh que triste situación es cuando nos alejamos de Dios!

¿Por qué querría Jeremías alejarse de sus conciudadanos de Jerusalén? Sin duda alguna este varón de Dios era guiado por los estándares de la santidad cual debe seguir cada hijo de Jehová, pero el ambiente donde se desarrollaba él no era bueno porque se exponía a la mucha corrupción y pecado en el que vivían sus hermanos judíos, pero Jeremías sentía necesario tomar tal decisión por su propio bien. Ya más de una vez el profeta había mencionado cual era la condición del pueblo. Tal era el grado de perversión que habían perdido todo temor por Dios y su palabra (*Jeremías 6:10-21*)

Aplicación práctica para el presente.
La enseñanza practica para el presente es: Si usted y yo como cristianos vivimos rodeados de hermanos que en lugar de esforzarse por hacer la voluntad de Dios contrario a ello tienen conductas reprobables porque en su vida abunda una corrupción moral y espiritual ¿Nos sentimos afligidos por ello y queremos hacer algo al respecto? ¿o nos da igual y corremos junto con la corriente de la rebeldía? Cada vez que analizamos el libro de Jeremías podemos entender que vivimos épocas muy similares. ¿en qué sentido? Se viven tiempos de mucha frialdad en lo que concierne a nuestra

espiritualidad, tiempos de corrupción moral, tiempos de falta de compromiso, tiempos en los que dejamos que la influencia del mundo sea más fuerte que la influencia de Dios en nuestras vidas.

Guárdese cada uno de su compañero, y en ningún hermano tenga confianza; porque todo hermano engaña con falacia, y todo compañero anda calumniando. Y cada uno engaña a su compañero, y ninguno habla verdad; acostumbraron su lengua a hablar mentira, se ocupan de actuar perversamente. Su morada está en medio del engaño; por muy engañadores no quisieron conocerme, dice Jehová. *Jeremías 9:4-6*

"Guárdese cada uno de su compañero, y en ningún hermano tenga confianza;"

¿Porque tendría que hacer el profeta semejante advertencia? ¿Tanta sería la desconfianza entre unos y otros que había llegado al grado que debían cuidarse continuamente los unos a los otros? Tres cosas resaltan en este pasaje.

1. Abundaba la falta de confianza de los unos a los otros
2. Habían hecho de la falacia un estilo de vida
3. Corrompieron su corazón y estaban acostumbrados a calumniarse unos a otros.

Se dice que la confianza es la esperanza o firme seguridad que se tiene en que una persona va a actuar o una cosa va a funcionar como se desea. Analizando el contexto histórico recordemos que en los tiempos de Jeremías se vivieron momentos de mucha inestabilidad política ya que los lideres después del rey Josías, habían caído en una deficiencia total, los guías espirituales estaban completamente corrompidos (*Jeremías 2:8*) y la gente era habituada a una idolatría a mas no poder (*Jeremías 7: 17-19*) Definitivamente las palabras del profeta eran una forma de advertencia para que

Capítulo 9

todos se cuidaran de todos. Qué triste es sin lugar a duda vivir en un ambiente donde no exista la confianza por ningún lado. Aparte de ello, como menciona el profeta. Los judíos confiaron más en la falacia que en los mismos oráculos de Dios por boca de los profetas. Ellos lo declararon así aun después de haber sido castigados con la destrucción de Jerusalén. Cuando las mujeres expresaron.

La palabra que nos has hablado en nombre de Jehová, no la oiremos de ti; sino que ciertamente pondremos por obra toda palabra que ha salido de nuestra boca, para ofrecer incienso a la reina del cielo, derramándole libaciones, como hemos hecho nosotros y nuestros padres, nuestros reyes y nuestros príncipes, en las ciudades de Judá y en las plazas de Jerusalén, y tuvimos abundancia de pan, y estuvimos alegres, y no vimos mal alguno. *Jeremías 44:16-17*

La falacia solamente puede ser el resultado de una mente engañosa y contaminada por Satanás, el padre de la mentira. Ya que la falacia es todo aquel argumento falso con una aparente verdad pero que a final de cuentas induce al error o al engaño, mientras que el engaño es falta de verdad o falsedad. En el tiempo del profeta Jeremías abundaron los mentirosos y engañadores desde los escribas hasta los falsos profetas que le daban al pueblo falsas esperanzas de paz cuando la realidad era otra (Jeremías Cap. 28) A manera de aplicación práctica ¿Que podemos aprender de esta porción de la Escritura? Que cuando decidimos vivir conforme a nuestro corazón engañoso caeremos en la trampa de la mentira, la falta de confianza y en confiar más en el engaño porque nos parece más bonita la mentira disfrazada de paz y bienestar que las palabras de verdad que son para nuestro propio bien.
Jeremías también acusa a sus conciudadanos de ser personas calumniadoras, es importante mencionar que cuando un ser humano calumnia a otro con ello buscara atribuirle por medio de falsedades y malicia, palabras, actos o intensiones deshonrosas. A grandes rasgos es deshonrar la buena honra que pueda tener

una persona. Exactamente eso fue lo que hicieron los judíos con Jeremías al acusarlo de traidor a la patria y de una persona que solamente les estaba diciendo palabras mal encaminadas. Cuando lo único que buscó el profeta fue reprenderlos para su propio bien ya que con ello se buscaba que tuvieran un arrepentimiento genuino y se volvieran a Dios, pero muy lejos estaban de hacer eso.

Por ejemplo, cuando los judíos ya estaban al borde de ser atacados, los oficiales empezaron a hacer acusaciones contra Jeremías acusándolo de traidor.

Y cuando fue a la puerta de Benjamín, estaba allí un capitán que se llamaba Irías hijo de Selemías, hijo de Hananías, el cual apresó al profeta Jeremías, diciendo: Tú te pasas a los caldeos. Y Jeremías dijo: Falso; no me paso a los caldeos. Pero él no lo escuchó, sino prendió Irías a Jeremías, y lo llevó delante de los príncipes. Y los príncipes se airaron contra Jeremías, y le azotaron y le pusieron en prisión en la casa del escriba Jonatán, porque la habían convertido en cárcel. *Jer. 37:13-15*

Y cada uno engaña a su compañero, y ninguno habla verdad; acostumbraron su lengua a hablar mentira, se ocupan de actuar perversamente.

Si desglosáramos este pasaje lo haríamos como sigue.

    1. Los judíos se engañaban unos a otros.
    2. No había palabras de confianza sino solo mentiras por tanto no existía la sinceridad
    3. Se habituaron a ser mentirosos
    4. Ocupaban sus mentes solo para cometer actos perversos de una manera deliberada.

Al mencionar el profeta en como los judíos se acostumbraron a mentir, este resultado se dio en consecuencia que fueron tomando tal costumbre debido a la práctica frecuente en que llevaban a cabo la mentira. Dice un dicho coloquial que la practica hace al maestro y en este caso de tanto practicar la mentira los judíos se hicieron maestros. Aparte de ello de una manera deliberada cometían actos perversos y reprobables ante la mirada de Dios.

Ya el Señor en el capítulo siete había reprendido varias formas de conductas perversas de parte de ellos tales como:

He aquí, vosotros confiáis en palabras engañosas que no aprovechan, para robar, matar, cometer adulterio, jurar falsamente, ofrecer sacrificios a Baal y andar en pos de otros dioses que no habíais conocido. *Jeremias 7:8-9*

En conclusión, dice el Señor por medio del Profeta Jeremías que su pueblo no quiso conocerlo ¿Por qué? Debido a que confiaron en la mentira más que en la Palabra divina e hicieron del engaño su estilo de vida. Le pregunto yo a usted a manera de lección practica amado lector. ¿A quién está escuchando usted? ¿A Dios y su verdad? O al diablo que es el padre de la mentira (*Juan 8:44*) ¿hacia dónde nos lleva el camino que estamos siguiendo? Al pueblo judío los llevó hacia su propia perdición y sufrimiento.

Por tanto, así ha dicho Jehová de los ejércitos: He aquí que yo los refinaré y los probaré; porque ¿qué más he de hacer por la hija de mi pueblo? Saeta afilada es la lengua de ellos; engaño habla; con su boca dice paz a su amigo, y dentro de sí pone sus asechanzas. ¿No los he de castigar por estas cosas? dice Jehová. De tal nación, ¿no se vengará mi alma? *Jeremías 9:7-9*

El autor inspirado por Dios en esta porción del libro usó un mensaje metafórico al emplear la figura de cómo se refinan los metales. Se dice que al refinar algo con este proceso el metal se hace más fino y puro alcanzando casi la perfección, pero para este proceso es necesario quitar primero las impurezas o escoria. La enseñanza que nos deja plasmada aquí el autor es la siguiente. Dios quería refinar y probar a su pueblo. O séase que tenía el propósito de quitar de la vida de cada uno de ellos las impurezas morales que opacaban su ser y les estaban robando la santidad, por otro lado, no solo serían limpiados sino probados, figurativamente así como se prueba el metal para ver si pasa la prueba de calidad o no. En este tiempo que el Señor expresa dichas palabras, la corrupción moral de ellos era mucha por eso Jehová preguntó. ¿qué más he de hacer por la hija de mi pueblo? Ya no quedaban muchas opciones. Habían pasado ya largos años de exhortación por medio de los profetas y pareciera como si el pueblo judío en lugar de ir hacia el frente buscando hacer la voluntad de Dios, contrario a ello retrocedían para dejar de cumplir con la voluntad del Altísimo, tal como se los había dicho unos cien años atrás en el tiempo del profeta Isaías.

El buey conoce a su dueño, y el asno el pesebre de su señor; Israel no entiende, mi pueblo no tiene conocimiento. ¡Oh gente pecadora, pueblo cargado de maldad, generación de malignos, hijos depravados! Dejaron a Jehová, provocaron a ira al Santo de Israel, se volvieron atrás. ¿Por qué querréis ser castigados aún? ¿Todavía os rebelaréis? Toda cabeza está enferma, y todo corazón doliente. Desde la planta del pie hasta la cabeza no hay en él cosa sana, sino herida, hinchazón y podrida llaga; no están curadas, ni vendadas, ni suavizadas con aceite. *Isaías 1:3-6*

Jehová declara por medio del profeta como los judíos mentían con toda la intención de engañarse los unos a los otros para sacar provecho de su prójimo a base de engaños. Tal como si sus palabras fueran flechas de arco afiladas. En lugar de haber usado su lengua para alabar el nombre del Altísimo y que salieran de ellos palabras edificantes. En contraste, se convirtió en un mundo lleno de maldad así como lo declaró Santiago acerca de lo dañina y corrupta que resulta la boca cuando no la usamos para expresar buenas palabras.

"La lengua es como la chispa que prende el fuego. De todas las partes del cuerpo, la lengua es todo un mundo de maldad, contamina todo el cuerpo. La lengua incendia todo el curso de nuestra vida y sus llamas vienen del mismo infierno." *Santiago 3:6*, Biblia Palabra de Dios Para Todos.

Las dos preguntas finales que hace el Señor acerca de esta situación son las siguientes.
1. ¿No los he de castigar por estas cosas? dice Jehová.
2. De tal nación, ¿no se vengará mi alma?

Dios es misericordioso, pero también tiene un límite, y antes de ejecutar un castigo ejerce su justicia. Ya les había dado muchas oportunidades, pero la maldad de ellos alcanzó niveles muy altos al grado que hicieron de la mentira un estilo de vida. Así lo expresaría más delante el Señor cuando por boca de Jeremías expresó.
Tú me dejaste, dice Jehová; te volviste atrás; por tanto, yo extenderé sobre ti mi mano y te destruiré; estoy cansado de arrepentirme. *Jeremías 15:6* Biblia Reina Valera 1960
"Tú me dejaste, dice el Señor, te volviste atrás; por eso, cansado de tenerte compasión, levantaré mi mano contra ti y te destruiré." Biblia Palabra de Dios Para Todos.

Recordemos que la venganza solo le pertenece al Señor y él da el pago correspondiente a cada uno basándose en su justicia imparcial, por tanto, los judíos en el tiempo de Jeremías no podían esperar mas que sufrimiento, muerte y derrota porque como dice el Señor. Ellos lo dejaron. Recordemos que nosotros somos los que optamos por dejar a Jehová y no Él a nosotros. ¿Crees que hay bendición cuando tú y yo optamos por volverle la espalda a nuestro Padre celestial? De ninguna manera. Por tanto, es necesario luchar por no dejar que el enemigo nos gane a través de sus engaños sutiles. Sin embargo Dios no deja las injusticias y la apostasía sin castigo tal cómo lo declaró el profeta Nahum.

Jehová es Dios celoso y vengador; Jehová es vengador y lleno de indignación; se venga de sus adversarios, y guarda enojo para sus enemigos. Jehová es tardo para la ira y grande en poder, y no tendrá por inocente al culpable. Jehová marcha en la tempestad y el torbellino, y las nubes son el polvo de sus pies. *Nahum 1:2-3*

Por los montes levantaré lloro y lamentación, y llanto por los pastizales del desierto; porque fueron desolados hasta no quedar quien pase, ni oírse bramido de ganado; desde las aves del cielo hasta las bestias de la tierra huyeron, y se fueron. Reduciré a Jerusalén a un montón de ruinas, morada de chacales; y convertiré las ciudades de Judá en desolación en que no quede morador. *Jeremías 9:10-11*

Ya se mencionó cómo no pocos despectivamente conocen a Jeremías como el profeta llorón. ¿usted se ha dado a la tarea de meditar e indagar por qué lloraba el profeta? ¿Sabe por qué? el problema es que a las personas nos gusta hacer inmediatamente prejuicios y sacamos conclusiones rápidas y tal es el caso de los que catalogan a Jeremías el profeta como "el llorón" si usted estuviera en el lugar de Jeremías y supiera que sus compatriotas, amigos, familiares, etc, tendrían una muerte terrible y serían llevados cautivos a la incertidumbre ¿Cómo se sentiría? ¿se entristecería? Entendamos pues mas la personalidad de este siervo de Dios y seamos de un juicio más razonable aplicando ese principio a cada etapa de nuestra vida en la que tengamos que ejercer un juicio sobre alguien.

Jeremías lloraba porque en primer lugar era un varón que amaba a su gente aun con las muchas maldades que ellos practicaban, eso no quiere decir que el profeta aprobara sus conductas reprobables, sino todo lo contrario. Pero al meditar lentamente en este lamento de Jeremías cuando él expresa que su lloro y lamento este sería enorme al grado que por donde anduviere lamentaría. Él mismo nos deja ver el porqué de ello, meditémoslo.

1. Jerusalén sería totalmente asolada volviéndose en un lugar inhabitable por muchos años.
2. Se convertiría en una tierra que representaría muerte, derrota y aflicción.
3. Se convertiría en un lugar destruido donde solamente habitarían animales salvajes y carroñeros y las personas más osadas a no abandonar su territorio.

¿Puede usted hacer una imagen mental de un lugar así? ¿Cuánto ama su patria? ¿Le gustaría verla totalmente destruida e inhabitada como si de un pueblo fantasma se tratase? En definitiva, muchos contestaríamos: No. Dese a la tarea de indagar como quedan las ciudades después de haber sido abatidas por ser estados de guerra y es triste contemplar que en tales lugares solo queda destrucción, muerte y gran necesidad.

Por tal razón lloraba Jeremías porque tenía la capacidad de conocer lo que pasaría y como Jerusalén quedaría totalmente asolada, imagine ver cuerpos muertos por todos lados, casas incendiadas y el tan majestuoso Templo de Jehová destruido. Imágenes desmoralizadoras para cualquiera que viviera ahí.

¿Quién es varón sabio que entienda esto? ¿y a quién habló la boca de Jehová, para que pueda declararlo? ¿Por qué causa la tierra ha perecido, ha sido asolada como desierto, hasta no haber quien pase? Dijo Jehová: Porque dejaron mi ley, la cual di delante de ellos, y no obedecieron a mi voz, ni caminaron conforme a ella; antes se fueron tras la imaginación de su corazón, y en pos de los baales, según les enseñaron sus padres. *Jeremías 9:12-14*

Obedecer a Dios y caminar conforme a su voluntad es la clave para el éxito, cosa que ignoraron los judíos desde mucho tiempo atrás ya que así lo declara el Señor a través del profeta al decirles: "Porque dejaron mi ley, la cual di delante de ellos, y no obedecieron a mi voz, ni caminaron conforme a ella;"

Al menos tres acciones de los judíos nos enseñan su apatía en lo que concernía a vivir en santidad.

1. Dejaron la ley de Dios y se convirtieron en negligentes.
2. No obedecieron al consejo de Jehová manifestando así su rebeldía.
3. No anduvieron en sus caminos sino más bien en los caminos del error.

Todo esto no era algo nuevo sino más bien fue el resultado de muchos años en rebeldía, por los tiempos de Josué ellos mismos se habían comprometido a andar conforme a los caminos del Señor de hecho lo declararon abiertamente y sin titubeo cuando Josué los exhortó a que tomaran una decisión de a quien querían seguir si al Dios verdadero o a los ídolos paganos que se encontraban tanto al otro lado del rio en Egipto o en las tierras de los cananeos a donde Dios los introdujo. (*Josué 24:1-15*) y ellos declararon con convicción.

Entonces el pueblo respondió y dijo: Nunca tal acontezca, que dejemos a Jehová para servir a otros dioses; porque Jehová nuestro Dios es el que nos sacó a nosotros y a nuestros padres de la tierra de Egipto, de la casa de servidumbre; el que ha hecho estas grandes señales, y nos ha guardado por todo el camino por donde hemos andado, y en todos los pueblos por entre los cuales pasamos. *Josué 24:16-17*

El compromiso de ellos fue claro como unos setecientos cincuenta años atrás. De hecho, era un mandamiento que Dios les había dejado en su ley escrita. Guardarás, pues, los mandamientos de Jehová tu Dios, andando en sus caminos, y temiéndole. Deuteronomio 8:6 ¿Lo cumplieron? Si, pero solo temporalmente. Prestemos atención en lo que dijo el escritor del libro de Josué acerca de ese compromiso hecho por ellos mismos como pueblo de Dios. Y sirvió Israel a Jehová todo el tiempo de Josué, y todo el tiempo de los ancianos que sobrevivieron a Josué y que sabían todas las obras que Jehová había hecho por Israel. *Josué 24:31*.

No pasó mucho tiempo cuando la apostasía se empezó a sembrar en los corazones del pueblo judío y fue algo que con el tiempo se incrementó hasta llegar al tiempo de Jeremías. Considerando distintas épocas veamos algunos ejemplos.

1. Época de los jueces. Aproximadamente de 1350 A.C a 1100 A.C. La Biblia dice lo siguiente de esta época.
Y toda aquella generación también fue reunida a sus padres. Y se levantó después de ellos otra generación que no conocía a Jehová, ni la obra que él había hecho por Israel. Después los hijos de Israel hicieron lo malo ante los ojos de Jehová, y sirvieron a los baales. Dejaron a Jehová el Dios de sus padres, que los había sacado de la tierra de Egipto, y se fueron tras otros dioses, los dioses de los pueblos que estaban en sus alrededores, a los cuales adoraron; y provocaron a ira a Jehová. Y dejaron a Jehová, y adoraron a Baal y a Astarot. *Jueces 2:10-13*

2. Época del tiempo de Samuel. Aproximadamente del 1080 A.C al 1010, en esta época fue el inicio de un sistema de monarquía humana para el pueblo judío ya que pidieron un rey terrenal como las otras naciones Pero ¿cómo estaban espiritualmente en esta época?

Había escases de la Palabra de Dios ¿Por qué? Si observamos el sacerdocio y la actitud de la gente de esa época, tanto unos como los otros estaban viviendo vidas sin compromiso moral hacia el Señor e igual se iban apartando de Jehová al grado que el sacerdocio se corrompió con los hijos de Elí (*1 Samuel 2:12-36*) y la gente volvió a sus viejos hábitos de adorar a los Baales y Astarot (*1 Samuel 7:3-4*) En consecuencia, la Escritura dice:
El joven Samuel servía al Señor en presencia de Elí. La palabra del Señor escaseaba en aquellos días, las visiones no eran frecuentes.

1 Samuel 3:1
Época de Salomón y su hijo Roboam (Apostasía y división del Reino)
Y cuando Salomón era ya viejo, sus mujeres inclinaron su corazón tras dioses ajenos, y su corazón no era perfecto con Jehová su Dios, como el corazón de su padre David. Porque Salomón siguió a Astoret, diosa de los sidonios, y a Milcom, ídolo abominable de los amonitas. E hizo Salomón lo malo ante los ojos de Jehová, y no siguió cumplidamente a Jehová como David su padre. *1 Reyes 11:4-6*

Cuando todo el pueblo vio que el rey no les había oído, le respondió estas palabras, diciendo: ¿Qué parte tenemos nosotros con David? No tenemos heredad en el hijo de Isaí. ¡Israel, a tus tiendas! ¡Provee ahora en tu casa, David! Entonces Israel se fue a sus tiendas. Pero reinó Roboam sobre los hijos de Israel que moraban en las ciudades de Judá. Y el rey Roboam envió a Adoram, que estaba sobre los tributos; pero lo apedreó todo Israel, y murió. Entonces el rey Roboam se apresuró a subirse en un carro y huir a Jerusalén. Así se apartó Israel de la casa de David hasta hoy. *1 Reyes 12:16-19*

Ya dividido el reino todo fue en decadencia hasta llegar al tiempo de Isaías (*Isaías 1:3-18*) y después Jeremías. ¿Por qué se explica todo esto? Para hacer énfasis de lo que el Señor mencionó. Dijo Jehová: Porque dejaron mi ley, la cual di delante de ellos, y no obedecieron a mi voz, ni caminaron conforme a ella;
Pero antes de declarar esto, el Señor invita a su gente a meditar en tres preguntas.

1. ¿Quién es varón sabio que entienda esto?
2. ¿y a quién habló la boca de Jehová, para que pueda declararlo?
3. ¿Por qué causa la tierra ha perecido, ha sido asolada como desierto, hasta no haber quien pase?

Capítulo 9

Antes de comentar acerca de lo que se le dijo a Jeremías sería bueno analizar algunas palabras que se utilizaron para entender que es lo que Dios quería transmitirle a su pueblo. Cuando Dios habla de varones sabios ¿A qué se refiere con esto? El término sabiduría se traduce del hebreo al español como: Conocimiento, en la capacidad de conocimiento el ser humano es dotado de entendimiento e inteligencia, pero también llega al grado de entender y juzgar las cosas por medio del análisis y la comprensión. Lo contrario al conocimiento es la ignorancia. El principio de la Sabiduría o conocimiento de la voluntad divina es el temor o respeto por Dios, este concepto nos lo enseña el proverbista en *Proverbios 1:7*, aparte es importante entender que este tipo de sabiduría de la cual habla Dios es de un origen divino. Que mejor que el Señor sea el que guie nuestros pasos ya que Él lo sabe todo. Pero desafortunadamente los judíos se apartaron de ese tipo de sabiduría volviéndose así en unos ignorantes que llegaron a desconocer el consejo de Jehová. En la segunda pregunta el Señor pregunta si acaso había alguien entre ellos que explicara el porqué de la calamidad que les sobrevendría. En este caso se resumiría que ese alguien era Jeremías e igualmente su siervo Baruc que fue su escriba personal y un muy reducido remanente de gente. Ya que cuando el profeta habla en el capítulo cinco menciona que tanto el vulgo como los guías del pueblo se habían corrompido todos. (Ref. *Jeremías 5:1-5*) La respuesta del porque Jerusalén pasaría al grado de ser destruida la tenían ellos mismos. En primer lugar, rechazaron el consejo de Dios y en segundo los pocos que proclamaron el mensaje fueron completamente ignorados.

Antes se fueron tras la imaginación de su corazón, y en pos de los baales, según les enseñaron sus padres. *Jeremías 9:14*

La explicación del Señor por boca del profeta Jeremías es clara en lo concerniente al porqué de la apostasía de su pueblo. Ya que Jehová manifiesta que los judíos siguieron sus propios pensamientos mal dirigidos, mismos que los empujaron a adorar ídolos paganos como los baales. A grandes rasgos este dios pagano tiene sus orígenes en los cananeos y después dentro de la cultura caldea o babilónica mismos que lo llamaron Belu o Bel, pero luego pasó a ser la deidad de los cananeos. Según en el Diccionario Vila-Escuain se dice lo siguiente acerca de este ídolo pagano llamado Baal. Baal era adorado bajo dos aspectos: como benefactor y como destructor. Por una parte, sus benéficos rayos daban luz y calor a sus adoradores; por la otra, sus fieros rayos caniculares secaban en verano la vegetación que él mismo había producido. De ahí que se le ofrecieran sacrificios humanos para apaciguar a la deidad en tiempos de hambre, o de pestes, u otras calamidades. La víctima era generalmente el primogénito del sacrificador, y era quemado vivo. En el Antiguo Testamento esto es mencionado eufemísticamente como «hacer pasar a sus hijos por fuego» (*2 Reyes 16:3*). El culto a Baal adquiría formas diversas en las distintas naciones. Cada una de ellas tenía su propio Baal o divino «Señor», que frecuentemente asumía el nombre de la ciudad o nación a la que pertenecía. Por ejemplo, Baal-Tarz era el «Baal de Tarso». En otros casos, se unía el título con el nombre individual del dios en cuestión, y tenemos a Baal-Tammuz, «El Señor Tammuz», o «el Señor es Tammuz», etc. Todas estas formas eran conocidas colectivamente con el nombre de Baalim, o «Baales», y tenían su lugar al lado de la deidad femenina Astoret (véase), o Astarté.

Como ya se comentó con anterioridad, el culto a los dioses paganos como los baales y Astarot se habían generado desde el tiempo de los jueces, pero los judíos ya tenían tendencias idolátricas desde que salieron de Egipto, basta con recordar el suceso trágico de la fabricación del becerro de oro (*Éxodo Cap. 32*) en el cual los judíos frenéticamente adoraron a tal imagen y se dieron a conductas de libertinaje y desenfreno.

Cuando Aarón vio esto, edificó un altar delante del becerro. Y Aarón hizo una proclama, diciendo: Mañana será fiesta para el

Señor. Y al día siguiente se levantaron temprano y ofrecieron holocaustos y trajeron ofrendas de paz; y el pueblo se sentó a comer y a beber, y se levantó a regocijarse. Entonces el Señor habló a Moisés: Desciende pronto, porque tu pueblo, que sacaste de la tierra de Egipto, se ha corrompido. Bien pronto se han desviado del camino que yo les mandé. Se han hecho un becerro de fundición y lo han adorado, le han ofrecido sacrificios y han dicho: "Este es tu dios, Israel, que te ha sacado de la tierra de Egipto." Y el Señor dijo a Moisés: He visto a este pueblo, y he aquí, es pueblo de dura cerviz. *Éxodo 32:5-9*

Observando esta evidencia histórica desde los tiempos de la salida de Egipto, deducimos pues que las tendencias idolátricas en el pueblo judío no eran nuevas en ellos ya que desde su misma llegada a Egipto fueron expuestos a la adoración de ídolos paganos.

Por tanto, así ha dicho Jehová de los ejércitos, Dios de Israel: He aquí que a este pueblo yo les daré a comer ajenjo, y les daré a beber aguas de hiel. Y los esparciré entre naciones que ni ellos ni sus padres conocieron; y enviaré espada en pos de ellos, hasta que los acabe. *Jeremías 9:15-16*

Dos términos se usan para definir la amargura que les sobrevendría a los judíos. Comerían ajenjo y beberían aguas de hiel amargas. Tanto la planta del ajenjo como la hiel son sinónimo de algo amargo y desagradable al paladar humano (*Deuteronomio 29:18, Proverbios 5:4*) El Señor por medio del profeta utiliza estos dos términos para enfatizar en el sufrimiento que estaba preparado para su pueblo rebelde, como se observa en el contexto siguieron más a la mentira que la verdad que edifica y guía por el buen camino. También hace una clara advertencia de como su nación sería dispersada en diferentes rumbos. En particular haciendo alusión a los tres cautiverios que acontecieron en el tiempo de Jeremías, en cada uno de ellos los judíos fueron transportados a Babilonia, una tierra para ellos hasta ese momento desconocida ya que estaba muy al norte de lo que era Jerusalén. En el capítulo treinta y nueve de este mismo libro se relata como los pocos que fueron dejados en Jerusalén en lugar de seguir la voluntad de Dios decidieron tomar un rumbo completamente equivocado al buscar auxilio en tierras egipcias (*Jeremías 42-44*) Los judíos tenían un concepto muy errado de la justicia de Jehová, tanto así que llegaron al grado de dudar que les sobrevendría un castigo por sus muchas fechorías, pero vemos que ya se estaba preparando un castigo (*Jeremías 5:12*)

Así dice Jehová de los ejércitos: Considerad, y llamad plañideras que vengan; buscad a las hábiles en su oficio; y dense prisa, y levanten llanto por nosotros, y deshágansenos nuestros ojos en lágrimas, y nuestros párpados se destilen en aguas. Porque de Sion fue oída voz de endecha: ¡Cómo hemos sido destruidos! En gran manera hemos sido avergonzados, porque abandonamos la tierra, porque han destruido nuestras moradas. Oíd, pues, oh mujeres, palabra de Jehová, y vuestro oído reciba la palabra de su boca: Enseñad endechas a vuestras hijas, y lamentación cada una a su amiga. Porque la muerte ha subido por nuestras ventanas, ha entrado en nuestros palacios, para exterminar a los niños de las calles, a los jóvenes de las plazas. Habla: Así ha dicho Jehová: Los cuerpos de los hombres muertos caerán como estiércol sobre la faz del campo, y como manojo tras el segador, que no hay quien lo recoja. *Jeremías 9:17-22*.

El profeta Jeremías en repetidas ocasiones enfatizaría en la frase "Así dice Jehová" ¿Por qué usaba esta expresión? Con ello quería decir el autor que las palabras próximas a expresar venían de la inspiración de Dios y por ordenanza del Altísimo para que fueran transmitidas a su pueblo. Ya que por aquella época del profeta abundaban los falsos profetas que incitaban a la gente a hacerlos creer que todo sería paz y armonía cuando la realidad era completamente distinta. Al menos los siguientes pasajes demuestran como esos falsos profetas contaminaban los corazones de los judíos rebeldes con mensajes falaces de paz y con ello en lugar de buscar un arrepentimiento eran incitados a seguir sus caminos de pecado

Porque desde el más chico de ellos hasta el más grande, cada uno sigue la avaricia; y desde el profeta hasta el sacerdote, todos son engañadores. Y curan la herida de mi pueblo con liviandad, diciendo: Paz, paz; y no hay paz. *Jer. 6:13-14*

'Los sabios son avergonzados, están abatidos y atrapados; he aquí, ellos han desechado la palabra del Señor, ¿y qué clase de sabiduría tienen? 'Por tanto, daré sus mujeres a otros, y sus campos a nuevos dueños; porque desde el menor hasta el mayor todos ellos codician ganancias; desde el profeta hasta el sacerdote todos practican el engaño. 'Y curan a la ligera el quebranto de la hija de mi pueblo, diciendo: "Paz, paz", pero no hay paz. *Jer. 8:9-11*

Y yo dije: ¡Ah, Señor Dio! He aquí, los profetas les dicen: "No veréis espada ni tendréis hambre, sino que os daré paz verdadera en este lugar." Entonces el Señor me dijo: Mentira profetizan los profetas en mi nombre. Yo no los he enviado, ni les he dado órdenes, ni les he hablado; visión falsa, adivinación, vanidad y engaño de sus corazones ellos os profetizan. Por tanto, así dice el Señor: En cuanto a los profetas que profetizan en mi nombre sin que yo los haya enviado, y que dicen: "No habrá espada ni hambre en esta tierra", a espada y de hambre esos profetas perecerán. También el pueblo a quien profetizan estará tirado por las calles de Jerusalén a causa del hambre y de la espada; no habrá quien los entierre a ellos, ni a sus mujeres, ni a sus hijos, ni a sus hijas, pues derramaré sobre ellos su maldad. *Jer 14:13-16*

Por tanto, así dice el Señor de los ejércitos acerca de los profetas: "He aquí, les daré de comer ajenjo y les daré de beber agua envenenada, porque de los profetas de Jerusalén ha salido la corrupción por toda la tierra."'Así dice el Señor de los ejércitos: No escuchéis las palabras de los profetas que os profetizan. Ellos os conducen hacia lo vano; os cuentan la visión de su propia fantasía, no de la boca del Señor. Dicen de continuo a los que me desprecian: "El Señor ha dicho: 'Tendréis paz'"; y a todo el que anda en la terquedad de su corazón dicen: "No vendrá calamidad sobre vosotros." *Jer.23:15-17*

Considerad, y llamad plañideras que vengan; buscad a las hábiles en su oficio; y dense prisa, y levanten llanto por nosotros, y desháganse nuestros ojos en lágrimas, y nuestros párpados se destilen en aguas. *Jeremías 9:17-18*

Al mencionar las plañideras profesionales. Bueno sería recalcar que estas mujeres eran pagadas para ir a llorar en los actos fúnebres o de luto (*Marcos 5:28*) como señal de duelo por los muertos. En este caso el profeta expresa que era necesario contratar a las plañideras más especializadas para que lloraran por los muchos muertos que caerían en consecuencia de las batallas venideras comandadas por el rey babilonio Nabucodonosor. En la versión Reina Valera se tradujo la frase "dense prisa" ¿Qué implicaría esto? Era una alusión concerniente a que la destrucción estaba muy cercana. La calamidad no vendría a ser poca ya que en reiteradas ocasiones dentro del pasaje el escritor manifiesta frases que diría el pueblo como:

- Hemos sido destruidos
- En gran manera hemos sido avergonzados
- Fueron desterrados de su nación
- Sus hogares fueron desolados por el enemigo.

Tan grande calamidad y sufrimiento acontecerían que el Señor por boca de Jeremías les pide a las mujeres que entrenaran a sus hijas en el oficio de plañideras porque no se darían abasto las plañideras profesionales debido a los muchos muertos en la región de Jerusalén y regiones circunvecinas, ya que el enemigo no consideraría siquiera dejar con vida a los niños ni tampoco a los jóvenes. Una pregunta surge ¿Acaso Dios fue cruel con ellos por permitir que fueran tratados así por sus enemigos? No. Lo que sembraron fue lo que cosecharon y en esta lección aprendemos que, si usted o yo nos apartamos de hacer la voluntad de Dios, no esperemos cosas buenas sino todo lo contrario tarde que temprano.

Así dijo Jehová: No se alabe el sabio en su sabiduría, ni en su valentía se alabe el valiente, ni el rico se alabe en sus riquezas. Mas alábese en esto el que se hubiere de alabar: en entenderme y conocerme, que yo soy Jehová, que hago misericordia, juicio y justicia en la tierra; porque estas cosas quiero, dice Jehová. Jeremías 9:23-24

- Los sabios
- Los ricos
- Y los valientes

Estos tres tipos de personas se estaban exaltando o vanagloriando a sí mismos jactándose de sus méritos personales. Los sabios tenían que ver con todas aquellas personas con mucha inteligencia tales como los escribas, sacerdotes o personas de renombre. Pero en más de un pasaje dentro del libro observamos que dichas personas, mismas que debieron usar esas virtudes en pro del beneficio de ellos y el pueblo de Dios, al contrario usaron sus cualidades pero para caer en altanerías y jactancias. Por ejemplo, de los Escribas se dijo que redactaban con pluma mentirosa (*Jeremías 8:8*) Los ricos o la alta sociedad entre la nación judía se había corrompido en gran manera. El profeta dijo de esta gente lo siguiente.

Iré entonces a la gente rica e importante y les hablaré. De seguro ellos conocen el camino del Señor y lo que él ha ordenado». Pero todos ellos también habían quebrado el yugo y roto las ataduras. *Jeremías 5:5*. Biblia Palabra de Dios Para Todos.

Y los valientes que vendrían a ser aquellos guerreros que combatían por la nación, en lugar de servir a la nación estaban sirviendo a sus propios intereses y a final de cuentas con ello encerraban una actitud de egocentrismo donde lo único que importaba eran sus logros personales pero el Señor los exhorta a que mas bien debieron vanagloriarse en el buen sentido de entender y conocer el Consejo y la voluntad de Dios. Porque eso sería de mucha más bendición para ellos, tal como había dicho el Salmista y después lo repitió el mismo Jeremías. (*Jeremías 17:7-8*)

Bienaventurado el varón que no anduvo en consejo de malos, Ni estuvo en camino de pecadores, Ni en silla de escarnecedores se ha sentado; Sino que en la ley de Jehová está su delicia, Y en su ley medita de día y de noche. Será como árbol plantado junto a corrientes de aguas, Que da su fruto en su tiempo, Y su hoja no cae; Y todo lo que hace, prosperará. *Salmo 1:1-3*

El entender y conocer más de Dios le hubiera sido en gran beneficio a todo el pueblo judío. Para conocer nosotros a alguien debemos tratarlo o familiarizarnos con dicha persona, pero en este caso Dios le pide a su pueblo que al conocerlo más ellos llegarían a percibir que Jehová es justo y misericordioso. Dándonos a veces menos de lo que merecemos en lo concerniente al castigo y más de lo merecido en lo que se refiere a las bendiciones. Prácticamente todo el tiempo había aplicado la misericordia con su pueblo ya que nunca les faltó nada y siempre fueron bendecidos pero su egocentrismo y terquedad los llevó a su propia autodestrucción.

Capítulo 10
Los ídolos creados por manos de artífice, nada son.

Los ídolos creados por manos de artífice, nada son.

Oíd la palabra que Jehová ha hablado sobre vosotros, oh casa de Israel. Así dijo Jehová: No aprendáis el camino de las naciones, ni de las señales del cielo tengáis temor, aunque las naciones las teman. *Jeremías 10:1-2*

Nuevamente el profeta enfatiza en la autoridad que le fue dada para proclamar el mensaje de Dios y ser utilizado simplemente como un heraldo "Oíd la palabra que Jehová ha hablado sobre vosotros" estas eran palabras de Dios y no del profeta. Pero ¿Qué mensaje quería expresarle a su pueblo? Dos advertencias claras.

No aprendáis el camino de las naciones
Ni de las señales del cielo tengáis temor.

¿Por qué estas advertencias? Como ya se observó más de una vez en el contexto del libro acerca de que el pueblo judío estaba sumido en una influencia tremenda a consecuencia de la cercana relación que tenían con los paganos de otras regiones que rodeaban Jerusalén. Ya fuera al norte o al sur. Eso provocó una mala influencia en ellos, y en lugar de que los judíos fueran un ejemplo de santidad para los paganos, fue al contrario debido a que se expusieron a las muchas idolatrías de sus vecinos y eso los contagió desde tiempo atrás. La advertencia de Jehová había sido, clara remontándonos a los tiempos de Moisés cuando claramente les advirtió acerca de la idolatría.

Guardad, pues, mucho vuestras almas; pues ninguna figura visteis el día que Jehová habló con vosotros de en medio del fuego; para que no os corrompáis y hagáis para vosotros escultura, imagen de figura alguna, efigie de varón o hembra, figura de animal alguno que está en la tierra, figura de ave alguna alada que vuele por el aire, figura de ningún animal que se arrastre sobre la tierra, figura de pez alguno que haya en el agua debajo de la tierra. No sea que alces tus ojos al cielo, y viendo el sol y la luna y las estrellas, y todo

Capítulo 10

el ejército del cielo, seas impulsado, y te inclines a ellos y les sirvas; porque Jehová tu Dios los ha concedido a todos los pueblos debajo de todos los cielos. *Deuteronomio 4:15-19.*

El culto a los astros era algo muy arraigado entre las regiones paganas en particular con los Cananeos y también entre los babilonios. Dios claramente les advierte que evitaran a toda costa caer en esas prácticas paganas porque era necesario aprender a depender del único Dios verdadero. Es curioso decirlo, pero hasta el tiempo presente hay muchas personas que se dejan influenciar por la pseudo ciencia llamada astrología. Atribuyéndole ciertas influencias a los astros en el curso de nuestra vida con el famoso Horóscopo.

Porque las costumbres de los pueblos son vanidad; porque leño del bosque cortaron, obra de manos de artífice con buril. Con plata y oro lo adornan; con clavos y martillo lo afirman para que no se mueva. Derechos están como palmera, y no hablan; son llevados, porque no pueden andar. No tengáis temor de ellos, porque ni pueden hacer mal, ni para hacer bien tienen poder. *Jeremías 10:3-5*

En este pasaje es aún más especifico el escritor al manifestar cuales eran las tradiciones o costumbres religiosas que llevaban a cabo los paganos, cultos que a final de cuentas venían a ser tradiciones religiosas huecas y sin sentido. El escritor también nos presente cuales son las características de esos ídolos paganos.

Son ídolos creados por la misma mente humana ¿Por qué? El ser humano desde que fue creado por Dios siempre ha sido dado a creer en algo, aunque desafortunadamente en lugar de buscar la verdad siempre somos orientados a creer en el error y a adorar lo que no es Dios. Y en esa fe ignorante se busca seguir algo, no importa que sea. En una ocasión dijo alguien "La fe es lo que impor-

Los ídolos creados por manos de artífice, nada son.

ta, tú puedes creer en una piedra y si tienes fe eso es lo bueno. Así precisamente pensaban los paganos, creer en sus propios dioses creados por la mente humana engañosa.
Los ídolos aparte de ser creados son seres inanimados que no tienen vida. Ya que el mismo escritor declara: "con clavos y martillo lo afirman para que no se mueva" *Jeremías 10:4*
No hablan ni pueden responder.
No tienen poder alguno por tanto no hacen bien ni mal.

Con estas palabras Jehová a través del escritor demuestra cómo es que los ídolos nada son sino meramente creación de esa mente humana que ve necesidad de creer en algo, en este caso en la falsedad de una mente vacía. A través de todas las épocas es sorprendente ver como el ser humano siempre se ha hecho dioses a su propia imaginación. Aun en el mismo siglo veintiuno que nos ha tocado vivir a usted y a mi vemos que la idolatría sigue a todo lo que da. Por ejemplo, como un caso simple, incluso en el país de México hasta a la muerte se le ha considerado como santa, tanto así que ahora le rinden culto a la santa muerte, y continuamente han hecho del mismo hombre un ídolo.

Hace años observaba un reportaje del famoso Niño Pa. O Niñopa algunos dicen que este nombre se originó del Niño Padre. O Niño Dios. Se cuenta conforme a la historia que esta imagen tallada precisamente en madera de colorín fue hecha por los mil quinientos, pero no se sabe con exactitud que así sea, pero sea este el caso o no, nos damos cuenta de que es una imagen tallada por el mismo hombre. Lo más triste del caso es que el famoso Niño Pa es venerado por los habitantes de Xochimilco en México, y se tiene la costumbre de tener un mayordomo que cuidará al famoso Niño Pa por un lapso de todo un año, mismo que se le darán cuidados, se le cambiará diariamente de atuendos y se le designará un cuarto con todas las comodidades como una cuna, juguetes, y cosas por el estilo. Según los feligreses dicen que el niño es milagroso y que por las noches sale a visitar enfermos y por eso se le gastan sus zapatitos y los tiene raspados, el cambio de hogar se hace cada dos de febrero el famoso día de la candelaria designado por la iglesia católica. Esto es solo un ejemplo evidente de hasta dónde llega la gente en su ignorancia, a adorar un ídolo creado y a adjudicarle poderes. Igual pasa con los adoradores de la santa muerte tanto que su lema es "Dios me cuida y ella me protege" La idolatría de los pueblos antiguos era muy similar. Ya que en el tiempo del profeta Elías estaba tan arraigada la adoración a los ídolos entre los judíos e israelitas que incluso Baal llegó a tener 450 profetas tal como lo relata la Escritura Sagrada. (*1 Reyes 18:20-46*) en esta porción de la Palabra de Dios se relata como incluso los adoradores de Baal gritaban frenéticamente y se cortaban la piel para que su dios les contestara sus suplicas, pero nunca hubo respuesta alguna. Pero en cambio el Dios Todopoderoso manifestó su poder no dejando duda que él es Dios.

No hay semejante a ti, oh Jehová; grande eres tú, y grande tu nombre en poderío. ¿Quién no te temerá, oh Rey de las naciones? Porque a ti es debido el temor; porque entre todos los sabios de las naciones y en todos sus reinos, no hay semejante a ti. *Jeremías 10:6-7*

En esta porción de la Escritura el escritor hace un giro de ciento ochenta grados en el aspecto de mostrar ahora las virtudes del Dios Todopoderoso que tiene un contraste absoluto a lo que representan los ídolos. ¿Por qué? Mientras que los ídolos creados por el humano, nada son. Dios lo es todo en cualquier aspecto consumado. Por ejemplo, al menos el escritor nos presenta cuatro cualidades del Señor de los Ejércitos.
Dios es único "No hay semejante a ti" los dioses son muchos porque son creados
Dios es grande y poderosísimo "Los ídolos no tienen ningún poder"

Los ídolos creados por manos de artífice, nada son.

Dios es el Todopoderoso al cual la humanidad respeta por lo que es.

Dios es más grande que todo ser humano y que todo ídolo creado "No hay semejante a ti."

Faraón de Egipto preguntó con una actitud retadora ante el Todopoderoso como si fuese un dios insignificante "¿Quién es Jehová, para que yo oiga su voz y deje ir a Israel? Yo no conozco a Jehová, ni tampoco dejaré ir a Israel." *Éxodo 5:2.*

En la cultura egipcia como en muchas otras más, los hombres se habían creado sus propios dioses basándose en sus conceptos y necesidades personales buscando así tener literalmente un dios para casi todo. El Sol, la Luna, el clima, la fertilidad, el éxito, etc. Pero observamos en la historia bíblica del faraón de Egipto que Dios tuvo que manifestar su poder ante la rebeldía de Faraón y fue precisamente por medio de muchos prodigios y milagros la forma en como se le enseñó a este hombre soberbio quien era el Altísimo. El mismo pueblo de Dios ya se había olvidado de la magnificencia de Dios. Precisamente dentro de este mensaje el escritor quería despertar las conciencias dormidas de los judíos para que regresaran al Dios verdadero y dejaran ya de ser influenciados por las naciones paganas y sus costumbres.

Todos se infatuarán y entontecerán. Enseñanza de vanidades es el leño. Traerán plata batida de Tarsis y oro de Ufaz, obra del artífice, y de manos del fundidor; los vestirán de azul y de púrpura, obra de peritos es todo. Mas Jehová es el Dios verdadero; él es Dios vivo y Rey eterno; a su ira tiembla la tierra, y las naciones no pueden sufrir su indignación. *Jeremías 10:8-10*

En las dos primeras partes de este capítulo, el autor (Jeremías) manifestó tanto las características de los ídolos que no son nada como las del Dios Todopoderoso. De una manera directa se cataloga a los habitantes de las naciones paganas como gente fatua o tonta ¿Por qué? Por el hecho de que ellos mismos se crearon sus propios dioses, producto de su imaginación. ¿En qué les aprovecharía todo esto? En nada, pero mientras más era su necia idolatría mayores eran sus esfuerzos por adorar a sus dioses imaginarios. Tanto así que no escatimaban en recursos para vestirlos esplendorosos y adornarlos elegantemente. Una muestra de ello es que mandaban traer de muy lejos sus metales preciosos con tal de vestir a sus ídolos. En el pasaje el escritor menciona a Tarsis, según los eruditos en su mayoría están de acuerdo que Tarsis estaba localizada en el mar Mediterráneo también se le conocía como Tartesos, localizada en el sur de España no lejos de Gibraltar.[1] Sin duda alguna resalta que estaba a miles de kilómetros de Jerusalén y ni aun eso fue un motivo para que escatimaran en no esforzarse por tener esplendorosos sus ídolos ¿Por qué los humanos no ponen el mismo énfasis para seguir y adorar al Dios Todopoderoso? Con esto queda de manifiesto que tan huecos podemos ser a veces los humanos al querer vivir en nuestra ignorancia voluntaria. Sin embargo, Jehová siempre nos da la oportunidad de buscarle y encontrarle para adorarle como es debido. E igual que en los primeros versículos de este capítulo el autor nuevamente vuelve a hacer un contraste entre los ídolos que por muy adornados y bonitos que estuvieran no dejaban de ser eso, figuras muertas inanimadas y sin poder alguno. Aquí se describe a Dios al menos con cuatro características.

Dios verdadero. No hecho por ninguna mano humana sino real.
Dios vivo. Porque es el creador de todas las cosas.
Dios eterno. Simplemente esto implica que no tiene principio ni fin alguno.
Dios poderoso "A su ira tiembla la tierra"

---

[1] Nuevo Diccionario Bíblico Ilustrado Vila-Escuain, Biblioteca Hispana.

> Los ídolos creados por manos de artífice, nada son.

Les diréis así: Los dioses que no hicieron los cielos ni la tierra, desaparezcan de la tierra y de debajo de los cielos. El que hizo la tierra con su poder, el que puso en orden el mundo con su saber, y extendió los cielos con su sabiduría; a su voz se produce muchedumbre de aguas en el cielo, y hace subir las nubes de lo postrero de la tierra; hace los relámpagos con la lluvia, y saca el viento de sus depósitos. *Jeremías 10:11-13*

En la Versión Biblia Palabra de Dios Para Todos, Edición 2005. Se tradujo la frase "Les diréis así" de la siguiente forma: "Llévenles este mensaje a las naciones" Dentro del contexto cuando empieza este capítulo claramente el Señor le advierte a su pueblo que no aprendieran el camino de las naciones paganas el cual estaba enfocado en mera idolatría y alejamiento del Dios verdadero. Pero en esta porción hay una exhortación para esas naciones paganas y en este mensaje se dieran cuenta que sus dioses en primer lugar no fueron creadores de nada, porque no tenían ni tienen poder alguno. En segundo, el Señor dice que estos ídolos serán desarraigados y destruidos en cualquier lugar habitado y creado por Jehová, *(Genesis 1:1)* al menos se mencionan la tierra y los cielos. Notificándoles a estos paganos que Dios con su poder infinito fue el creador de todo tanto de los cielos, la tierra y aparte de ello Él tiene el control aun en los mismos tiempos. Nuevamente con este mensaje el propósito era despertar en esas mentes nubladas el hecho de que sus ídolos nada eran, hoy en día el Señor busca el mismo propósito en las mentes de las personas, ya que muchos viven siguiendo a sus propios dioses y con esa actitud lo que provocan en su ser es estar mucho más lejos del verdadero Dios que da vida en abundancia así como bendiciones sin igual que ningún ídolo creado pueda ofrecer. Si tu no estas adorando al verdadero Dios ¿Qué esperas? ¿Realmente tienes una fe tan ciega en tus dioses creados por manos humanas y por las falacias del mismo hombre?

Capítulo 10

Todo hombre se embrutece, y le falta ciencia; se avergüenza de su ídolo todo fundidor, porque mentirosa es su obra de fundición, y no hay espíritu en ella. Vanidad son, obra vana; al tiempo de su castigo perecerán. *Jeremías 10:14-15*

Nuevamente el Señor hace un contraste entre los ídolos y el Dios Todopoderoso, pero ahora se dirige en particular a los adoradores de dioses banales. En este caso les dice que por su actitud terca o necia nublan o cierran completamente el hecho de razonar correctamente para llegar al entendimiento de que esos dioses son nada y que hay un Dios verdadero. Pero debido a esa falta de voluntad en querer comprender las cosas por medio de la razón humana se volvían obstinados y decidían continuar en su error. Claramente el Señor por medio de Jeremías les deja ver a esos adoradores de ídolos que ellos llegaban incluso en una etapa de su vida a deducir simplemente que sus dioses en los que tanto confiaban los dejaban en vergüenza o humillados por el simple hecho que no les respondían ¿Por qué? Como ya había mencionado el Señor acerca de las cualidades de todos estos ídolos.

porque ni pueden hacer mal, ni para hacer bien tienen poder. *Jeremías 10:5* Y Para confirmar eso Dios les deja algunas evidencias de que sus ídolos o psedo dioses nada eran.

Eran creados por la mente ilusoria y banal de ellos mismos "Su obra"
Eran imágenes, aunque muy bonitas, sin vida alguna "No hay espíritu en ella"
Eran dioses perecederos que a su tiempo simplemente se convertirían en nada o en una reliquia como evidencia de la idolatría del ser humano.

Es triste mencionar esto, pero la mente necia del humano no ha cambiado mucho, aun cuando en el presente siglo veintiuno tene-

mos prácticamente a la mano todo tipo de evidencia para hacer incluso nuestras propias investigaciones. Con todo ello al humano le parece mas fácil adorar a la falsedad, lo que no es Dios, al engaño. Y sabemos que en parte es trabajo del Maligno (Satanas) Juan 8:44, pero no podemos culparlo a él de todo. Ya que Dios nos dotó con una mente en la cual podemos discernir lo bueno y lo malo y también podemos indagar par encontrar la verdad que nos hace libres. Pero a veces nos sentamos en el confort de nuestras idolatrías en lugar de preocuparnos por preguntar.
¿Estoy bien con Dios?
¿Realmente estoy buscando a Dios como él pide?
¿Será que me estoy dejando engañar a mí mismo por medio de lo que creo?
 Por eso mismo el Señor a través de Jeremías deja la evidencia acerca que los ídolos nada son.

No es así la porción de Jacob; porque él es el Hacedor de todo, e Israel es la vara de su heredad; Jehová de los ejércitos es su nombre. *Jeremías 10:16.*

No es así la porción de Jacob; porque él es el Hacedor de todo, En este pasaje primordialmente el escritor hace un contraste entre las naciones adoradoras de ídolos huecos, pero enfatiza la diferencia al presentar a la porción de Jacob, la Biblia Dios Habla Hoy tradujo esta parte como: ¡Qué diferente es el Dios de Jacob, creador de todo lo que existe!
También se enfatiza que Dios los escogió como su propiedad, no como si fuese un dictador o un Dios egoísta. Sino por puro amor y misericordia

El castigo a Judá por sus idolatrías.
Recoge de las tierras tus mercaderías, la que moras en lugar fortificado. Porque así ha dicho Jehová: He aquí que esta vez arrojaré con honda los moradores de la tierra, y los afligiré, para que lo

sientan. ¡Ay de mí, por mi quebrantamiento! mi llaga es muy dolorosa. Pero dije: Ciertamente enfermedad mía es esta, y debo sufrirla. Mi tienda está destruida, y todas mis cuerdas están rotas; mis hijos me han abandonado y perecieron; no hay ya más quien levante mi tienda, ni quien cuelgue mis cortinas. *Jeremías 10:17-20*

Ya el profeta Jeremías había exhortado al pueblo judío por sus muchas idolatrías, y definitivamente el proceder de ellos iba a traer consigo consecuencias. Por eso el profeta en este pasaje hace una alusión a una metáfora usando lenguaje como: "Recoge de las tierras tus mercaderías, la que moras en lugar fortificado" ¿a quién se referiría el profeta acerca de la que mora en lugar fortificado? Definitivamente era una metáfora para identificar a Jerusalén. ¿Cuál era el destino que les esperaba? Según el profeta conforme a la Palabra de Dios menciona que serían: arrojados, afligidos, quebrantados y lastimados" todo esto tenía que ver con las tribulaciones venideras que les infringirían sus invasores los babilonios. Pero como menciona también el profeta, esto sería en consecuencia a las actitudes perversas e idolátricas de cada uno de ellos. Por eso mismo se menciona la frase, tal como la tradujeron los autores de la Biblia Reina Valera 1960 "Ciertamente enfermedad mía es esta, y debo sufrirla" como observamos ellos se presentan en primera persona. "mía" "debo" el escritor no se estaba refiriendo a sí mismo, como si él es que tendría que ser atribulado, al contrario, con esto hace alusión de sus compatriotas. Desafortunadamente a todos estos acontecimientos desafortunados no habría auxilio de parte de Dios sino todo lo contrario. Les tocaría sufrir las consecuencias de sus actos. Por eso el profeta declara.

Mi tienda está destruida, y todas mis cuerdas están rotas; mis hijos me han abandonado y perecieron; no hay ya más quien levante mi tienda, ni quien cuelgue mis cortinas *Jer. 17:20*

Los ídolos creados por manos de artífice, nada son.

Porque los pastores se infatuaron, y no buscaron a Jehová; por tanto, no prosperaron, y todo su ganado se esparció. He aquí que voz de rumor viene, y alboroto grande de la tierra del norte, para convertir en soledad todas las ciudades de Judá, en morada de chacales. *Jeremías 10:20-22*

¿Cuál fue la causa de la desgracia del pueblo de Dios? El Señor en reiteradas ocasiones les había brindado la oportunidad de que corrigieran sus caminos. Pero ellos despreciaron la misericordia de Dios. En este pasaje el escritor deja ver que los líderes del pueblo tuvieron mucho que ver en la decadencia de su gente. Jeremías los presenta como "los pastores" el término tenía que ver con los dirigentes de la nación, en este caso los reyes, príncipes y gobernantes. La Biblia Dios Habla Hoy lo tradujo de la siguiente forma.

Los jefes de este pueblo son necios; no buscan al Señor. Por eso han fracasado y todo su rebaño está disperso. *Jeremías 10:21*, Biblia Dios Habla Hoy.

Cuando vemos la trayectoria de cada uno de los reyes del tiempo de Jeremías, prácticamente todos fueron reyes corrompidos a excepción de Josías. Estos reyes jugaron un rol importante en la decadencia de la nación.

Conozco, oh Jehová, que el hombre no es señor de su camino, ni del hombre que camina es el ordenar sus pasos. Castígame, oh Jehová, mas con juicio; no con tu furor, para que no me aniquiles. Derrama tu enojo sobre los pueblos que no te conocen, y sobre las naciones que no invocan tu nombre; porque se comieron a Jacob, lo devoraron, le han consumido, y han asolado su morada. *Jeremías 10:23-25*.

Conozco, oh Jehová, que el hombre no es señor de su camino, ni del hombre que camina es el ordenar sus pasos.

¿Qué querría decir Jeremías con estas palabras? ¿Cuál era el significado detrás de ello? Ya el profeta había mencionado cual era la actitud de algunos judíos, tal como lo declaro en el capítulo 9.

Así dijo Jehová: No se alabe el sabio en su sabiduría, ni en su valentía se alabe el valiente, ni el rico se alabe en sus riquezas. *Jeremías 9:23*

En este pasaje vemos como el Señor reprende la actitud de ellos porque se habían vuelto vanagloriosos y creían ser auto independientes, casi como si no dependieran de la ayuda de Dios, como si ellos mismos tuvieran la capacidad de marcar su propio destino. Pero en este capítulo diez Jeremías le deja ver a su pueblo que ellos no tenían la capacidad de controlar su suerte a su antojo, o que ellos siguieran haciendo todas sus perversidades sin que viniera consecuencia alguna. Al contrario, Jeremías les deja ver que el destino de cada uno de ellos no estaba en sus manos sino en la voluntad de Dios. Recordemos que Dios puede cambiar el rumbo de nuestra vida si andamos con soberbias por este mundo tal como lo declaró el rey Nabucodonosor después de humillarse ante Dios cuando había tomado la osadía de volverse vanaglorioso.

Mas al fin del tiempo yo Nabucodonosor alcé mis ojos al cielo, y mi razón me fue devuelta; y bendije al Altísimo, y alabé y glorifiqué al que vive para siempre, cuyo dominio es sempiterno, y su reino por todas las edades. Todos los habitantes de la tierra son considerados como nada; y él hace según su voluntad en el ejército del cielo, y en los habitantes de la tierra, y no hay quien detenga su mano, y le diga: ¿Qué haces? *Daniel 4:34-35*

Castígame, oh Jehová, mas con juicio; no con tu furor, para que no me aniquiles. *Jeremías 10:24*

Los ídolos creados por manos de artífice, nada son.

En esta porción de la escritura el profeta hace una rogativa a Dios, es cierto que se dirige en primera persona "castígame" "no me aniquiles" ¿se estaría refiriendo personalmente a el mismo el profeta? O ¿a quién iba dirigido? Es bien sabido que Jeremías tuvo sus alta y bajas en lo que se refería a sus emociones, pero nunca fue una persona perversa o pecaminosa como sus conciudadanos, sino todo lo contrario ya que él mismo declara según el capítulo 15 las siguientes palabras.

Tú lo sabes, oh Jehová; acuérdate de mí, y visítame, y véngame de mis enemigos. No me reproches en la prolongación de tu enojo; sabes que por amor de ti sufro afrenta. Fueron halladas tus palabras, y yo las comí; y tu palabra me fue por gozo y por alegría de mi corazón; porque tu nombre se invocó sobre mí, oh Jehová Dios de los ejércitos. No me senté en compañía de burladores, ni me engreí a causa de tu profecía; me senté solo, porque me llenaste de indignación. ¿Por qué fue perpetuo mi dolor, y mi herida desahuciada no admitió curación? ¿Serás para mí como cosa ilusoria, como aguas que no son estables? Por tanto, así dijo Jehová: Si te convirtieres, yo te restauraré, y delante de mí estarás; y si entresacares lo precioso de lo vil, serás como mi boca. Conviértanse ellos a ti, y tú no te conviertas a ellos. *Jeremías 15:15-19*

Entonces si no se estaba refiriendo a él, se concluye en que se estaba dirigiendo a la nación de Juda, a sus hermanos judíos que se había corrompido en gran manera y que no tardaba mucho el castigo de parte de Jehová, lo que el profeta pide es un juicio justo y misericordia de parte del Altísimo. Y el Señor realmente aplicó la misericordia sobre ellos, porque, aunque fueron llevados cautivos y muchos murieron en el sitio cuando los invadieron los babilonios, quedó un remanente y los cautivos en Babilonia después de varios años fueron liberados.

Derrama tu enojo sobre los pueblos que no te conocen, y sobre las naciones que no invocan tu nombre; porque se comieron a Jacob, lo devoraron, le han consumido, y han asolado su morada *Jeremías 10:25*

En esta última porción del capítulo diez el escritor menciona como el Señor si derramará su ira justiciera sin misericordia sobre aquellos que definitivamente no tomaron para nada en cuenta poner en práctica la voluntad de Dios, al contrario, se sumieron en su ignorancia e idolatrías cometiendo toda clase de actos perversos tal como lo hicieron los asirios, por eso fueron destruidos. Tal como lo dijo el Señor por medio del profeta Nahum a los habitantes de Nínive la capital de Asiria.

¡Ay de ti, ciudad sanguinaria, toda llena de mentira y de rapiña, sin apartarte del pillaje! Chasquido de látigo, y fragor de ruedas, caballo atropellador, y carro que salta; jinete enhiesto, y resplandor de espada, y resplandor de lanza; y multitud de muertos, y multitud de cadáveres; cadáveres sin fin, y en sus cadáveres tropezarán, a causa de la multitud de las fornicaciones de la ramera de hermosa gracia, maestra en hechizos, que seduce a las naciones con sus fornicaciones, y a los pueblos con sus hechizos. Heme aquí contra ti, dice Jehová de los ejércitos, y descubriré tus faldas en tu rostro, y mostraré a las naciones tu desnudez, y a los reinos tu vergüenza. *Nahum 3:1-5*

Observando también el contexto a manera de conclusión recordemos lo que dijo el profeta de las naciones paganas.

Así dijo Jehová: No aprendáis el camino de las naciones, ni de las señales del cielo tengáis temor, aunque las naciones las teman. Porque las costumbres de los pueblos son vanidad; porque leño del bosque cortaron, obra de manos de artífice con buril. *Jeremías 10:2-3*

Aplicaciones practicas.
No aprendamos las costumbres de los que no conocen a Dios
No nos apartemos del Dios verdadero por seguir las costumbres de los demás (idolatrias y paganismo)
Confiemos siempre en que tenemos un Dios verdaero, eterno y poderoso
No abusemos de la misericordia de Dios
Entendamos que Dios es justiciero y tarde o temprano castiga a los que no le obedecen.